本书系教育部人文社会科学研究规划基金资助项目（08JA770032）最终成果

国家出版基金项目
NATIONAL PUBLICATION FOUNDATION

欧亚历史文化文库

总策划 张余胜

兰州大学出版社

朝贡与入附

——明代西域人来华研究

丛书主编　余太山

张文德　著

图书在版编目（CIP）数据

朝贡与入附:明代西域人来华研究 / 张文德著. —
兰州:兰州大学出版社,2013.4
（欧亚历史文化文库/余太山主编）
ISBN 978-7-311-04098-7

Ⅰ.①朝… Ⅱ.①张… Ⅲ.①古代民族—民族历史—
研究—中国—明代 Ⅳ.①K289

中国版本图书馆 CIP 数据核字（2013）第 083898 号

总　策　划　张余胜

书　　名　朝贡与入附
　　　　　　——明代西域人来华研究
丛书主编　余太山
作　　者　张文德 著
出版发行　兰州大学出版社　（地址:兰州市天水南路 222 号　730000）
电　　话　0931-8912613(总编办公室)　　0931-8617156(营销中心)
　　　　　　0931-8914298(读者服务部)
网　　址　http://www.onbook.com.cn
电子信箱　press@lzu.edu.cn
印　　刷　兰州人民印刷厂
开　　本　700 mm×1000 mm　1/16
印　　张　18(插页1)
字　　数　250 千
版　　次　2013 年 4 月第 1 版
印　　次　2013 年 4 月第 1 次印刷
书　　号　ISBN 978-7-311-04098-7
定　　价　52.00 元

（图书若有破损、缺页、掉页可随时与本社联系）
淘宝网邮购地址:http://lzup.taobao.com

出 版 说 明

　　随着 20 世纪以来联系地、整体地看待世界和事物的系统科学理念的深入人心，人文社会学科也出现了整合的趋势，熔东北亚、北亚、中亚和中、东欧历史文化研究于一炉的内陆欧亚学于是应运而生。时至今日，内陆欧亚学研究取得的成果已成为人类不可多得的宝贵财富。

　　当下，日益高涨的全球化和区域化呼声，既要求世界范围内的广泛合作，也强调区域内的协调发展。我国作为内陆欧亚的大国之一，加之 20 世纪末欧亚大陆桥再度开通，深入开展内陆欧亚历史文化的研究已是责无旁贷；而为改革开放的深入和中国特色社会主义建设创造有利周边环境的需要，亦使得内陆欧亚历史文化研究的现实意义更为突出和迫切。因此，将针对古代活动于内陆欧亚这一广泛区域的诸民族的历史文化研究成果呈现给广大的读者，不仅是实现当今该地区各国共赢的历史基础，也是这一地区各族人民共同进步与发展的需求。

　　甘肃作为古代西北丝绸之路的必经之地与重要组

成部分,历史上曾经是草原文明与农耕文明交汇的锋面,是多民族历史文化交融的历史舞台,世界几大文明(希腊—罗马文明、阿拉伯—波斯文明、印度文明和中华文明)在此交汇、碰撞,域内多民族文化在此融合。同时,甘肃也是现代欧亚大陆桥的必经之地与重要组成部分,是现代内陆欧亚商贸流通、文化交流的主要通道。

基于上述考虑,甘肃省新闻出版局将这套《欧亚历史文化文库》确定为2009—2012年重点出版项目,依此展开甘版图书的品牌建设,确实是既有眼光,亦有气魄的。

丛书主编余太山先生出于对自己耕耘了大半辈子的学科的热爱与执著,联络、组织这个领域国内外的知名专家和学者,把他们的研究成果呈现给了各位读者,其兢兢业业、如临如履的工作态度,令人感动。谨在此表示我们的谢意。

出版《欧亚历史文化文库》这样一套书,对于我们这样一个立足学术与教育出版的出版社来说,既是机遇,也是挑战。我们本着重点图书重点做的原则,严格于每一个环节和过程,力争不负作者、对得起读者。

我们更希望通过这套丛书的出版,使我们的学术出版在这个领域里与学界的发展相偕相伴,这是我们的理想,是我们的不懈追求。当然,我们最根本的目的,是向读者提交一份出色的答卷。

我们期待着读者的回声。

总 序

　　本文库所称"欧亚"(Eurasia)是指内陆欧亚,这是一个地理概念。其范围大致东起黑龙江、松花江流域,西抵多瑙河、伏尔加河流域,具体而言除中欧和东欧外,主要包括我国东三省、内蒙古自治区、新疆维吾尔自治区,以及蒙古高原、西伯利亚、哈萨克斯坦、乌兹别克斯坦、吉尔吉斯斯坦、土库曼斯坦、塔吉克斯坦、阿富汗斯坦、巴基斯坦和西北印度。其核心地带即所谓欧亚草原(Eurasian Steppes)。

　　内陆欧亚历史文化研究的对象主要是历史上活动于欧亚草原及其周邻地区(我国甘肃、宁夏、青海、西藏,以及小亚、伊朗、阿拉伯、印度、日本、朝鲜乃至西欧、北非等地)的诸民族本身,及其与世界其他地区在经济、政治、文化各方面的交流和交涉。由于内陆欧亚自然地理环境的特殊性,其历史文化呈现出鲜明的特色。

　　内陆欧亚历史文化研究是世界历史文化研究中不可或缺的组成部分,东亚、西亚、南亚以及欧洲、美洲历史文化上的许多疑难问题,都必须通过加强内陆欧亚历史文化的研究,特别是将内陆欧亚历史文化视做一个整体加以研究,才能获得确解。

中国作为内陆欧亚的大国,其历史进程从一开始就和内陆欧亚有千丝万缕的联系。我们只要注意到历代王朝的创建者中有一半以上有内陆欧亚渊源就不难理解这一点了。可以说,今后中国史研究要有大的突破,在很大程度上有待于内陆欧亚史研究的进展。

古代内陆欧亚对于古代中外关系史的发展具有不同寻常的意义。古代中国与位于它东北、西北和北方,乃至西北次大陆的国家和地区的关系,无疑是古代中外关系史最主要的篇章,而只有通过研究内陆欧亚史,才能真正把握之。

内陆欧亚历史文化研究既饶有学术趣味,也是加深睦邻关系,为改革开放和建设有中国特色的社会主义创造有利周边环境的需要,因而亦具有重要的现实政治意义。由此可见,我国深入开展内陆欧亚历史文化的研究责无旁贷。

为了联合全国内陆欧亚学的研究力量,更好地建设和发展内陆欧亚学这一新学科,繁荣社会主义文化,适应打造学术精品的战略要求,在深思熟虑和广泛征求意见后,我们决定编辑出版这套《欧亚历史文化文库》。

本文库所收大别为三类:一,研究专著;二,译著;三,知识性丛书。其中,研究专著旨在收辑有关诸课题的各种研究成果;译著旨在介绍国外学术界高质量的研究专著;知识性丛书收辑有关的通俗读物。不言而喻,这三类著作对于一个学科的发展都是不可或缺的。

构建和发展中国的内陆欧亚学,任重道远。衷心希望全国各族学者共同努力,一起推进内陆欧亚研究的发展。愿本文库有蓬勃的生命力,拥有越来越多的作者和读者。

最后,甘肃省新闻出版局支持这一文库编辑出版,确实需要眼光和魄力,特此致敬、致谢。

余太山

2010 年 6 月 30 日

目 录

绪论 / 1

1　明与西域的通贡往来 / 13

　　1.1　明与撒马儿罕、哈烈等地的

　　　　　通贡往来 / 14

　　1.2　明与别失八里、土鲁番的

　　　　　通贡往来 / 18

　　1.3　哈密与明朝的贡赐关系 / 23

　　1.4　明与西域通贡往来的特点 / 25

2　明与西域的玉石贸易 / 30

　　2.1　玉石贸易之路 / 30

　　2.2　玉石贸易使团与贡次 / 32

　　2.3　玉石贸易的数量、价格与种类 / 34

　　2.4　玉石贸易中的舞弊行为 / 41

3　撒马儿罕使臣海路来贡

　　与明廷的反应 / 45

　　3.1　撒马儿罕使臣海路来贡 / 45

3.2 明与满剌加的关系 / 48

3.3 明朝退却西域海路入贡 / 54

4 明代通事与西域贡使 / 59

4.1 明代西域通事 / 59

4.2 西域贡使与明朝通事的关系 / 66

5 明代西域来华使臣的授职制度 / 73

5.1 哈密使臣的授职 / 73

5.2 土鲁番使臣的授职 / 79

5.3 别失八里(亦力把里)及其以西
地面使臣的授职 / 81

5.4 明代西域使臣授职的有关制度 / 84

5.5 明代西域使臣授职制度的历史意义 / 91

6 明代西北丝绸之路上的"打剌罕" / 93

6.1 "打剌罕"词意 / 93

6.2 "打剌罕"的类型 / 94

6.3 "打剌罕"的来源 / 100

7　明代西域来华使臣的违法与违禁 / 102

7.1　西域使臣的违法行为 / 102

7.2　西域使臣的违禁行为 / 106

7.3　明朝对使臣违法违禁行为的

　　　处置 / 112

8　明代西域朝贡贸易家族的兴衰

　　——以写亦虎仙家族为例 / 116

8.1　写亦虎仙的兴起 / 116

8.2　写亦虎仙家族的盛衰 / 119

8.3　写亦虎仙家族衰亡的原因 / 127

9　明代来华西域人的归附 / 132

9.1　西域贡使申请留居 / 132

9.2　自愿前来归附的西域人 / 135

9.3　为摆脱瓦剌控制而归附明朝的

　　　西域回回 / 139

9.4　沙州、赤斤蒙古、哈密等卫人员的

　　　归附 / 141

9.5 来华西域人归附的原因及影响 / 143

10 明朝对西域归附人员的安置与管理 / 146
  10.1 明朝对西域归附人员的
      住地安置 / 146
  10.2 西域归附人员的待遇 / 150

11 明代士大夫眼中的西域回回形象 / 157
  11.1 回回党护族类,相遇亲厚 / 157
  11.2 回回不食猪肉但宰牛 / 160
  11.3 回回僧不御饮食 / 164
  11.4 回回识宝 / 166
  11.5 回回拜天敬孔 / 169

12 《中国回族金石录》中的陈友与詹昇 / 173
  12.1 关于"敕赐(东四)清真寺兴造碑"记中的
      陈友 / 174
  12.2 詹昇与牛街"礼拜寺"题名 / 178

结语 / 183

附　录

1　明朝西域使臣陈诚"累官右通政"的
问题 / 193

2　从《明实录》看中亚帖木儿王朝的
政治制度 / 199
2.1　中亚帖木儿王朝的王位更替 / 199
2.2　中亚帖木儿王朝来华使臣的
政治身份 / 203

3　王宗载及其《四夷馆考》/ 209
3.1　王宗载的生平与《四夷馆考》的
编撰 / 210
3.2　《四夷馆考》的资料来源 / 215
3.3　《四夷馆考》的史料价值 / 218
3.4　王宗载的历史贡献 / 223

4　明朝后期与暹罗的文化交流 / 226
4.1　暹罗馆设立 / 226
4.2　暹罗馆的教学与翻译活动 / 233

4.3　暹罗馆在明与暹罗交往中的作用 / 237

参考文献 / 241

后记 / 257

索引 / 259

绪　论

　　自汉武帝时期张骞出使西域后,西域便与历代中原王朝建立了联系,既有官方的,也有民间的;既有积极主动,也有迫不得已。就明朝而言,它远不如前代蒙元帝国在西域强势,也没有汉唐在西域拓疆屯兵所积累的声威。明代西域,指的是嘉峪关以西西域诸国,《明会典》称"嘉峪关外,并称西域"。嘉峪关尚在玉门关、阳关之东,明代的西域范围大于汉唐。《明史·西域传》共4卷,记载了西域诸地历史及其与明朝往来的情况,所录的国家、部族、地面、羁縻卫所等凡58家,又附记与明通贡且有名称者29部11地面。此大体上是明朝人所知道的西域范围。本书研究的西域范围主要是嘉峪关以西至地中海地区,侧重于哈密以西直至中亚帖木儿朝领地,暂不涉及《明史·西域传》所列的藏区。

　　对西域人来华的研究,20世纪20年代,陈垣先生的《元西域人华化考》发表,其主旨是证明"元代西域人同化中国","华化"是"以后天所获,华人所独者为断"。华化或同化是文化上的影响、吸收、接受或认同。[1] 30年代,向达先生发表的《唐代长安与西域文明》,从研究流寓长安的西域人开始,揭示开元前后唐朝长安所受西域文化影响的情况,再具体研究西域绘画、乐舞、娱乐活动、宗教等对长安文化的影响。[2] 两位先生从两个不同方向研究西域人来华问题,一个侧重于西域人接受汉文化,一个侧重于汉文化受西域人影响,这是中外文化交流研究的两个层面、两个方向。同样在30年代,张鸿翔先生对《明选簿》外族归附人员加以研究,按人名笔画为序,以来处远近、内附先后、袭职

---

〔1〕陈垣:《元西域人华化考》,陈智超《导读》第5-6页,上海古籍出版社2000年。

〔2〕向达:《唐代长安与西域文明》,荣新江《前言》第5页,河北教育出版社2001年。

·欧·亚·历·史·文·化·文·库·

早晚依次排比,于 1936 年撰成《明代新氏族同名录》。张鸿翔先生认为:"所谓明代新氏族者,乃指非汉族之华化者而言也。""明为怀柔远人,固我边圉,于是授之职位以结其心,赐之田园以固其志,而来归者遂乐不思蜀,改名易姓,占籍华土,久而乃为中原之新氏族矣。"[1]该书所录内附外族人员总计 3267 人,多为北方蒙古和西域归附袭职人员。作为具有史料价值的工具书,该书不仅为研究明代西域人来华提供方便,同时也表明了研究明代西域人来华主要史料是《明选簿》和《明实录》。这主要是因为明代西域人来华朝贡或归附都是在明廷的控制下进行,并大多被官方记录。这也是明代西域人来华不同于前朝的重要特征。

系统研究明代西域回回朝贡与入附的有 20 世纪 80 至 90 年代和龚先生写的系列论文《明代西域回回入附中原考》(1987)、《关于明代回回的移向问题》(1987)、《明代西域入附回回人口及其分布》(1990)、《明代丝路贸易中的回回》(1991)、《明代西域入附回回的职业结构》(1992),这些论文后来被收入林松与和龚合著的《回回历史与伊斯兰文化》[2]一书。和龚先生对明代西域回回入附中原的时间、数量、区域分布、入附回回的来源地及明政府的安置等作了论述,尤其是对明代西域回回的贡赐贸易作了分析,认为西域回回来华不仅有利于西域和中原的经济、文化交流,而且也对西域各族人民生活的进步和社会生产的发展有着重要的推动作用。和龚先生对明代西域回回入附的人数有一个基本估计,他认为,洪武年间至嘉靖、万历年间,定居中原各地者多达十数万。这一数字在方法论上尚缺少科学依据。胡云生先生在长篇论文《论明代回回的朝贡贸易》[3]中指出,明代回回是信仰伊斯兰教的人,尤指西亚、中亚和新疆一带的穆斯林。明代回回朝贡贸易的特点,一是凡是回回所代表国与明朝通贡,首先必须在政治上建立宗藩从属关系,接受明朝皇帝的敕封,奉表称臣。二是朝贡贸易以赏赐的方

---

〔1〕张鸿翔:《明代各民族人士入仕中原考》,中央民族大学出版社 1999 年,第 1 页。吴丰培先生在《序》中说,原名《明代新氏族同名录》以与内容不恰改为此书名。

〔2〕林松、和龚:《回回历史与伊斯兰文化》,今日中国出版社 1992 年。

〔3〕胡云生:《论明代回回的朝贡贸易》,载《回族研究》,1997 年第 2 期。

式进行,而非按市价支付货款。尤其是正贡物品,例不给价。回回使者奉所在国之命来华,以朝贡的名义带来本国的方物。朝贡是外交上的一种礼节:互相赠送礼物,表示双方间的礼尚往来。从这一角度理解,朝贡是方物与赠赉礼品,是友好的象征,并不是商品性的贸易关系。明代朝贡回回在朝贡贸易活动中多留居于明朝境内。这部分信仰伊斯兰教的回回人和明以前已入居中原的回回人及其他民族再度相互融汇,基本上形成了今日回回民族的主体。如果深度分析明代西域回回朝贡的历史,胡云生先生的这些观点表达得还不够全面。

在专题研究方面,田澍先生主要对明代西域人在甘肃的活动进行了研究,他的《明代甘肃镇与西域朝贡贸易》[1]详细考证了甘肃镇在朝贡贸易中的具体职能,指出甘肃镇在明代西域朝贡贸易中发挥了重要作用。《明代河西走廊境内的西域贡使》[2]又从西域贡使如何进出嘉峪关、入关贡使的起送与存留、存留使臣在河西走廊的活动等三个方面阐明了河西走廊是明代边境贸易和民族融合的重要场所之一,指出西域贡使为河西走廊的稳定与发展做出了重要贡献。李德宽先生关注了明代回回在华活动,他的《景泰七年速来蛮事件究因》[3]对景泰七年(1456)回回速来蛮在京师隆福寺举行盛大法会之际,持斧上殿,杀僧两人,伤两三人这一刑事案件进行了分析。他的另一篇论文《明代回回译使考述》[4]着重研究充当使臣的回回通事,认为明廷主要从大量"归附回回"中间征用、选拔成熟的双语或多语、具有丰富语言背景知识和经验的穆斯林语言人才,授予官职,委以重任,客观上促使回回译使在明朝的外交活动中占尽关津之要。他们下"西洋",涉朔漠,出西域。从使用的语言看,大致有波斯语、阿拉伯语、蒙古语、突厥语、汉语,甚至还有葡萄牙语等等。明朝后期,回回译使地位开始下降。

除官方资料外,学者们不断挖掘西域人来华的研究资料。与西域

〔1〕田澍:《明代甘肃镇与西域朝贡贸易》,载《中国边疆史地研究》,1999年第1期。
〔2〕田澍:《明代河西走廊境内的西域贡使》,载《中国边疆史地研究》,2001年第3期。
〔3〕李德宽:《景泰七年速来蛮事件究因》,载《西北民族研究》,1996年第1期。
〔4〕李德宽:《明代回回译使考述》,载《西北第二民族学院学报》(哲学社会科学版),1997年第1期。

人相关的家谱、回回语言、碑铭、青花瓷器,乃至笔记小说、书画作品等成了学者们的研究资料。举其要者,大体有:

冯锡时先生的《由〈金陵温氏家谱〉看明初帖木儿帝国与明的友好交往》[1]一文,根据温氏家谱,论述了来自撒马儿罕的温氏家族在南京等地的生活。

刘迎胜老师对《回回馆杂字》与《回回馆译语》有专门的研究,他在《"小经"文字产生的背景——关于"回族汉语"》一文中认为,明中后期以后,回回人因入华定居日久,其波斯语水平逐渐下降,即使是专职教授波斯文的教师,亦已不能正确地书写波斯文。回回人在母语转变为"回族汉语"之后,放弃其原来的族内交际语和书面语——波斯语,而以阿拉伯文——波斯文字母拼写自己的新母语——"回族汉语",创造出汉文化与伊斯兰文化交流的罕见成果——"小经"文字。[2]

近年来,杨晓春对明代回族碑铭和早期汉文伊斯兰教典籍进行了深入研究。他以明代穆斯林士人所撰清真寺汉文碑刻为基本史料,考察了穆斯林士人对待汉文化的态度,认为他们基本的态度是肯定儒家而否定释、道二家,但具体的立场还有所不同,有的穆斯林士人的文化立场是倾向于儒家的。深入中国社会的穆斯林士人在对外交往时很可能会隐瞒自己的种族来源。这是在中国社会、文化环境中的一种适应性的调整。[3] 杨怀中先生业已指出:"明代回回中读书人入仕的较多,他们身上载负着回族传统的伊斯兰文化,又浸淫于儒学文化,在他们身上有着伊斯兰文化与儒学文化的二元文化的特点。""回回人虽更多地接受了儒学文化,并未被汉文化完全同化。他们仍保持了回回人的民族特性。"[4]最近,马明达先生撰写了《明代福州米荣〈重建清真寺记〉

---

〔1〕冯锡时:《由〈金陵温氏家谱〉看明初帖木儿帝国与明的友好交往》,载《民族研究》,1990年第5期。

〔2〕刘迎胜:《"小经"文字产生的背景——关于"回族汉语"》,载《西北民族研究》,2003年第3期。

〔3〕杨晓春:《明代清真寺汉文碑刻所见穆斯林士人对汉文化的态度》,载《回族研究》,2005年第1期。

〔4〕杨怀中:《不背乎教亦不泥乎教——明代回族读书人对回儒文化交流的心态》,载《回族研究》,2002年第4期。

研究》[1]一文,对刻于明嘉靖二十八年(1549)的福州《重建清真寺记》碑文及其作者兼书写者穆斯林米荣,以及碑文所涉及的众多明代福建回回人物及作者宗教观进行了研究,代表了明代回族碑文研究的最新进展。

苏沛权的博士论文《青花瓷与中外文化交流》对明代陆上青花瓷贸易的规模、陆路贸易与波斯地区钴蓝彩料的输入等进行了深入研究,尤其对西域人来华贡品"速来蛮石"、"回回青"或"回青"有独到看法。他认为,来自撒马儿罕的"速来蛮石"很可能就是伊朗高原西部陶瓷产区 Kashan 名为"Sulaimānī"的含矿石。"回青"是对来自国外青料的总称,又名西域大青,多为石青类,有佛头青、天青、空青、西夷回回青等,颜色为翠毛色。哈密、土鲁番[2]只是中外陆上贸易的联络站,两地贫瘠,缺乏钴矿,不可能一下子入贡上万斤的青花原料。速来蛮石是明代早期为求赏赐而进口的原料,而"回回青"或"回青"在元代就有输入,有时称为"回回甸子"。"西夷回回青"则是指中亚、西亚商贾先集中贩至土鲁番,再经哈密入贡的"回回青"或"回青",与元代所用名称相同,但其中有着细微的分别,那就是元代"回回青"有时还作为绘画颜料使用。至明代,"西夷回回青"、"回回青"或"回青"乃纯粹指用于烧制青花的钴料。[3] 这些研究结论有助于理解明与西域玉石贸易中明朝的给赐价格和嘉靖年间明对回回青的需求。

钟焓的《民族史研究中的"他者"视角——跨语际交流、历史记忆与华夷秩序语境下的回回形象》并非是专论明代回回的论文,但作者取材广泛,不仅利用了正史、实录、文集、方志、类书等书面文本,而且还充分运用了民间戏曲、年画、传说故事等大众话语,此为研究明代来华西域人提供了生动的范本。其中有关明代回回的观点颇有独到之处,如,明代官方舞蹈中让前来朝贡的"四夷"角色具体化,其中西戎一角

〔1〕马明达:《明代福州米荣〈重建清真寺记〉研究》,载《回族研究》,2012年第1期。

〔2〕本书正文中"土鲁番"仅适用于明代,与现代吐鲁番不同。

〔3〕苏沛权:《青花瓷与中外文化交流》,导师马明达教授,暨南大学博士学位论文,2005年7月,第82-87页。

即由继承了回鹘的回回承担。有关动作是"拜跪朝谒,喜耀俯伏之状"。通过形象的体姿语言刻画出朝贡蛮夷对中国一心向化的归顺态度。在这一礼仪性语境中,像回回之类的朝贡蛮夷遂被定位在忠实的服从者和归化者的位置上,从而传递出一种华夷秩序稳固而和谐的意象。[1] 在一定程度上,这也体现出明朝官方对归附回回的政治要求。

马明达、耿之矗的《明代江南蒋姓回回铜匠》一文,通过对明代后期工匠西域人蒋少川等人的研究,认为江南蒋姓回回很可能是来自西域的内附回回的后裔。明朝哈密、土鲁番向明朝进贡的物品中,各式的镔铁刀、剑、锉等金属制品占了很大比例,说明西域金属制作工艺有很高水平,蒋姓回回有西域工艺渊源,又学习了汉地的多种技术,成为兼有多种技能的工艺大师。[2] 虽然推测成分较多,但研究的视角较为新颖。这也是近年来学界重视明代归附西域人个案研究的反映。这些个案研究还可以列举一些,如,马建春的《明代西域回回人马克顺事迹考》[3],将马克顺(原名皮尔马黑麻)视为明代西域回回人在中原与瓦剌的政治、经济交往中的代表人物。

随着《中国明朝档案总汇》的出版,对《明选簿》归附人员的研究日渐增多。周松《明代南京的回回人武官——基于〈南京锦衣卫选簿〉的研究》[4]一文梳理了明武职选簿《南京锦衣卫选簿》中明代内附回回人的史料,认为内附回回初授武职相对低于漠北降人(蒙古人)是普遍现象,多数回回人的待遇介于官与军之间,具有某种不稳定性。附明的回回人被安插在军卫之中,享有初授职衔、各类实物、住房赏赐。他们有了军人的身份,也就成了军户,此后由政府根据武职的高低按月给俸。安插在南京锦衣卫的回回大多数并非世袭武官。

国外有不少学者研究明与西域(中亚)的关系,这里着重介绍三位

〔1〕钟焓:《民族史研究中的"他者"视角——跨语际交流、历史记忆与华夷秩序语境下的回回形象》,载《历史研究》,2008 年第 1 期,第 60 页。

〔2〕马明达、耿之矗:《明代江南蒋姓回回铜匠》,载《回族研究》,2010 年第 2 期。

〔3〕马建春:《明代西域回回人马克顺事迹考》,载《回族研究》,2008 年第 2 期。

〔4〕周松:《明代南京的回回人武官——基于〈南京锦衣卫选簿〉的研究》,载《中国社会经济史研究》,2010 年第 3 期。

学者的研究。美国学者莫里斯·罗沙比的《中国与内亚》(1975)一书第一部分是明代中国与内陆亚洲,分三章讨论了明与中亚往来情况,明朝的外事管理机构以及中亚与明朝的贡赐贸易。他认为:"中国对内陆亚洲外交政策的特征是限制和控制。例如,当贡使返程到达中国边境时,边境官员要检查他们的行李,查看是否存在走私,并核对他们入华登记的名字。中国政府对使团的管理利于其经济、军事和政治目的。他寻求将其国家关系观强加在他的邻居身上,并相信,一旦失败,他的形象、他的信心及其经济和政治地位优势会受到颠覆。这些限制对中国北方边境的防御也是至关重要的。"[1]换句话说,明朝实际上是主动掌控其与西域的往来。

法籍伊朗学者阿里·玛扎海里同样强调明王朝在西北边境关隘对进出人员严格的检查制度,他的《丝绸之路:中国—波斯文化交流史》(1983年巴黎出版)一书,其主要内容是作者译自古波斯文的两部赴中国的波斯人的游记和出使记。一是帖木儿王朝沙哈鲁国王(1405—1447)于1421年遣往中国的使节盖耶速丁的出使记;一是赛义德·阿里·阿克巴尔·契达伊于1500年所写的出使中国记。该书的价值首先是将珍贵的古波斯文史料译成法文以及作者写了大量的学术性很强的注释与史料疏证,其次是作者为这两篇中国志写的长篇导论,对明代西北陆上丝绸之路尤其是明与帖木儿王朝的往来作了精辟的阐释。例如,西域来华使团的礼仪性并不表示明朝皇帝和西域国王不关心贸易,现存大量的明朝与穆斯林国王往来文书都希望维持丝绸之路上各自所属一段的安全,以维持贸易。无论是在中国中原,还是在西域诸藩部,上层社会和行政当局都彼此互相需要[2]。

哈萨克斯坦学者克拉拉·哈菲佐娃在《十四—十九世纪中国在中央亚细亚的外交》(1995年,阿拉木图)中对明清时期中国在中亚的外交作为一个整体来研究。作者利用中亚和俄文史料以及汉文资料对中

---

[1]Morris Rossabi, *China and Inner Asia*, Thames and Hudson Ltd, London, 1975, p. 18.

[2][法]阿里·玛扎海里:《丝绸之路:中国—波斯文化交流史》,耿昇译,中华书局1993年,第13页。

7

国的"西部"政策、中国的政治文化与外交(使臣素质、使团供给、礼仪问题等)、外交制度(朝贡、封爵、人质、藩属)、精神文化与外交(如儒家学说对外交的影响、外交语言等)分别予以研究,认为中国极力想在中央亚细亚扮演居高临下角色的愿望,激发其实现积极的西部政策。明朝时期,蒙古人的国家切断了中国与西域的联系,中国对中亚制定的基本战略方针实质是"以定居农耕文化对抗游牧文化,以穆斯林世界对付蒙古人"。[1] 哈菲佐娃的这些提法并不准确。明朝个别大臣曾提出以夷攻夷的策略,但兵部反对。兵部的意见是:"以夷攻夷,虽驭戎一计,但夷性不常,向背难倚,或事不成,岂惟贻诸番之轻侮,将益增逆虏之狂悖,幸而成功,彼必恃功邀求,从之则何以满溪壑之,欲不从亦何以塞衅隙之端。"[2] 对驭戎不存大体的想法和做法,明朝皇帝不予采纳。由于汉文文献理解上的问题,哈菲佐娃书中关于明与西域往来的一些提法或诠释并不正确,但她观察分析问题的视角令笔者受益匪浅。

学者们的研究成果是本书写作的基础,笔者研究明与西域的关系亦有十余年,借鉴师长和同行的研究而不断推进本课题的研究进程,本书只是对这些年个人研究成果的一个小结,还有不少问题尚需今后继续研究。大体上,本书研究内容和基本观点主要有以下几个方面:

(1)对明与西域通贡往来的历史,已有不少学者研究。本书只是尽可能地利用现有的研究成果予以史实叙述,以为后面各章所述的历史背景。然通过史实的梳理,仍获得了一些历史认识。比如,丝绸之路的畅通很大程度上是依靠明朝对西域各国的外交政策,厚往薄来则畅,闭关绝贡则断,但明朝也不能任性而为,有时也需要附顺夷情,无可奈何地满足西域使臣的需求。明朝以哈密领西域朝贡,以关西七卫当西陲屏蔽,镇守甘肃是维护贡路而不是震慑西域。明朝对西域各国实行的是"顺天事大""保国安民"的睦邻政策,总体上趋向谨慎保守。

---

〔1〕〔哈〕克拉拉·哈菲佐娃:《十四—十九世纪中国在中央亚细亚的外交》,杨恕、王尚达译,兰州大学出版社2002年,第244页。

〔2〕《明孝宗实录》卷91"弘治七年八月甲申"条。本书所引《明实录》均为台湾中央研究院历史语言研究所1962年影印本。

（2）明与西域玉石贸易的路径、品种、数量、价格等，典型地反映了明与西域朝贡贸易的实际情形。明与西域的绢马贸易一直是大宗，因其实用、易兑换而贯穿双方往来之始终。而玉石贸易稍有不同，作为奢侈品，玉石是富人、贵族、官僚乃至皇帝的喜爱之物，来华的西域贸易使臣也喜欢将质量上乘的玉石卖予内臣或高官。纳入朝贡体系的玉石贸易，吸引了许多士大夫、富商等的参与，以至于明朝文人笔记中有不少关于玉石鉴赏的记载。明朝中后期，围绕玉石贸易，明朝的一些大臣或私吞，或受贿，以至于明朝皇帝欲得上乘玉石竟不可得。因此，玉石贸易不仅反映了明朝政治制度的运作过程，也是明朝中后期国力下降、政治腐败的写照。分析西域与明朝玉石贸易的次数，哈密、土鲁番占据一半还多，显示了哈密、土鲁番在西北陆上丝绸之路上所具有的特殊地位。而正德以后，土鲁番赴明朝贡玉的次数已超过哈密，实际已取代哈密职掌明朝通往西域的道路。

（3）因西域地处内陆亚洲，由西域通往明朝的朝贡之路，形成了传统的陆路驿道，而海路则是东南亚、印度、波斯湾，乃至红海等地的来贡通道。弘治初年，撒马儿罕等地使臣偏偏要从海路进贡狮子、鹦鹉等物。此举遭到了大臣们的坚决反对，《明史》亦对反对此事的大臣们予以赞赏，时任礼部左侍郎的倪岳的《止夷贡疏》后收进乾隆御选明臣奏议。[1] 其原因在于，陆海路来贡的纷争，不仅仅是贡路的改变徒增了明朝的负担，还在于国人对朝贡制度作用的认识。朝贡制度的作用是宣德化、柔远人。而德化是中国传统的道德教化，所谓"圣帝明王，不宝远物"，撒马儿罕使臣不仅贡路不对，其贡物也不利于"发扬圣德之光辉，补益治平之实效"，乃至于会影响"万邦宾服"的盛景。固守传统，并从传统中寻求不变的依据成了士大夫的心态，至于世界海路是否正在发生变化并不是他们所关心的。

（4）西域诸地语言文字与汉地存在较大差异，明代通事作为翻译

---

〔1〕倪岳：《请却赛玛尔堪进狮子疏》，收入清高宗敕选：《明臣奏议》卷6，清武英殿聚珍版丛书本。

·欧·亚·历·史·文·化·文·库·

人员,主要是充当了双方语言交往的中介。由于明朝朝贡制度中有使臣往返及起送衙门需通事伴送的规定,通事与贡使形成了极为密切的关系。通事负有钤束贡使的责任,然代表一国或一地面的贡使具有非常高的政治地位,通事实际上难以约束西域贡使。贡使肆詈官员、殴伤人命的现象常有发生。而一些汉回通事因其同类相亲,在京师则教贡使分外求讨,伴回则教贡使贩卖茶斤、违禁货物,从中牟利。在"厚往薄来"的朝贡体制下,一些通事反而成为西域贡使的代言人,与其分享朝贡利益,此为正德、嘉靖年间西域通事的重要特征。

(5)明代西域来华使臣授职制度,是明朝不同于管理海路来华使臣的重要制度。它与使臣给赐制度相结合,构成了明朝管理和控制西域诸国朝贡的重要手段。使臣授职制度并无明文规定,但其实施程序还是很严格的。明朝礼部或兵部可以根据西域国王或使臣的请求,参照使臣原有地位或服务朝贡事务的年限,报经皇帝批准,而后按照明朝的管理制度执行。西域来华使臣得到的官职多为武职,其晋升顺序也按武职级别的高低进行,得到不同级别武职的使臣并不享受明廷的俸禄,但有相应的品级,享受不同品级的给赐待遇。对授职使臣,明政府除了给予诰敕外,还赐予冠带、袭衣等物。这种使臣授职制度在某种程度上是宗藩制下称臣纳贡的象征。明廷对此非常慎重,所谓"朝廷名器""不轻升授"。使臣授职人数的多少和高低,也是使臣所在国在明朝心目中政治地位的体现。

(6)研究明代西域来华使臣的违法与违禁问题,有助于深刻理解明朝的朝贡制度。大多数来华进贡使臣都能按明朝的礼法行事,但有少数使臣违犯或故意违犯明朝的法律或禁令。一些使臣在明朝境内夹带人口、殴伤人命等,按规定,须依《大明律》处罚。明朝前期,对西域来华使臣的一些违法行为,明廷处置较宽。夹带人口,按律处死,但明廷只是要求边境官员对进贡使臣严加禁约;殴伤人命,按律也应处死,明廷常以远夷无知,宽恕放回,只是要求使臣所在国王对该使臣严加戒饬,不再派遣该违法使臣来贡。明廷虽宽恕违法、违禁使臣,但对与该使臣违法有关的明朝军民,处理却非常严厉。明朝前期,明朝厚赐来华西域使臣,贸易往来纠纷不多,一些使臣的违法行为多是使臣对明朝法律规定无知所为。成化以后,国家财力有限,明朝给予使臣的赏赐减低,这是追求利益的贸易使臣所不愿见到的,使臣们或嫌赏赐太薄加赏,或冒滥王号加赏,或违禁贸易谋利,为了厚利,花样百出。明朝为此加强了对进贡使臣的管理力度,反映在《明会典》上,就是成化、弘治、嘉靖等朝制定了针对使臣的各种禁约措施。

(7)明代从事丝路进贡贸易的主要是一些世家大族,这些家族的兴衰对丝路朝贡贸易的兴衰有着很大的影响。写亦虎仙家族是15世纪后期16世纪初活跃于明代西北丝绸之路上的贸易大族。写亦虎仙作为哈密回回首领,充当使臣,周旋于哈密与明朝、土鲁番之间,得到了明廷的厚赏与授职,在甘州、肃州等地积累了大量财富。他被甘肃守臣派往土鲁番,向土鲁番许下1500匹缎子得不到明朝认可,引发甘肃之变,被明朝逮捕。后结纳佞臣,得到明武宗青睐。嘉靖即位时,病死狱中。该家族衰亡是写亦虎仙不择手段追求财富、主张闭关绝贡的士大夫的反复打击及明朝国力下降的综合结果。

(8)对明代来华西域人的归附与安置,和龚先生已研究较多。笔者以为,归附明朝的西域使臣有三种类型,一是作为进贡使臣申请留居,二是作为进贡人员自愿归附,三是作为进贡使臣先寄寓后归附。明朝皇帝在"华夷本一家,朕奉天命为天子,天之所覆,地之所载,皆朕赤子""远人慕义,举家来归,抚之当厚"的理念下,对来归人员实行优待政策。永乐、宣德、正统、景泰年间,对西域来华归附人员均给予了较好的安置,并形成惯例,由此吸引了不少西域人员归附。对归附西域使臣自身而言,除了战乱、天灾原因外,累次充当使臣,有功于明朝,可望得到明廷厚待是一个原因,使臣已有亲属留居明朝,投亲团聚也是一个原因。与归附的北方蒙古人相比,西域归附人员初授武官职衔不高,但归附时安置的生活待遇两者相差并不大。

(9)明代士大夫尤其是江南士大夫在他们的笔记中记载了大量的回回形象,这些记载不仅反映了居住汉地的回回人的现实生活,也反映了汉族士大夫对回回的评价。回回人居中原后,坚守其宗教习俗,张扬其义气性格,汉族士大夫对其有褒有贬。明代士大夫对回回形象的描述反映了汉文化与回回文化之间的接触与碰撞的历史,在某种程度上也反映了农耕与游牧、农业与商业两种文化的关系,而其发展演变也是回回最终成为中华民族大家庭成员的历史过程。

总之,永乐二年(1404)后的哈密和成化九年(1473)后的土鲁番掌握着西域人来华的贡道,这条由西域通往明朝的丝绸之路是西域人的"金路",西域人来华朝贡和归附的次数与这条"金路"是否畅通密切相关。明廷以断"金路"作为控制西域的政治手段虽在一定时期取得成效,但从长远看并非是有利的手段。文化上的交流停留在物质层面或依附在物质交流上。明廷对西域归附人员的管理多控制在卫所范围内,西域朝贡贸易使臣与汉地商人、民众交往时不仅有明朝政府伴送人员跟随和监视,而且有《大明律》对本国民众与其交往的种种禁令约束。所以,16世纪陆上丝绸之路的衰落既有物质交往的短缺,也有文化交往的贫乏。

本书的附录部分涉及一些文化上的交流或认知,由西域而南海,是明代中外文化交流研究的一点补充。

1 明与西域的通贡往来

明太祖朱元璋的华夷秩序观是"中国居内以制夷狄,夷狄居外以
奉中国",其对外政策是"海外蛮夷之国,有为患于中国者,不可不讨,
不为中国患者,不可辄自兴兵。古人有言:'地广非久安之计,民劳乃
易乱之源。'如隋炀帝,妄兴师旅,征讨琉球,杀害夷人,焚其宫室,俘虏
男女数千人,得其地不足以供给,得其民不足以使令,徒慕虚名,自弊中
土,载诸史册,为后世讥。朕以诸蛮夷小国阻山越海,僻在一隅,彼不为
中国患者,朕决不伐之,惟西北胡戎,世为中国患,不可不谨备之
耳"。[1] 明太祖后来将周边 15 国列为"不征之国",唯将西北残元势力
视为重大边患。朱元璋认为:"治蛮夷之道,必威德兼施,使其畏感,不
如此不可也。"[2] 至正二十七年(1367)北伐北元的同时,朱元璋对西域
地区采取招抚政策。洪武七年(1374),西域撒里畏兀儿安定王卜烟帖
木儿遣使来贡。明廷召其酋长,立为四部,给铜印,曰阿端,曰阿真,曰
苦先,曰帖里。然没有兵威,朱元璋虽"屡遣使诏谕,而遐方君长未有
至者"。[3] 于是,洪武十三年,都督濮英练兵西凉,"复请督兵略地,开
哈梅里之路,以通商旅"。[4] 迫于明朝的国威,洪武二十年,中亚撒马
儿罕的帖木儿遣回回满剌哈非思来朝;洪武二十四年,别失八里王黑的
儿火者汗遣使哈马力丁来朝。西域两大国的来朝,标志着明与西域官
方通贡往来的建立。大体上,明与西域诸国往来分成三种类型,以明朝
为中心,以最外层是撒马儿罕、哈烈等为中心的帖木儿王朝领地及其以

---

[1]《明太祖实录》卷 68"洪武四年九月辛未"条。
[2]《明太祖实录》卷 149"洪武十五年冬十月丙申"条。
[3] [清]张廷玉等:《明史》卷 332《西域四》,中华书局 1974 年,第 8598 页。
[4]《明太祖实录》卷 131"洪武十三年四月丁亥"条。

西地区,次外层是以别失八里、土鲁番为中心的东察合台汗国领地及其后继者,最内层也就是紧靠明朝的边境地区,即嘉峪关以西、哈密以东地区,以哈密最重要。

1.1 明与撒马儿罕、哈烈等地的通贡往来

当朱元璋在长城内立足,驱逐蒙元残余势力于塞外,声威远播于漠北和西域之时,中亚河中地区突厥化蒙古部落巴鲁剌思部首领帖木儿(1336—1405 年)正在兴起。1370 年(洪武三年),34 岁的帖木儿成为中亚的实际最高统治者,驻于撒马儿罕,娶察合台后王哈赞汗女儿为妻,《明实录》称其为撒马儿罕驸马。

继洪武二十年帖木儿遣使来贡后一年,洪武二十一年九月,帖木儿又遣回回答术丁等 59 人来朝,贡马 300 匹、驼 2 峰。[1] 洪武二十二年九月,又遣回回满剌哈非思来贡。三年之中,帖木儿三遣使臣来贡,尤其是满剌哈非思复贡,充分体现了其迫切与明通好的政治愿望。对帖木儿而言,明朝的武力并不是他的直接威胁,他所担心的是明朝是否会扶植东察合台汗国与己为敌。1373—1375 年,东察合台汗国朵豁剌惕部异密哈马鲁丁乘帖木儿出兵花剌子模、东部空虚之机,频频进兵河中地区,接二连三地"占领了河中边境地区的许多城堡"。尽管帖木儿反击得胜,但哈马鲁丁势力仍是其东部威胁。[2] 1389 年,东察合台汗国别失八里王黑的儿火者汗即位,与帖木儿帝国罢兵言和,并谋求与明朝建立友好关系;1391 年遣使哈马力丁来朝。

明与别失八里的友好对撒马儿罕的帖木儿带来了极大的东部压力,此时,帖木儿正忙于征服南部伊朗及其以西地区,无暇东顾。于是,1394 年,帖木儿遣酋长迭力必失等向明朝奉表贡马 300 匹,其贡表自称:"臣帖木儿僻在万里之外,恭闻圣德宽大,超越万古。自古所无之

---

〔1〕《明太祖实录》卷 193"洪武二十一年九月丙戌"条。

〔2〕朱新光:《东察合台汗国与帖木儿帝国之战及影响》,载《中国边疆史地研究》,1997 年第 3 期。

福,皇帝皆有之。所未服之国皆服之。……臣无以报恩德,惟仰天祝颂圣寿福禄,如天地远大,永永无极。"[1]此贡表辞语谦恭,是典型的藩属国向宗主国的贡表。对这一时期明与撒马儿罕的关系,邵循正先生说:"自洪武二十年至二十七年,帖木儿西抗钦察,南征呼罗珊伊拉克,用兵甚忙,未遑东顾,故卑词厚币,以求好于明,实非心悦诚服。其对明之称藩,仅属仪式,绝无实际。观其上表之后,太祖嘉其有文,明年(1395)命给事中傅安等赍玺书币帛报之,而安等被留至永乐初年尚未还。盖帖木儿新破钦察。凯旋撒马儿罕(1396),不复有畏惧中国之心,安等适至,措词倨傲,故被留不遣也。自是两国关系暂绝,终洪武朝,不复闻有撒马儿罕朝贡之事。"[2]朱元璋和帖木儿均是各自王朝的开创者,都有志于建立统一强大的国家。对明太祖而言,西域诸国向明朝称臣纳贡、行事大之诚是明与西域诸国往来的政治基础,这种基础又以西域诸国礼意甚恭的朝贡贸易为基础,从洪武二十年至洪武二十九年的 10 年间,撒马儿罕帖木儿进贡的马的数量,仅《明太祖实录》上明确记载就不下 3121 匹,实际贡马数肯定大于此。因所进皆西域良马,明朝除给军骑操外,还由此在西北建立了养马业。但这种不平等的宗藩关系对以成吉思汗继承者自居的帖木儿而言是不可接受的,在取得对小亚细亚、金帐汗国、德里苏丹国的胜利后,他自觉羽毛丰满,力量强大,不甘心臣服于明朝并向其纳贡,遂扣留中国使臣,并决定征集一支 80 万(实际 20 万)人的军队远征中国。1405 年 2 月帖木儿病逝,东侵遂寝。对此,陈生玺先生说:"帖木儿之死,不但侵略明朝的愿望不能实现,帝国的内乱,反而促使他们复贡于明,继承帖木儿对中国作为臣属。"[3]1405 年,帖木儿之孙哈里取得王位后,既担心别失八里王欲西侵其领地,更担心别失八里王与明朝结盟,遂于永乐五年(1407)六月遣使臣虎歹达等送明朝使臣傅安、郭骥等归,向明朝表达和平往来的愿

〔1〕《明太祖实录》卷234"洪武二十七年九月丙午"条;并见《明史》卷332《西域四》,中华书局 1974 年,第 8598 页。

〔2〕邵循正:《有明初叶与帖木儿帝国之关系》,收入《邵循正历史论文集》,北京大学出版社 1985 年,第 88 页。

〔3〕陈生玺:《明初帖木儿帝国和中国的关系》,载《史学月刊》,1957 年第 7 期。

望。但哈里在位较短(1405—1409),其王位很快被帖木儿四子沙哈鲁(1405—1447)夺走。沙哈鲁为控制波斯一带,将国都南迁到哈烈(今赫拉特),留其子兀鲁伯治理撒马儿罕(1409—1449)。

沙哈鲁当政的40余年,是中亚帖木儿王朝的兴盛时期。这一时期为明朝永乐与正统年间,正是明朝国力上升时期。沙哈鲁改变其父晚年敌视中国的政策,欲与明朝保持友好关系。1410年(永乐八年),据《明太宗实录》记载,哈烈沙哈鲁把都儿遣头目迷儿即剌等贡方物。[1] 因哈烈使臣出发之时,沙哈鲁尚与其侄哈里构兵争位。明成祖在致沙哈鲁的诏书中说:"尔之先人帖木儿驸马能识天命,归藩太祖高皇帝,贡献不绝,以故朝廷加恩于尔遐僻之国,使得艾宁无事,人民亦皆安谧。朕闻尔能继先人遗志,恪守旧章。"[2]明成祖又以上邦之君,试图调停沙哈鲁哈里叔侄构兵之事。"尔从子哈里锁鲁檀,实尔懿亲,当务敦睦,宜信朕言,恪遵所命勿替。"[3]在诏书中,明朝仍称哈里为锁鲁檀,却称沙哈鲁为"沙哈鲁把都儿"。沙哈鲁对此深表不满,在给明朝皇帝的表文中,首先自称沙哈鲁锁鲁檀,其次大谈伊斯兰教,以帖木儿诏令全国奉伊斯兰教为名,要求明朝也尊奉伊斯兰教。并以呼罗珊、河外地、伊剌克等悉归其国之事,明确告知明成祖:帖木儿帝国是一个大国。尽管如此,双方对通使往来已达成一致:"约定道路通行之后,人民可自由往来无阻。"

对明初帖木儿帝国和中国的朝贡关系,邵循正先生从当时社会心理的角度分析原因:"帖木儿沙哈鲁父子,自命继武成吉思汗,而对明乃称藩奉贡不绝。证以彼史籍,乃知《明史》所谓永乐中,西域慑天子威灵,咸修职贡之语,实为当然真相,并非史官侈谈。盖有明之兴,不仅驱逐胡元,光复旧物,且隐然继元室而为蒙古帝国之中心。成祖建都燕京,实元大都旧地,自西域诸国观之,君汗八里者,极为蒙古帝国之共

---

〔1〕《明太宗实录》卷101"永乐八年二月丙午"条。

〔2〕邵循正:《有明初叶与帖木儿帝国之关系》,收入《邵循正历史论文集》,北京大学出版社1985年,第90页。

〔3〕邵循正:《有明初叶与帖木儿帝国之关系》,收入《邵循正历史论文集》,北京大学出版社1985年,第91页。

主,此为不可忽视之心理。"〔1〕也许,正因为视大明帝国皇帝为天子,"土木之变"后,瓦剌太师也先等对被俘的英宗仍以礼相待。此后,由于沙哈鲁朝贡不绝,且哈里已死,此后的明成祖致沙哈鲁的国书中,明廷称沙哈鲁为锁鲁檀(王),且皆加抬写,表明明廷不仅承认沙哈鲁为王的地位,且以藩王之礼待之。《明史·西域传》认为,沙哈鲁所据哈烈,在西域最强大,自永乐十一年以后,"诸国使并至,皆序哈烈于首"〔2〕。大体上,洪武至正统年间,具体说从 1387 年至 1449 年这 62 年间,来华的中亚帖木儿王朝诸地使臣次数分别是:撒马儿罕 40 次,哈烈 15 次,失剌思 6 次,亦思弗罕 2 次,八答黑商 2 次,赛蓝 2 次,讨烈思 2 次,俺都淮 2 次。总数约占明与帖木儿王朝往来总次数的 76%。宣德七年(1432),明宣宗派中官李贵出使西域哈烈等国,在致哈烈沙哈鲁锁鲁檀的国书中,与其相约:"永笃诚好,相与往来,同为一家,经商生理,各从其便。"〔3〕正统十年(1445),明英宗书谕撒马儿罕地面王兀鲁伯曲烈干曰:"王远处西陲,恪修职贡,今复遣使臣伯颜答八失等以方物来贡,眷此勤诚,良足嘉尚。使回,特赐王并妻及王子阿不都剌·阿即思·巴哈都儿等綵币表里以示朕优待之意。"〔4〕

"土木之变"后,明朝元气大伤。往年给赐优厚的朝贡贸易对明朝来说是一个沉重的负担。景泰七年(1456),明廷终因旧时给撒马儿罕、哈烈赏例太重,予以降低。正副使由原来的一等降低至三等。使臣进贡次数亦受到限制,其后的使臣来华或三年或五年一次。英宗复辟后,派都指挥马云等出使撒马儿罕,但致撒马儿罕速鲁檀母撒亦的国书口气已相当软了,曰:"惟尔世处西域,敬奉朝廷。朕复登大位,嘉念尔诚,特遣正使都指挥马云等往彼公干,颁赐尔等綵段表里。尔其体此恩意,益尽忠诚,善待使臣,护送往回,毋致失礼。"〔5〕马云使团逗留在哈

〔1〕邵循正:《有明初叶与帖木儿帝国之关系》,收入《邵循正历史论文集》,北京大学出版社 1985 年,第 97 页。

〔2〕张廷玉等:《明史》卷 332《西域四》,中华书局 1974 年,第 8610 页。

〔3〕《明宣宗实录》卷 86"宣德七年正月丁卯"条。

〔4〕《明英宗实录》卷 134"正统十年冬十月癸卯"条。

〔5〕《明英宗实录》卷 282"天顺元年九月戊辰"条。

密,最终未能到达撒马儿罕。此后,撒马儿罕或贡狮,或走海路,或与土鲁番使臣同来,或冒滥王号,变换各种花样与明朝保持贸易往来,谋取更多的利益。

1.2 明与别失八里、土鲁番的通贡往来

别失八里(突厥语,意为"五城",今新疆维吾尔自治区吉木萨尔县境),"西域大国也。南接于阗,北连瓦剌,西抵撒马儿罕,东抵火州,东南距嘉峪关三千七百里。或曰焉耆,或曰龟兹。元世祖时设宣慰司,寻改为元帅府,其后以诸王镇之"。[1] 永乐时出使西域的陈诚在《西域番国志》记其地说:"究其故疆,东连哈密,西至撒马儿罕。后为帖木儿驸马所夺,今止界于养夷,西北至脱忽麻,北与瓦剌相接,南至于阗。"[2]

明朝与别失八里的交往始于洪武二十四年(1391)。是时,撒马儿罕的帖木儿已分别于洪武二十年、二十一年、二十二年连续三年遣使来朝。明与其建立了较好的通贡关系。明在征讨北元残余势力,兵至捕鱼儿海时,获撒马儿罕等处来贸易者数百人,遂命鞑靼王子剌剌等送还本国,归至别失八里之地,黑的儿火者遂遣使千户哈马力丁、百户斡鲁撒等随剌剌来贡。别失八里使团抵南京两个月后,明太祖遣主事宽彻、监察御史韩敬、大理评事唐钲使西域,以书谕别失八里王黑的儿火者曰:

> 朕观普天之下,后土之上,有国者莫知其几,虽限山隔海,风殊俗异,然好恶之情、血气之类未尝异也。皇天眷佑,惟一视之,故受天命为天下大君者,上奉天道,一视同仁,使巨细诸国,殊方异类之民,咸跻乎仁寿,而友邦远国顺天事大,以保国安民,皇天监之,亦克昌焉。曩者,我中国宋君奢纵怠荒,奸臣乱政,天监否德,於是命元世祖肇基朔漠,入统华夏,生民赖以安静七十余年,至於后嗣不修国政,大臣非人,纪纲尽弛,致使在野者强凌弱,众暴寡,民生嗟

---

〔1〕《明史》卷332《西域四》,中华书局1974年,第8609页。
〔2〕陈诚:《西域行程记 西域番国志》,周连宽校注,中华书局1991年,第102页。

怨,上达于天,简在帝心,以革命新民。朕当大命,躬握乾符,以主黔黎,凡诸乱雄擅声教,违朕命者兵偾之,顺朕命者抚存之,是以华夏莫安。惟元臣蛮子、哈喇章等尚率残兵于近塞,生衅寇边,为生民之巨害,遣兵致讨,势不容己。兵至捕鱼儿海,故元诸王、驸马及其部属悉来降附,其间有称自撒马儿罕等处来贸易者,凡数百人,遣使送归本国,今三年矣。使者归,尔别失八里王即遣使来贡,朕甚嘉焉。王其益坚事大之诚,通好往来,使命不绝,岂不保封国于悠久乎? 特遣使嘉劳,其悉朕意。[1]

明太祖这封国书口气强硬,名义上表彰了元世祖"入统华夏,生民赖以安静七十余年"的正统地位和历史功绩,实际上是强调其"革命新民","躬握乾符,以主黔黎"的一统地位,要求"友邦远国顺天事大,以保国安民"。明太祖以大国的口气嘉赏别失八里王,声称:"王其益坚事大之诚,通好往来,使命不绝,岂不保封国于悠久乎?"收到国书的别失八里王黑的儿火者没有感谢明太祖的这种嘉劳,反而扣留了明朝使臣宽彻。

宽彻被扣期间,洪武二十五年、二十七年,撒马儿罕帖木儿遣使来贡,尤其是洪武二十七年帖木儿上明太祖表文中提出了两国之间"站赤相通,道路无壅,远国之人,咸得其济"的要求,使明太祖认识到明与西域往来中贡市贸易的重要性。

洪武三十年正月,明太祖遣使谕别失八里王黑的儿火者。曰:"朕即位三十年,西方诸国商人入我中国互市,边吏未尝阻绝。朕复敕吾吏民不得持强,欺谩番商,由是尔诸国商获厚利,疆场无扰,是我中国有大惠与尔诸国也。向者,撒马儿罕商人有漠北者,吾将征北边,执归京师,朕令居中国互市,后知为撒马儿罕人,遂俱遣还本国,其君长知朝廷恩意,遣使入贡。吾朝廷亦以知其事上之礼,故遣使宽彻等使尔诸国,通好往来,抚以恩信。岂意拘吾使者不遣,吾于诸国未尝拘留使者一人,而尔拘留吾使,岂礼也哉? 是以近年回回入边地者且留中国互市,待宽

〔1〕《明太祖实录》卷212"洪武二十四年九月乙酉"条。

彻归,然后遣还。及回回久不得还,称有父母妻子,朕以人思父母妻子,乃其至情,逆人至情,仁者不为,遂不待宽彻归而遣之。是用复遣使赍书往谕,使知朝廷恩意,毋使道路闭塞而启兵端也。"[1]

与前份国书相比,这份国书语气平和,恩威并施、至情至理。加之,其西邻帖木儿连年征战,战绩辉煌,国势强盛,其征服野心和强大的军事实力已严重威胁到别失八里的生存。于是,别失八里送回了宽彻。明与别失八里进入了一个睦邻友好、往来频繁的时期。两国之间的往来主要表现在:

(1)永乐三年,明朝敕封的哈密忠顺王安克帖木儿被可汗鬼力赤毒死,别失八里沙迷查干王率兵讨鬼力赤之罪。明成祖闻而嘉之,赐之,并赐敕令予嗣忠顺王脱脱惇睦。[2]

(2)永乐五年,别失八里王沙迷查干遣使脱亦不花等贡玉璞及方物,且言:"撒马儿罕本其先世故地,请以兵服之。"明成祖遣中官把泰等与脱亦不花等偕行,赍玺书谕沙迷查干曰:"宜审度而举事慎,勿轻动以取危辱。"时哈剌火州王子哈散,土鲁番万户赛因帖木儿,柳陈城万户瓦赤剌等俱遣人贡玉璞等物。[3]

(3)永乐六年,沙迷查干卒,弟马哈麻嗣立之。明成祖以沙迷查干能归顺朝廷,遂遣把泰等赐祭,遣玺书赐马哈麻文绮衣二袭,文绮表里各十。[4]

(4)永乐九年,明成祖遣给事中傅安等送别失八里使臣马黑麻等还的同时,赍敕谕马哈麻曰:"近瓦剌遣使言王欲袭其部落,信有之乎?抑瓦剌使者之言非也?夫天于万物皆欲其生,王宜爱人无分彼此,爱人者顺天,顺天必昌,伤人者逆天,逆天必殃。盖敦睦四邻尤为保境之道。自昔好兵,首祸其毙,必至自危。王其审之。"[5]

(5)永乐十一年七月,明成祖敕甘肃总兵官丰城侯李彬曰:"别失

---

〔1〕《明太祖实录》卷249"洪武三十年正月丁丑"条。
〔2〕《明太宗实录》卷41"永乐三年夏四月庚辰"条。
〔3〕《明太宗实录》卷66"永乐五年夏四月丁酉"条。
〔4〕《明太宗实录》卷76"永乐六年二月甲午"条。
〔5〕《明太宗实录》卷123"永乐九年闰十二月己卯"条。

八里王马哈麻敬事朝廷,遣使来贡如至,可善待之,其市易者听自便。盖远人慕义而来,当加厚抚纳。庶见朝廷怀柔之意。"[1]

(6)永乐十四年三月,别失八里王马哈麻侄纳黑失只罕遣使哈只等贡马及方物,且告马哈麻卒,无子。明成祖遣中官李达、给事中傅安等往祭马哈麻。并以玺书命纳黑失只罕嗣为王,赐金织、文绮、盔甲弓刀,并赐其母彩币。时别失八里与哈烈有隙,各蓄争斗之意。明成祖复赐玺书谕纳黑失只罕并哈烈:"俾各释怨睦邻,保其民人以享太平之福。"又闻别失八里头目忽歹达事其主四世,国人信服,今能替辅纳黑失只罕,亦赐玺书、彩币加劳之。[2]

(7)永乐十五年,别失八里王纳黑失只罕遣使哈即哈剌罕等贡方物,且致于言:将嫁其妹撒马儿罕,请以马市妆奁。遣中官李信、指挥丁全等赍文绮帛各五百匹助之。[3]

(8)永乐十六年,别失八里头目速哥、克剌免剌等来朝贡方物,具言其王纳黑失只罕为从弟歪思弑之而自立,徙其国西去,更号亦力把里王。明成祖命速哥为右军都督佥事,克剌满剌为指挥佥事,赐诰命、冠服、金带、彩币。[4]

(9)永乐十六年,明成祖遣中官杨忠等使亦力把里,赐其王歪思金织、文绮、彩币、盔甲弓刀,并赐其头目忽歹达等70余人彩币有差。[5]

上述史实表明,别失八里(后为亦力把里)在政治、经济上均与明朝保持着密切的联系。对别失八里而言,西边的帖木儿王朝对其威胁更大,因此,别失八里对撒马儿罕、哈烈均有动武争斗之意。明朝不希望一方独大,同时也是为了维护西域地区的和平与稳定,策略是劝和,

〔1〕《明太宗实录》卷141"永乐十一年秋七月丙午"条。

〔2〕《明太宗实录》卷174"永乐十四年三月壬寅"条。

〔3〕《明太宗实录》卷186"永乐十五年三月乙未"条。

〔4〕《明太宗实录》卷197"永乐十六年二月庚戌"条。王继光先生认为:至晚在永乐十二年初,即李达、陈诚使团抵达伊犁河流域之前,马哈木王统治时期,别失八里王国已西迁到伊犁河流域——巩乃斯河上游的新疆新源县附近。歪思不过使西迁更进一步,从而使亦力把里成为王国的统治中心。见王继光:《〈西域行程记〉与别失八里西迁考》,载《西域研究》2007年第2期。克剌免剌与克剌满剌应为同一人。

〔5〕《明太宗实录》卷200"永乐十六年五月庚戌"条。

当纳黑失只罕将嫁其妹撒马儿罕时,明朝即予厚礼。明朝不干预别失八里内部事务,别失八里王位内部更替,明朝予以承认。

尽管歪思汗已西徙亦力把里,政治中心西移,但从歪思汗开始,土鲁番逐渐成为汗国的政治经济中心之一。阿黑麻汗、满速儿汗和沙汗统治时期,土鲁番是汗国的首都。在阿卜剌因速檀时期,土鲁番实力增长,他的儿孙们先后登上叶尔羌王朝可汗的宝座,成为整个汗国的首领。由于土鲁番在政治经济上的重要地位及其在地理上的优越位置,汗国的首领们经常以"土鲁番王"的名义或通过其在土鲁番的总督向明朝进贡和进行贸易。[1]

对歪思汗之前的土鲁番,陈高华先生认为,鲁陈、火州、土鲁番三地并非是独立的地方政权,它们当时都在别失八里政权的"封域之内"。三地首领与别失八里统治者一样,都是元代察合台系宗王的后裔。[2]魏良弢先生亦认为,土鲁番从 14 世纪末开始,至少在名义上一直是整个东察合台汗国——"蒙古国"的一部分,统治土鲁番的王均为察合台汗的后裔,他们先与亦力把里的可汗,后与叶尔羌的可汗都有血统上的关系。[3]

土鲁番与明朝的关系可分为三阶段:从永乐四年到成化八年(1472)为第一阶段。在此期间,土鲁番不断派遣使臣向明朝进贡,并在内地贸易,明朝政府则授予使臣们以各种官职,给予大量回赐,双方的关系是和睦的。成化九年到嘉靖七年(1528)为第二阶段。在此期间,土鲁番势力渐大,几次侵吞哈密,与明朝发生冲突。正德十一年(1516)以后,它还直接出兵攻打甘肃。但与此同时,朝贡仍在时断时续地进行着。嘉靖八年起为第三阶段,土鲁番内部矛盾加剧,势力渐

---

〔1〕魏良弢:《明代及清初土鲁番统治者世系——兼述东察合台汗国之变迁》,载《历史研究》,1986 年第 6 期;并见田卫疆:《关于明代吐鲁番史若干问题的探讨》,载《中国边疆史地研究》,2005 年第 3 期。

〔2〕陈高华:《关于明代土鲁番的几个问题》,载《民族研究》,1983 年第 2 期。

〔3〕魏良弢:《明代及清初土鲁番统治者世系——兼述东察合台汗国之变迁》,载《历史研究》,1986 年第 6 期。

衰,与明朝关系渐趋缓和,朝贡次数、人数不断增多。[1]

1.3　哈密与明朝的贡赐关系

哈密(Qamil)是蒙元时期察合台汗国的封国之一,明朝洪武年间译称哈梅里。《明史·西域传》对哈梅里和哈密分别立传,两地实为一地,哈梅里主要是明太祖时的称谓。其时,"凡四夷来贡者不拒,未来者不强"。[2] 洪武十四年哈梅里回回阿老丁来朝贡马,明太祖诏赐文绮,遣往畏吾儿之地招谕番酋。[3] 洪武二十三年,哈梅里王兀纳失里遣长史阿思兰沙马黑木沙来贡马。明太祖以哈梅里王兀纳失里与别部互相仇杀,遣使谕都督宋晟训练凉州甘肃等处兵马备之。[4] 洪武二十四年,哈梅里王兀纳失[里]遣使请于延安、绥德、平凉、宁夏以马互市,陕西都指挥使司上报,明太祖因其夷狄黠而多诈,不许在边互市,来贡者悉送京师。[5] 因此,明太祖时期哈密与明朝有联系,但并不密切。

成祖即位后,对朱元璋的哈密政策作了改善。永乐元年十月,他在甘肃总兵官左都督宋晟敕谕中说:"知哈密安克帖木儿遣人贡马,尔已差人送京,其头目所贡者,可选善马送来,余皆以给军士,然须分别等第以闻,庶可计直给赏。盖厚往薄来,柔远人之道。凡进贡回回有马欲卖者,听于陕西,从便交易。须约束军民勿侵扰之。"[6]其时,他还遣官招谕哈密,"许其以马入中国市易"。永乐元年十一月,哈密来朝贡马 190匹,市易马 4740 匹。[7] 安克帖木儿是哈梅里王忽(兀)纳失里之弟,忽纳失里卒后即位,永乐二年六月遣使表请赐爵,明乃封其为忠顺王。但安克帖木儿在位不到一年被毒死,无嗣。其兄子脱脱自幼俘入中国,明廷抚养,在其祖母速可失里请求下,永乐三年三月,明命脱脱袭封忠顺

---

[1]陈高华:《关于明代土鲁番的几个问题》,载《民族研究》,1983 年第 2 期。

[2][明]马文升:《兴复哈密国王记》,收入[明]沈节甫《纪录汇编》卷 37,明刻本。

[3]《明太祖实录》卷 137"洪武十四年五月乙酉"条。

[4]《明太祖实录》卷 202"洪武二十三年五月乙未"条。

[5]《明太祖实录》卷 207"洪武二十四年二月戊午"条。

[6]《明太宗实录》卷 24"永乐元年冬十月甲子"条。

[7]《明太宗实录》卷 25"永乐元年十一月甲午"条。

23

王。但脱脱不能曲意奉承,被其祖母所逐。成祖敕谕哈密大小头目,斥其慢待朝廷。在此情况下,明朝于永乐四年三月设哈密卫,"给印章,以其头目马哈麻火者等为指挥、千百户、镇抚,辜思诚、哈只马哈麻为经历,周安为忠顺王长史,刘行为纪善,以辅脱脱。复命脱脱,凡部下头目可为指挥、千百户、镇抚者,具名来闻,授之以职"[1]。明设哈密卫的意义,诚如明人所说:"中国立哈密有三要焉:断北夷右臂而破散西戎交党,一也;联络夷狄而控之,二也;设险于敌我边无患,三也。"[2]而最直接的意义在于,首先明确了哈密卫官员职责是辅佐忠顺王,由此建立了忠顺王的官僚系统;其次,明朝任命的官员,实际上是忠顺王手下的各部首领,这些官员的更替、袭职、升职须忠顺王保奏,明廷任命批准,由此确立了哈密与明朝的藩属关系。从永乐二年封王到正德八年最后一位忠顺王拜牙即弃哈密投奔土鲁番有 110 年,其中,至成化九年土鲁番速檀阿力侵吞哈密前,哈密与明朝保持了 70 年密切的朝贡关系。是时,哈密"为西域之襟喉,以通诸番之消息。凡有入贡夷使、方物,悉令此国译文具闻"[3]。成化九年以后,明朝在哈密问题上与土鲁番展开了长达半个多世纪的较量,明朝主要采取军事打击和闭关绝贡两种手段来对付土鲁番。然军事行动成效甚微,哈密卫不能卫国,哈密国王嗣"三立三绝",即:成化九年土鲁番速檀阿力率兵袭破哈密城,掳哈密王母,夺明朝所赐金印;成化十八年哈密国右都督罕慎联合罕东、赤斤二卫之兵袭破土鲁番控制的哈密城,弘治元年(1488)明以罕慎复国有功,封其为忠顺王;同年,阿力之子阿黑麻"诱杀"忠顺王罕慎,复据哈密;弘治二年,哈密都指挥阿木郎率军复夺哈密,弘治五年春明朝立陕巴为哈密忠顺王;正德八年陕巴子拜牙即弃哈密城,叛入土鲁番[4]。明朝迫于形势闭关绝贡,又由于安抚西北边境和使西域慕义向化的需

---

〔1〕《明太宗实录》卷 52 "永乐四年三月丁巳"条。

〔2〕〔明〕马文升:《兴复哈密国王记》附《许襄毅公经略西番录引》,收入〔明〕沈节甫《纪录汇编》卷 37,明刻本。

〔3〕〔明〕马文升:《兴复哈密国王记》,收入〔明〕沈节甫《纪录汇编》卷 37,明刻本。

〔4〕侯丕勋:《哈密国"三立三绝"与明朝对土鲁番的政策》,载《中国边疆史地研究》,2005 年第 4 期。

要,终不能任意绝贡,嘉靖八年,明朝最终置哈密不问,然许土鲁番通贡,哈密服属土鲁番,明廷允其比岁一贡,异于诸番。

1.4　明与西域通贡往来的特点

法籍伊朗学者阿里·玛扎海里说:"丝绸之路仅仅依靠中国,而完全不依靠西方。这不仅仅是由于中国发现和完成了这条通向西方的道路,而且这条路后来始终都依靠中央帝国对它的兴趣,取决于该国的善意或恶意,即取决于它的任性。疆域辽阔的中国是19世纪之前世界上最富饶和最发达的国家,丝毫不需要西方及其产品。因为在中国可以得到一切,它比西方可以做的事要容易得多。相反是西方人都需要中国并使用各种手段以讨好它。"[1]就物质利益而言,明与西域通贡往来在很大程度上是依靠明朝对西域各国的外交政策,但明朝也不能任性而为,恰恰相反,明朝因其国力升降和维护国家利益的需要,也附顺夷情,无可奈何地满足西域使臣的需求。大体上明与西域通贡往来的特点有:

(1)明对西域外交政策的特征是:远交近抚,结以厚利。明朝立国后,中亚帖木儿王朝先于别失八里来华朝贡。当明与帖木儿王朝交好时,别失八里王扣留明使,当帖木儿强大并威胁别失八里安全时,别失八里即与明朝交好以减轻其压力。对西域这两大国,明朝不是扶持一方压制另一方,而是劝和。双方之间都保持实力,而不是一方独大,这对明朝西部边境的安定是有利的。所以,明朝对两国来华使臣都赐以厚利。当别失八里乘帖木儿王朝内乱欲出兵时,明朝劝其睦邻友好,并赐该国重臣厚礼。西域两大国的和平相处是丝绸之路畅通、朝贡贸易顺利进行的保障,而明朝的精心维护也发挥了重要作用。例如,景泰七年,撒马儿罕所贡玉石多不堪用时,明朝虽减其价,仍给予厚赐,以护远人朝贡之意。

---

〔1〕〔法〕阿里·玛扎海里:《丝绸之路:中国—波斯文化交流史》,耿昇译,中华书局1993年,第10-11页。

25

（2）明以哈密领西域朝贡，以关西七卫作西陲屏蔽，退守甘肃，是维护贡路而不是震慑西域，而维护贡路则是为了保甘肃安定。弘治元年二月，明封哈密卫左都督罕慎为忠顺王。时兵部言及哈密的重要性是说："甘肃孤悬河外，太宗皇帝以诸夷杂处难守，特设赤斤、罕东等卫，各授头目为都督等官，以领袖西戎。又设哈密卫，封脱脱为忠顺王，以锁钥北门。然后甘肃获宁。"〔1〕而明甘肃巡抚许进对此说得更为明确："圣朝建立哈密地方，外以控制诸番，内以藩屏甘肃。""[哈密]外连罕东、赤斤、苦峪等卫，使为唇齿，内连甘肃等卫，使为应援，若哈密有警，则夷夏共救之，此非为哈密，为藩篱计尔。"〔2〕因此，有学者认为："哈密卫与甘肃镇相互依托保护贡使的制度是明朝统治者根据国力和西域政情所建立的一种新制度，确保了丝绸之路的畅通和西域朝贡贸易的顺利进行。"〔3〕这点明了哈密与甘肃在维护贡路畅通方面的依托关系，但哈密的藩篱作用更不可忽视。明朝大臣中不乏对哈密的高见，但缺少政府层面上的政策筹划和运用。明设哈密卫是一种重要举措，哈密卫甚至与一般的羁縻卫所不同，诚如明人王世贞所说："西虏如忠义王，北虏如太平王，如和宁王，皆待之以王号，取羁縻而已。独永乐哈密忠顺王筑城池，赐金印，复设长史、纪善、卫经历，以中国庶僚周安、刘行、韦（辜）思诚充之，则俨然亲王矣。"〔4〕但要认识到，卫与国是不同的，卫所可以流动，而国土则是固定的。哈密卫与一般羁縻卫所不同在于其对明朝的重要性。而卫的重要性不在于其人数、规模，而在于其守护哈密国的重要地位。所以，当哈密卫失去国土，寄居甘肃时，其维系哈密卫与明朝之间藩属关系的重要方式贡赐贸易也就日趋衰落。〔5〕因为卫所的作用主要是维护贡路安全畅通，而不是震慑西域，所以，明

---

〔1〕《明孝宗实录》卷11"弘治元年二月丁未"条。

〔2〕〔明〕许进：《平番始末》，收入〔明〕沈节甫《纪录汇编》卷37，明刻本。

〔3〕田澍：《明代甘肃镇与西域朝贡贸易》，载《中国边疆史地研究》，1999年第1期。

〔4〕〔明〕王世贞：《弇山堂别集》卷6，引自《皇明异典述一·夷王如亲王》，中华书局1985年，第106页。

〔5〕施新荣：《明代哈密与中原地区的经济交往——以贡赐贸易为中心》，载《西域研究》，2007年第1期。

朝不太重视提升哈密卫的军事实力是可以理解的。明朝的失误在于没有培养好有能力的哈密王。明朝扶持的哈密王虽是察合台后裔却大多是懦弱无能之人。如脱脱,"沉湎于酒,不治国事"。卜答失里幼年继位,无法理政,明朝只好另立其叔脱欢帖木儿为忠义王助理朝政。王母弩温答失里主国事之时,"众益离散"。陕巴势力单弱。拜牙即"淫酗不道"。哈密统治者平庸无能,忠顺王手下三部族首领又彼此分立,不相统属。这种贵族政治使得忠顺王实权削弱,形成王权小贵族权大的局面。在没有外界压力下,这种局面明朝易于控制。但哈密北面屡有瓦剌袭扰,南面常受土鲁番侵掠,终没有形成与其抗衡的力量。明朝失去哈密后,对土鲁番"渐不可制","赏之不厌其心,威之不致其畏"。[1]最后只能接受其朝贡,维持正常的贸易往来,以保持边境的安宁。

(3)明与西域往来受瓦剌扩张西域的影响。瓦剌,其先祖为蒙元时期的斡亦剌惕,分布在叶尼塞河上游一带。后逐渐伸展到札布汗河、科布多河以及哈喇额尔齐斯河流域。北与乞儿吉思为邻,西南与别失八里、哈密毗连,东与鞑靼相接。[2]永乐六年冬,瓦剌部首领马哈木等遣使来朝贡马;次年,明封马哈木为顺宁王、太平为贤义王、把秃孛罗为安乐王。永乐八年瓦剌向明朝贡马致谢,明与瓦剌确立起朝贡关系。永乐十六年四月,明廷准马哈木之子脱欢袭封顺宁王。脱欢在明朝支持下,兼并了太平贤义王和把秃孛罗安乐王的属部,向东攻击鞑靼,向西将势力深入西域。[3]是时,别失八里歪思汗也许是为了避免与瓦剌发生冲突,把都城迁到伊犁河流域,更国号为亦力把里。于是,哈密成了瓦剌攻取的目标。脱欢采取联姻手段将女儿弩温答失里嫁给哈密忠顺王卜答失里,与哈密建立了联姻关系。弩温答失里自1460年次子卜列革死后,主政达23年之久。

---

〔1〕〔明〕康海:《康对山先生集》卷34序跋(《贺少傅兼太子太傅兵部尚书晋溪王公平土番序》),明万历十年潘允哲刻本。

〔2〕白翠琴:《明代蒙古与西域关系述略》,载《新疆社会科学》,1983年第3期。

〔3〕马曼丽先生认为,瓦剌作为独立的政治势力深入西域,不晚于15世纪20年代。参见马曼丽:《明代瓦剌与西域》,收入中国蒙古史学会编:《中国蒙古史学会论文选集》(1983),内蒙古人民出版社1987年,第193页。

正统四年（1439），脱欢死，也先袭其父职，称太师淮王。同年，哈密忠顺王卜答失里之子倒瓦答失里（瓦剌也先之甥）继承王位。也先东征西讨，几乎成为元亡后的又一强大蒙古汗国。而哈密统治集团则不时有内讧发生，势力软弱。瓦剌为控制哈密，常出兵干预。

正统八年，也先派兵进击鞑靼部猛哥卜花，并包围哈密城达一月之久，"杀头目，俘男妇，掠牛、马、驼不可胜计，取王母及妻北还，胁王往见，王惧不敢往。数遣使告难，敕令修好，迄不从，惟王母、妻获还"[1]。正统十一年，也先又派人至哈密，强邀忠顺王及其母、妻、弟等至瓦剌。适逢撒马儿罕的百余人使团赴明朝贡方物，路经哈密时，也被诱逼至瓦剌。这一时期的哈密完全被瓦剌控制。[2]

在控制哈密的同时，也先还以联姻等方式，对嘉峪关西面的赤斤蒙古卫、沙州卫（罕东左卫）、罕东卫等，加紧拉拢和控制。正统八年，也先派人至赤斤蒙古卫、沙州卫，馈赠良马美酒，欲娶赤斤蒙古卫都督同知且旺失加之女为儿媳，娶沙州卫左都督困即来之女为弟媳，被谢绝。第二年，也先派人至沙州卫，封沙州卫掌卫事诸都督佥事喃哥为平章，封其弟锁喃奔为祁王。正统十一年，罕东卫班思麻结派人至瓦剌，同也先约为婚姻，交结深密。明朝苦心经营的上述西北诸卫被瓦剌所控制。

景泰五年（1454），瓦剌内讧，也先被杀。也先的弟、侄等率领人马投奔主政哈密的弩温答失里。除了哈密城中居住着瓦剌部众以外，其周围地区也驻扎着多支瓦剌部属。如在成化五年（1469），平章拜亦撒哈率众进哈密住牧。住牧哈密、巴里坤附近的先后还有奄檀王、克失秃王、养罕王、卜六王及其部属。他们经常与哈密一起到京城向明廷朝贡和贸易，还联合起来共同对付土鲁番。[3] 成化九年，土鲁番速檀阿力侵哈密卫，掳其城。哈密都督罕慎被迫率领哈密民众迁往苦峪（今甘肃安西东南、玉门之西）居住。土鲁番、瓦剌、明朝三方为控制哈密这一东西贸易通道反复较量。成化十一年土鲁番贡使向明廷奏报，已得

---

〔1〕《明史》卷329《西域一》，中华书局1974年，第8514页。

〔2〕白翠琴：《瓦剌史》，广西师范大学出版社2006年，第50页。

〔3〕白翠琴：《瓦剌史》，广西师范大学出版社2006年，第121页。

哈密城池和瓦剌奄檀王人马 1 万。成化十八年,罕慎率畏兀儿、回回、哈剌灰之众,联合赤斤、罕东二卫,夜袭哈密,乘势连复八城,遂还居故土。弘治元年,阿黑麻速檀伪与罕慎结亲,诱而杀之,重占哈密。明廷采取限制贸易和削减赏赐的办法来打击土鲁番。弘治四年,阿黑麻被迫将哈密卫金印 1 颗、城池 11 座、人口 500 余归还明廷。明廷派脱脱重孙陕巴当忠顺王。弘治六年,阿黑麻夜袭哈密。陕巴被俘。弘治八年,明廷派甘肃巡抚许进收复哈密。正德八年(1513),在土鲁番速檀满速儿引诱下,哈密忠顺王拜牙即弃城投土鲁番,哈密重陷土鲁番手中。明朝遣彭泽等人经略,泽等两次前往哈密,但哈密终不可复得。嘉靖七年(1528),满速儿速檀令其部下虎力纳咱儿引瓦剌兵 2000 余共同攻袭肃州,被明军打败。嘉靖二十四年,满速儿死,长子沙嗣为速檀,其弟马黑麻亦称速檀,分据哈密,并与瓦剌联姻,以抗其兄。瓦剌为谋取牧地和财富,尽量满足哈密、土鲁番的请援要求,从而充当了明与西域往来的干预角色。

明与西域的通贡往来,肇始于明初在西北的拓疆设卫,察合台汗国瓦解后的内部纷争使西域各派势力示好于新兴的明帝国。明朝的"顺天事大""保国安民"的睦邻政策以及维护贡路、厚往薄来的措施展示了明朝在其与西域往来过程中发挥了积极和主导的作用。土鲁番的兴起、瓦剌的干预,与其说是对明朝的挑战,不如说他们力图对嘉峪关以西丝路贸易的控制。他们谋取的是利益而不是疆土。明朝闭关绝贡的措施击中了他们的要害,然终不是长久之计,明朝大臣王琼、杨一清等人已经认识到这一点,毕竟,民族的往来、商路的畅通是历史形成的,也是时代所必需的。

·欧·亚·历·史·文·化·文·库·

2 明与西域的玉石贸易

　　西域诸地与明朝之间的朝贡贸易中,玉石贸易是分量仅次于绢马贸易的第二大项。[1] 永乐二年(1404)七月,别失八里王沙迷查干遣使木写非儿等来朝贡玉璞、名马。[2] 永乐五年四月,别失八里王沙迷查干遣使脱亦不花等贡玉璞及方物。哈剌火州王子哈散、土鲁番万户赛因帖木儿、柳陈城万户瓦赤剌等俱遣人贡玉璞等物。[3] 永乐六年七月,于阗头目打鲁哇亦不剌金遣使满剌哈撒木丁等贡玉璞。[4] 永乐八年十一月,撒马儿罕并火州等处回回者马儿等献玉璞、硇砂。[5] 此后西域各国进贡玉石者不绝于史。除上述各国或地面外,向明朝进贡玉石的还有哈密、亦力把里、察力石、天方、哈烈(黑娄)、把丹沙等,尤以哈密和土鲁番为多,这些玉材大都取自阗。殷晴先生已对唐宋之际于阗玉石贸易作了较好的探讨[6],受其影响,本章以《明实录》及其他明人相关著作为基础,对明与西域的玉石贸易作一初步探讨。

2.1 玉石贸易之路

　　明与西域的玉石贸易之路是传统的陆上丝绸之路的组成部分。16世纪初,中亚商人阿里·阿克巴尔在其《中国纪行》中说:"从伊斯兰世

---

　　〔1〕明与西域的绢马贸易,可参见拙著:《明与帖木儿王朝关系史研究》(中华书局 2006 年)第五章帖木儿朝与明朝之间的贡赐贸易。

　　〔2〕《明太宗实录》卷33"永乐二年七月甲戌"条。

　　〔3〕《明太宗实录》卷66"永乐五年四月丁酉"条。

　　〔4〕《明太宗实录》卷81"永乐六年七月丁未"条。

　　〔5〕《明太宗实录》卷111"永乐八年十一月乙卯"条。

　　〔6〕殷晴:《唐宋之际西域南道的复兴——于阗玉石贸易的热潮》,载《西域研究》2006 年第 1期。并见殷晴:《丝绸之路与西域经济——十二世纪前新疆开发史稿》,中华书局 2007 年。

界到达中国,我们共有三条道路可供选择:克什米尔(经喀喇昆仑山口)之路、于阗之路和准噶尔(蒙兀儿斯坦)之路。"[1]由于明朝的势力在西域仅及哈密,玉石产地于阗等地先后属于东察合台汗国和叶尔羌汗国统治,故玉石之路以哈密、土鲁番及叶尔羌汗国为重要商路枢纽。嘉靖年间到过肃州的波斯商人哈智摩哈美德(Hajji Mahomed)说:"由肃州至哈密十五日程。由哈密至土鲁番十三日程。过土鲁番经嘉理斯城(Chialis,察力失)十日行。次至呼治城(Chuche,库车)又十日行。再次至阿克苏城,二十日行。又阿克苏至喀什噶尔城二十日城,皆经荒凉沙漠中。以前所经,沿途皆有人居住。由喀什噶尔至撒马儿罕二十五日程。由撒马儿罕至呼罗珊境内布哈拉城五日程。由布哈拉至哈烈城二十日程。次至维莱米城(Veremi,今德黑兰东__日程)十五日程。再至可疾云城六日程。由可疾云城至孙丹尼亚城四日程,由孙丹尼亚至讨来思大城六日程。"[2]此路段可能是中古时期丝绸之路的主要通道。永乐年间,明使陈诚由肃州至哈烈的路程,大体是肃州、嘉峪关、哈密、土鲁番,越阿力马力山口,渡伊犁河,绕过热海西行,经由养夷、赛蓝、达失干、沙鹿海牙、撒马儿罕,至哈烈。[3] 大体也是这条通道。

此外还有一条从阿克苏经叶尔羌、巴达克山、克什米尔,去印度斯坦的商路,鄂本笃跟随商队就是从拉合尔出发,经由这条商路进入叶尔羌汗国,再去明朝肃州的。[4]

明廷对玉石之路的畅通比较重视,永乐六年七月,明成祖遣内官把泰、李达等赍敕往谕八答黑商、葛忒郎、哈实哈儿等处开通道路。凡遣使往来行旅经商,一从所便。[5]

需要指出的是,玉石之路不只是由于阗走向明朝的,同样也走向中

---

〔1〕〔法〕阿里·玛扎海里:《丝绸之路:中国—波斯文化交流史》,耿昇译,中华书局1993年,第151页。

〔2〕张星烺:《中西交通史料汇编》,第一册,中华书局2003年,第463页。

〔3〕详见王继光:《关于陈诚西使及其〈西域行程记〉、〈西域番国志〉》,引自〔明〕陈诚:《西域行程记 西域番国志》,代前言,周连宽校注,中华书局1991年,第16-17页。

〔4〕魏良弢:《叶尔羌汗国史纲》,黑龙江教育出版社1994年,第185页。

〔5〕《明太宗实录》卷81"永乐六年七月丁未"条。

亚帖木儿王朝。克拉维约告诉我们:"在撒马儿罕城内,有自和阗运来的宝玉、玛瑙、珠货,以及各样珍贵首饰。和阗所产之货,其极名贵者,皆可求之于撒马儿罕市上。和阗之琢玉镶嵌之工匠,手艺精巧,为世界任何地所不及。"[1]

于阗对玉石之路的重要性在于它是玉石的重要源地。1603—1604年亲身游历喀什、和田等地的葡萄牙籍耶稣会士鄂本笃说:"最贵重的商品而且最适用于作为旅行投资的,是一种透明的玉块,由于缺乏较好的名称,就叫它作碧玉。这些碧玉块或玉石,是献给契丹皇帝用的;其所以贵重是因为他认为要维护自己皇帝的威严就必须付出高价。他没有挑中的玉块可以私下售卖。据认为出卖玉石所得的利润,足以补偿危险旅途中的全部麻烦和花费。""喀什噶尔国的玉石有两个不同种类:第一种,也是较好的一种,采自和阗河,距都城(鸭儿看)不远,那方式有点象是潜水者入水采珠那样,取出的块块大小有如厚燧石。第二种较差,从山里采掘得来,大块的被破成两爱耳(ell)即四英尺见方的板状。然后再把它们切成易于运输的大小。产这种玉石的山离都城约有二十天的旅程,叫做康桑吉-喀修(Cansangui-Cascio),意思是'石山'。""国王把采玉权卖给投标最高的商人,在他的租期,别的采矿人不得在那里开采。"[2]

2.2   玉石贸易使团与贡次

西域玉石贸易使团(实际是贸易商队)的组织情况,鄂本笃有较详细记述:"可不里骆驼商队,至此(鸭儿看)为止,不再前进。欲前往契丹,须重组队伍。商队领袖,为王所任命,纳金若干,便可得职。王付以全权,在全途间,可以管辖商人。在此羁留十二月,新商队始得组成。盖道途辽远,艰难危险,商队不能年年有之,须待人多成群,始可组织。

---

〔1〕《克拉维约东使记》,〔土耳其〕奥玛李查译,商务印书馆1957年,第157页。

〔2〕《利玛窦中国札记》,何高济等译,中华书局1983年,第549—550页。〔明〕慎懋赏:《四夷广记》之《于阗广记》载:"其国之法,官未采玉,禁人辄至河滨者。"(《玄览堂丛书续集》本)

且须知悉何时,能得允准,进入契丹也。"[1] "肃州城为西方商贾会聚之地。西方有七八国,与支那帝国素有协约。每六年,西国可遣派使者七十二人入贡。过此数,则不许入境。所贡之物为玉石、小金刚石、绀青及其他各种物品。此类使节,多商人冒充。往北京及归回之费用,皆由公家支出。所谓贡献,不过虚名。付价购玉,出赀之多,无过于皇帝者。皇帝好虚名,受外国礼物,而不酬以重价,自以为耻莫大焉。皇帝待遇外宾,礼赐隆厚。平均计之,必需费用之外,每人可余黄金一的由克脱(Ducat)。以此之故,人皆争欲为使,以重价自商队长购之也。必要之时,此等商人,冒充国王代表,伪造国书,谀媚皇帝。"[2]

至于明与西域玉石贸易的次数,没有确切的官方记载,也难于统计,现根据《明实录》等书记载,列表如表2-1。

表2-1 西域诸地玉石朝贡次数一览表

贡次 年号	别失八里	哈密	土鲁番	亦力把里	撒马儿罕	天方	黑楼(哈烈)	于阗	察力石	哈剌火州	柳陈城	鲁迷	把丹沙	小计
永乐 (1403—1424)	2	1	1		1			2		2	1			10
宣德 (1426—1435)		3		3	1		1							8
正统 (1436—1449)		6	2	3				1						12
景泰 (1450—1456)		3		1	1		1							6
天顺 (1457—1464)		3												3
成化 (1465—1487)		1	1											2
弘治 (1488—1505)		2	3		2	1							1	9

---

[1]张星烺:《中西交通史料汇编》,第一册,中华书局2003年,第523-524页。

[2]张星烺:《中西交通史料汇编》,第一册,中华书局2003年,第538页。

33

贡次年号＼贡地	别失八里	哈密	土鲁番	亦力把里	撒马儿罕	天方	黑楼（哈烈）	于阗	察力石	哈剌火州	柳陈城	鲁迷	把丹沙	小计
正德（1506—1521）		1												1
嘉靖（1522—1566）			4			1						1		6
万历（1573—1620）			3										·	3
合计	2	20	12	6	8	2	2	2	1	2	1	1	1	60

（资料来源：田卫疆编《明实录新疆资料辑录》，新疆人民出版社 2002 年版。《明实录》还提到西域贸易使臣贡"方物"，这些"方物"中是否含有宝石，因未明确，故未统计在内。陈高华：《明代哈密吐鲁番资料汇编》，新疆人民出版社 1984 年版。）

此表只是最简单的统计，它表明西域诸地贸易使团历次朝贡中，其进贡物品含有玉石的贡次中，至少有 60 次见于官方记载。实际数字要比这个数字多得多。上表也表明哈密、土鲁番在西域诸地与明朝之间的玉石贸易中具有十分重要的地位。

2.3 玉石贸易的数量、价格与种类

明与西域玉石贸易的数量及价格可见于各种文献，主要是《明实录》《明会典》上的记载，列举如下：

宣德六年（1431），礼部奏：撒马儿罕使臣卜颜札法儿等进速来蛮石 1 万斤，多不堪用，今还请薄其赏。但宣宗认为，"厚往薄来，怀远之道。撒马儿罕去中国最远，毋屑屑与较，可加厚遣之"。[1]

正统十二年（1447）十一月，哈密忠顺王倒瓦答失里，遣脱脱卜花及撒马儿罕使臣捨黑马黑麻等，贡马 63 匹、驼 27 峰，速来蛮、松都鲁思

―――――――――

[1]《明宣宗实录》卷 75"宣德六年正月甲午"条。速来蛮石，其价高于夹玉石、把咱石，低于青金石。速来蛮，Sulaiman，意为"完美的"。

玉石2万斤、青鼠皮3万张。[1] 松都鲁石(水珀)旧例每斤钞50贯,正统四年定每斤添作100贯,每200贯折绢2匹。[2]

景泰三年(1452)七月,哈密贡玉石33500余斤,每石1斤赐绢1匹。陕西行都司都督任启上奏认为"所贡玉石草恶杂进,不复办验,日长日增,宜有处置,以押其贪心,以纾我财力"。于是,礼部请令边关,视其碎杂瑕疵者却之,其入贡无验者勿纳。得到皇帝批准。[3]

同年十一月,亦力把里回回使臣哈马鲁丁等,续进玉石400块,重3822斤,礼部俱验不堪,命悉收之,每2斤给赏绢1匹。[4]

景泰四年十一月,瓦剌使者火只你阿麻回回,进玉石5900余斤,诏免进,令其自卖。[5]

景泰四年十二月,西番黑楼等地面31处男妇共101人来朝贡驼7峰、马247匹、骡12头、驴10头、玉石341块、镔铁腰刀4把、碙砂76囊。[6]

景泰七年三月,撒马儿罕使臣马黑麻捨力班贡玉石1000余块。甘州官员认为"堪中者,止七块尔"。使臣不听选择,自满驼车载赴京。[7]至京后,内臣携玉工同礼部官员验看。四月,礼官奏:撒马儿罕使臣马黑麻捨力班"所贡玉石,选其堪中者仅二十四块,重六十八斤而已,其余不堪者五千九百三十二斤,令其自卖。彼刚欲进贡,臣欲固阻之,恐失远人之意。议将玉石每五斤赐绢一匹"[8],得到批准。

1452年,进贡玉石每1斤赐绢1匹,同年变为每2斤赏绢1匹。

---

〔1〕《明英宗实录》卷160"正统十二年十一月癸丑"条。

〔2〕[明]徐溥等奉敕撰、李东阳等重修:《明会典》卷102,引自《景印文渊阁四库全书》,第617册,第924页。

〔3〕《明英宗实录》卷218"景泰三年七月戊申"条。这3万斤的贡玉可能以山料玉为主,山料玉与子玉相比,具有产量大、质量较差的特点。

〔4〕《明英宗实录》卷223"景泰三年十一月庚辰"条。

〔5〕《明英宗实录》卷235"景泰四年十一月乙卯"条。此火只你阿麻疑与同年四月和哈密使臣同贡玉石的瓦剌使臣火只碾黑麻为同一人。此见《明英宗实录》卷228"景泰四年四月庚戌"条。

〔6〕《明英宗实录》卷236"景泰四年十二月丙戌"条。

〔7〕《明英宗实录》卷264"景泰七年三月戊子"条。

〔8〕《明英宗实录》卷265"景泰七年四月丁巳"条。

1456 年又变为玉石每 5 斤赐绢 1 匹。价格愈来愈低主要是由于进贡玉石数量多、质量差的缘故。可能由于价格低,天顺三年(1459),哈密使臣只进贡马驼,而将玉石 1200 斤乞求自卖。[1] 但这种玉石可能并不好卖。天顺四年,哈密使臣累奏,以自带玉石进,明廷将玉石送内府,每 10 斤赏绢 1 匹。[2]

由于进贡玉石优劣悬殊,弘治三年(1490),明廷批准内府估验定价例,规定玉石每斤赐绢 1 匹,夹玉石每 4 斤赐绢 1 匹,速来蛮石 2 斤绢 1 匹,青金石 1 斤绢 1 匹,把咱石 10 斤绢 1 匹,螺子石 6 块绢 1 匹。[3]

俞汝楫等编撰的《礼部志稿》提到:赛玛尔堪,嘉靖二年(1523)议定上等玉石每斤绢 3 匹,中等每斤绢 2 匹,下等每斤绢 1 匹。土鲁番,嘉靖十六年,各色浆水玉每 1.8 斤予绢 1 匹。嘉靖三十三年,进贡回回青 331.8 斤,会估每斤予银 2 两。[4]

由此可见,宣德、正统、景泰年间,进贡的玉石数量多,品种主要有速来蛮石、松都鲁思石、夹玉石等,价格降低,弘治、嘉靖年间,价格有所恢复,或略有上涨。这可能与这一时期进贡玉石数量不大有关。据石茂华《远夷谢恩求贡事》,嘉靖四十四年,土鲁番进贡方物金刚钻 1 两,玉石、回回青各 50 斤。隆庆四年(1570),土鲁番进贡方物金刚钻 1 两,玉石、回回青各 50 斤。万历三年(1575),土鲁番进贡方物金刚钻 1 两,玉石 50 斤、回回青 100 斤(据其番本)。中途遇达子抢劫,实有金刚钻 6 钱 5 分、玉石 50 斤、回回青 38 斤。明廷按其番本赏赐。[5]

〔1〕《明英宗实录》卷 300 "天顺三年二月己卯"条。

〔2〕《明英宗实录》卷 317 "天顺四年七月丙子"条。

〔3〕〔明〕徐溥等奉敕撰、李东阳等重修:《明会典》卷 102,引自《景印文渊阁四库全书》,第 617 册,第 924 页。

〔4〕〔明〕俞汝楫等编撰:《礼部志稿》,引自《景印文渊阁四库全书·史部职官一》,第 597 册,第 704－705 页。

〔5〕〔明〕石茂华:《毅庵总督陕西奏议》卷 6,见陈高华:《明代哈密吐鲁番资料汇编》,新疆人民出版社 1984 年,第 421－423 页。

此外,《高昌馆来文》[1]所记进贡玉石的数量:

(1)火州王撒哈剌贡玉石1块,重5斤。

(2)土鲁番使臣哈只马哈麻贡玉石4斤。

(3)撒马儿罕使臣阿力贡玉石50斤。

(4)天方国使臣塔主丁贡玉石150斤。

(5)天方国使臣奴儿丁贡玉石150斤。

(6)天方国使臣阿老丁贡玉石50斤。

(7)土鲁番使臣阿力贡玉石100斤。

(8)哈密使臣哈三贡玉石200斤。

(9)撒马儿罕使臣塔主丁贡玉石50斤。

《回回馆来文》[2]所记进贡玉石的数量:

(1)撒马儿罕使臣阿力贡玉石50斤。

(2)天方国使臣塔主丁贡玉石150斤。

(3)天方国使臣阿老丁贡玉石50斤。

(4)土鲁番使臣阿力贡玉石100斤。

(5)哈密母罕默贡玉石200斤。

(6)撒马儿罕塔主丁贡玉石50斤。

尽管《高昌馆来文》、《回回馆来文》史料价值尚需分析,但其提供的每次进贡玉石数量与实际情况相差不会太大。

至于玉石贸易的种类,是一个不易归纳的问题,除非是懂行的玉石专家。而明代懂行的玉石专家较多,现列举其中一二,从中可知明人对玉石种类的分类。

元末明初的陶宗仪在其《南村辍耕录》卷7载:"回回石头,种类不一,其价亦不一。"其列举的种类有:(1)红石头,四种,同出一坑,俱无白水。剌,淡红色,娇。避者达,深红色,石薄方娇。昔剌泥,黑红色。

〔1〕胡振华、黄润华:《明代文献〈高昌馆课〉》(拉丁文字母译注),新疆人民出版社1981年。并见陈高华:《明代哈密吐鲁番资料汇编》,新疆人民出版社1984年,第440-443页。

〔2〕〔日〕本田实信:《关于〈回回馆译语〉》,胡军译,引自胡振华、胡军编:《回回馆译语》,中央民族大学东干学研究所2005年重印本,第236-246页。

苦木兰,红黑黄不正之色,块虽大,石至低者。(2)绿石头,三种,同出一坑。助把避,上等暗深绿色。助木剌,中等明绿色。撒卜泥,下等带石,浅绿色。(3)鸦鹘。红亚姑,上有白水。马思艮底,带石,无光。两种同坑。青亚姑,上等深青色。你蓝,中等浅青色。屋扑你蓝,下等如冰样,带石,浑青色。黄亚姑。白亚姑。(4)猫睛。猫睛,中含活光一缕。走水石,新坑出者,似猫睛而无光。(5)甸子。你捨卜的,即回回甸子,文理细。乞里马泥,即河西甸子,文理粗。[1]

谷泰《博物要览》(成书于嘉靖四十年,1561年)卷10记宝石种类,其中纪红宝石8种即避者达、映水、昔那、伊尼剌、兀尹剌、罕赖剌、羊血、石榴;黄宝石5种即黄亚姑、黄剌姑、黄伊思、鹅儿黄、腊洒黄;绿宝石3种即助把、助木、撒尼;紫宝石6种即你伊、马思艮底、尼兰助把、茄苞、披遐西、相袍;青宝石5种即青亚姑、鸦鹘青、螺丝青、天云青、青水;白宝石2种即白亚姑、羊眼睛;猫儿眼睛宝石2种即猫儿眼睛、卵子。[2]

慎懋官《华夷花木鸟兽珍玩考》(成于万历九年,1581年)卷11:"玉出西域于阗国。有五色。利刀刮不动,温润而择,摸之灵泉应手而生。凡看器物,白色为上,黄色、碧色亦贵,更碾琢奇巧敦厚者尤佳。……白玉其色如酥者最贵,但冷色即饭汤色、油色及有雪花者皆次之。黄玉如栗者为贵,谓之甘黄玉。焦黄者次之。碧玉其色青如蓝靛者为贵。或有细墨星者、色淡者皆次之。盖碧今深青色。黑玉其色如漆,又

---

〔1〕〔明〕陶宗仪:《南村辍耕录》卷7,中华书局1959年,第84-85页。陶宗仪还提到:"大德间(1297—1307),本土巨商中卖红剌一块于官,重一两三钱,估直中统钞一十四万锭,用嵌帽顶上。自后累朝皇帝相承宝重,凡正旦及天寿节大朝贺时则服用之。呼曰剌,亦方言也。"陈诚在《西域番国志》中称哈烈有水晶、金刚钻、剌石等,并指出可能非其所产,悉来自他所(周连宽校注本,中华书局1991年,第72页)。周连宽先生认为:"剌石,波斯语lal之对音,用以称巴拉斯红玉矿石(Balasrudy),此种石大抵皆色如红玫瑰。"(陈诚:《西域行程记 西域番国志》,周连宽校注,中华书局1991年,第81页,第27注。)

〔2〕〔明〕谷泰:《博物要览》,《续修四库全书》(1186)子部杂家类,上海古籍书店,2002年,第50页。此外,明人蒋一葵《长安客话》卷2:"祖母绿即元人所谓助不剌也。出回回地面,其色深绿,其价极贵,而大者尤罕得。闻成化间宫里以银数千量买得重四五两者一块,以为稀世之宝。近籍阉奴钱宁私藏,乃有祖母绿佛一座,重至数斤,盖内帑所无。猫睛石出细兰国,光色一如睛,佳者瞳子随时变换,大如指面,值千金,如钱无价。"(北京古籍出版社1994年,第36页)

谓之墨玉,价低,西蜀亦有之。赤玉,其色红如鸡冠者好,人间少见。绿玉,深绿色为佳,色淡者次之,其中有饭糁者最佳。甘青玉,其色淡青而带黄。菜玉,非青非绿如菜叶,此玉色之最低者。沙子玉,此玉罕得,比之白玉,此玉粉红润泽,多作刀靶环子之类,少有大者。"[1]

明人高濂《遵生八笺·论古玉器》(刊于1591年)中说:玉器中甘黄色的是上品,羊脂色的为次品。以黄色为中色,而且很不容易得到;以白色为偏色,是当今还能得到的缘故。现代人看轻黄色而看重白色,是因为白色少见。可是,甘黄色中以蒸栗色为最好,焦黄色的稍差一些。甘青色像新发的柳叶的颜色,近年也没有了。碧玉的颜色如菠菜般深绿的最美,阿细墨点的、有淡白间杂的稍差一点。墨玉像漆的为美。红玉的颜色像鸡冠一样红的最贵。这三种颜色的玉器,世上并不多见,京城也很看重这三种玉器。绿玉器很像碧,颜色稍微深一点,翠中有饭粒般小点的就好。高濂又说:现在制玉器的材料比古代多。西域近来运进大块劈成片状的玉料,叫做"山材",是从山石中敲打出来的。西域流沙河中天然生产一种玉子,色白而质地干燥,内多丝状裂缝,俗名叫"江鱼绰",这类玉子不如水材贵重。[2]

除上述提到的种类及明人对玉石的品论外,西域进贡玉石种类还需注意的有:(1)玉璞,即未经过雕琢的玉石。宋应星《天工开物》珠玉第十八:"玉璞不藏深土,源泉峻急激映而生。然取者不于所生处,以急湍无著手,俟其夏月水涨,璞随湍流而徙,或百里或二三百里取之。"[3](2)夹玉石,《回回馆译语》称夹玉石为"叶深白桑革哈勒",属珍宝门。本田实信英译为 jasper with hard stones(含硬石的碧玉)[4]弘治元年(1488)三月撒马儿罕使臣所贡玉石,明朝内府承运库检查后

〔1〕〔明〕慎懋官:《华夷花木鸟兽珍玩考》,引自《续修四库全书》(1185)子部杂家类,上海古籍书店2002年,第627页。

〔2〕〔明〕高濂:《遵生八笺》卷12,《文渊阁四库全书》本,上海古籍出版社1988年。

〔3〕〔明〕宋应星:《天工开物》,江苏广陵古籍刻印社1997年,第454页。

〔4〕〔日〕本田实信:《关于〈回回馆译语〉》,胡振华译,引自胡振华、胡军编:《回回馆译语》,中央民族大学东干学研究所2005年重印本,第207页。

认为,内有把咱石、夹石,欲退还。[1] 弘治三年,明廷规定夹玉石每4斤绢1匹。(3)松都鲁石(水珀)。水珀,颜色是浅黄色而且透明度高到像水一样,但表皮较为粗糙的琥珀。松都鲁思,据刘迎胜老师介绍,为波斯语,意为"金黄的"、"透明的"。(4)把咱石。弘治三年,明廷规定把咱石10斤绢1匹。应当属于质量较差的一种。具体说法尚不好确定。可参考的说法有:美国学者劳费尔《中国伊朗编》提到"婆娑石",引夏德说是波斯语 pāzahr 或 pādzahr(bezoar,牛黄)的对音。但劳费尔因中国人一提到"婆娑"并未称"波斯牛黄"而有异议。[2] 艾儒略《职方外纪》卷1《渤泥》载:"有兽似羊似鹿,名把杂尔,其腹中生一石,能疗百病,西客极贵重之,可至百换,国王藉以为利。"[3]"把咱石"是否就是把杂尔石的一种译法,还不能肯定。另一种说法是札答石,伯希和说札答(yada 或 jada)是一种牛黄,具有唤雨的神力。王治来先生说:"札答石,元、明通作酢答、鲊答,为蒙古语 jada 之音译。或作劄丹石,不知所本。"[4] 祭石做法呼风唤雨,明人亦有记载。慎懋赏《四夷广记·土鲁番》提到正德八年(1513)哈密卫头目番文中称哈密忠顺王速坛拜牙即要去肃州下劄丹(劄丹,小圆石。西夷能用作云雨霜雪)。阿里·玛扎海里说:我们所说的 jade(玉)一词派生自《阿吷陀》字 Yada,至今汉语－突厥语还称之为 Yada。他引用埃扎图图拉赫说,这种玉石取自某些牛或某些山羊的头颅中。1451 年,帖木儿王朝速檀卜撒因在前往撒马儿罕途中曾使用求雨石祈雨,结果求来大雪。[5]

对明廷而言,诸种玉石种,不易得的是红黄玉。因为缺少红黄玉,还惊动了明朝的皇帝嘉靖帝。《明世宗实录》记嘉靖十年二月,嘉靖帝先是定方丘并朝日坛所用玉爵,各因其色诏户部觅红黄玉送御用监制

---

〔1〕《明孝宗实录》卷12"弘治元年三月庚午"条。

〔2〕〔美〕劳费尔:《中国伊朗编》,商务印书馆1964年,第355页。

〔3〕艾儒略原著、谢方校释:《职方外纪校释》,中华书局1996年,第62页。

〔4〕米儿咱·马黑麻·海答儿:《中亚蒙兀儿史——拉失德史》,第一编,新疆社会科学院民族研究所译,王治来校注,新疆人民出版社1983年,第193页。

〔5〕〔法〕阿里·玛扎海里著:《丝绸之路:中国－波斯文化交流史》,耿昇译,中华书局1993年,第272－273页。

造。户部多方购之不获,但得红黄玛瑙、水晶等石以进。嘉靖帝只好暂时充用,仍责求真玉。于是户部大臣说:"中国所用玉,大段出自西域于阗、天方诸国,及查节年贡牍,唯有浆水玉、菜玉、黑玉,并无红黄二色。且诸国俱接陕西边界,宜行彼处抚臣厚价访求。"诏可。[1] 嘉靖十五年五月,陕西抚臣奉诏求红黄玉,遣人于天方国、土鲁番、撒马儿罕、哈密诸夷中购之,皆无产者。户部尚书梁材以状闻,嘉靖帝说:"尔等仍多方求访,并行巡抚诸臣设法悬购,务求必得,以称朕礼神之意。"[2]于是,原任回回馆通事撒文秀说,二玉产在阿丹,去土鲁番西南 2000里。需依宣德时下番事例,遣使赍重货往购之。因遣官下番非常例,不宜,令撒文秀边地访求。[3] 万历时,皇帝连回回青也不易得。万历二十年六月,土鲁番王哈喇哈失贡献金刚钻、玉石、回回青等方物。礼部验回回青非真。[4] 万历二十四年闰八月,御用回青不足,命甘肃巡抚设法召买解进,以应烧造急用。[5] 万历四十二年二月,土鲁番夷使马黑麻等 8 名进献玉石、金刚钻、回回青等物。准进收宴赏,并回赐番王彩缎 6 表里。[6] 回回青不足问题至此得到暂时解决。

2.4 玉石贸易中的舞弊行为

在明朝建立的朝贡贸易体制中,明与西域诸地的玉石贸易制度只是其中之一,《明会典》载:"凡进金银器皿珍宝段匹之类,须同贡献之人验视明白,具写奏本,仍以器具装盛或黄袱封里,分拨馆夫一同贡献之人收管。先期一日,关填勘合,开报门单,次日早照进内府,于殿前丹

---

〔1〕《明世宗实录》卷 122"嘉靖十年二月乙亥"条。

〔2〕《明世宗实录》卷 187"嘉靖十五年五月戊午"条。陈高华先生《明代哈密吐鲁番资料汇编》(新疆人民出版社 1984 年,第 428 页)将其误写成《明神宗实录》卷 187"万历十五年五月戊午"。笔者此前引用亦误。

〔3〕《明世宗实录》卷 192"嘉靖十五年十月壬寅"条。此事亦见于张廷玉等《明史》卷 82 志第五十八《食货六》。

〔4〕《明神宗实录》卷 249"万历二十年六月丙午"条。

〔5〕《明神宗实录》卷 301"万历二十四年闰八月"条。

〔6〕《明神宗实录》卷 517"万历四十二年二月戊子"条。

陛等处陈设,一一交付长随内使收受。"[1]《明会典》记载的这种贸易程序,我们可以通过嘉靖年间,明与天方国进贡使臣玉石贸易引发的朝臣纷争中得到验证。明人严从简《殊域周咨录》对此记载较详,其过程可概括为:首先,进贡贸易使臣入关后,由陕西行都司派人护送至京,入主会同馆。礼部主客郎中负责审验,郎中不能视事,可由主事代理审验,由玉工验看,郎中后补验。验毕,抬进皇城赏房内安置。除题准进贡外,剩余玉石准在会同馆开市而日或数日自卖。开市贸易后,由礼部主事督令官吏人等照例关防启程包箱,再由兵部派人护送回国。贸易使臣不服或有疑问可具番本进奏朝廷,内阁将其番本交鸿胪寺序班、通事翻译,译文抄行礼部,礼部将此番文与原题奏核查,上报皇帝。皇帝下诏审查。[2]

明代西域进贡使臣多为贸易使臣,多为谋求高利的商人充任。因为要牟取高利,这些使臣在玉石贸易中采取了各种舞弊行为或不法行为。主要有:(1)以次充好,好者待价而沽。成化十二年(1476)吏部尚书商辂等上陈时事,指出:近年以来,朝廷货材多为下人侵耗,如哈密等处番人来京,俱带玉石。被细人诱引,先将次等者进贡,存留一等者在后计,嘱铺行人等,多估价值卖官,规取库藏银两。商辂提出的解决方法是敕甘肃等处巡抚等官,今后哈密诸番来京,带有玉石,责令通事谙晓玉石之人辨验等第。一等者计数封号,装盛送京,次等者许其量带盘费,其余悉令在彼货卖,不许一概带来,沿途扛运,应付艰难。[3]但此法并不能解决问题,因为"各处使臣多习巧诈,往往交通馆夫及市人,不待礼部开市之期,预将违禁货物私卖"。[4](2)累求加赏。这是西域贸易使臣经常使用的办法。多有成功。"西域夷使多贾胡,每入辄挟

〔1〕〔明〕徐溥等奉敕撰、李东阳等重修:《明会典》卷102,引自《景印文渊阁四库全书》,第617册,第887页。并见〔明〕俞汝楫等编撰:《礼部志稿》,引自《景印文渊阁四库全书·史部职官一》,第597册,第671页。

〔2〕〔明〕严从简:《殊域周咨录》,余思黎点校,中华书局1993年,第393-399页。

〔3〕《商文毅公集》卷3《弭灾疏》。另见陈高华《明代哈密吐鲁番资料汇编》,新疆人民出版社1984年,第151页。

〔4〕《明孝宗实录》卷35"弘治三年二月庚戌"条。

重赍与中国市,边吏利其贿,侵索多端,类取偿于朝。一或不当其直,则咆哮不止。"[1]明廷为示柔远之德,多量加赏赐,以令回还。如嘉靖十二年土鲁番及天方使臣,以其积余玉石、锉刀诸货,固求准贡物给赏。礼官不得已,以正德间例为请,许之[2] (3)贿赂相关官员。诸番贡物至,边臣验上其籍,礼官为按籍给赐。籍所不载,许自行贸易。贡使既竣,即有余货,责令携归。愿入官者,礼官奏闻,给钞。这是常例。贸易使臣要从中谋高利,就贿赂相关官员。嘉靖四年,鸿胪寺通事胡仕绅上疏,自陈鲁迷等地使臣到京之初,备银25两向其馈送,以为见面之礼。遭其拒绝后,次日再送[3] 胡仕绅拒贿可能还是一个典型。嘉靖初期,当时大多外夷通事以色目人担任,这些通事往往视西域夷人为亲,在京教其分外求讨,伴回则令其潜买禁物[4] 这也使得使臣舞弊行为不易克服。更有明朝官员向贸易使臣索贿的。嘉靖十二年,镇守甘肃中官陈浩者,当番使入贡时,令家奴王洪多索名马、玉石诸物,使臣憾之。一日,遇洪于衢,即执诣官以证实其事。礼官言事关国体,须大有处分,以服远人之心。乃命三法司、锦衣卫及给事中各遣官一员赴甘肃按治,洪迄获罪[5]

玉石贸易中种种不端行为,其根源出在明朝自身。明朝以天朝大国自居,朝贡贸易实行厚往薄来的政策。一方面,外夷朝贡是效顺中国,毋屑与之较,应厚赐遣之,由此大大刺激了外夷(番商)追求厚利的胃口。另一方面,国力有限,对外夷朝贡日期次数以及贡品加以限制。对外夷进贡玉石等方物严加勘查,对外夷在京市货严加管理,从而导致进贡使臣的不满,并累上番本求讨不已,或与明朝官员勾结侵吞国库。例如,弘治十四年(1501)提督会同馆礼部主事刘纲上奏说:"旧例夷人领赏之后,告欲贸易,听铺行人等持货入馆,开市五日,两平交易。而新例凡遇夷人开市,令宛平、大兴二县委官选送铺户入馆,铺户、夷人两不

〔1〕《明世宗实录》卷147"嘉靖十二年二月癸巳"条。
〔2〕《明世宗实录》卷147"嘉靖十二年二月癸巳"条。
〔3〕〔明〕严从简:《殊域周咨录》,余思黎点校,中华书局1993年,第500页。
〔4〕《明世宗实录》卷196"嘉靖十六年正月壬寅"条。
〔5〕〔清〕张廷玉等:《明史》卷332《西域四·天方》,中华书局标点本,第8623页。

相投,其所卖者多非夷人所欲之物,乞俱仍旧为便。"[1]又,嘉靖五年,天方国额麻都抗等八王各遣使贡玉石,主客郎中陈九川简退其粗恶者,使臣怨。通事胡士绅亦憾九川,因诈为使臣奏,词诬九川盗玉,坐下诏狱拷讯。尚书席书、给事中解一贯等论救,不听,竟戍边。[2]

综上所述,明与西域玉石贸易是明朝对外贸易大宗之一。与唐宋时期玉石贸易相似,西域贸易使臣"将玉石运至中原,往往将质量上乘的卖与私商,以求厚利,作为贡物的却系次品"[3]。所不同的是,除卖给私商外,这些贸易使臣亦将质量上乘的玉石卖给内臣或大官。作为奢侈品的玉石,其种类变化有限,其价格虽有所升降,总体上还是稳定的。其贸易过程也典型地反映了明朝政治制度的运行过程。明朝后期,国力衰弱,政治腐败,明朝皇帝欲得上乘玉石如红黄玉竟不可得,非不可得,是不能也。在西域诸地与明朝玉石贸易次数上,哈密、土鲁番占据一半还多,这充分显示了哈密、土鲁番在明朝陆上丝绸之路上所具有的特殊地位,而正德以后,土鲁番已取代哈密成为明朝通往西域的主要通道,这可从正德以后两地与明朝玉石贸易次数悬殊得到反映。

---

〔1〕《明孝宗实录》卷170"弘治十四年正月壬申"条。

〔2〕〔清〕张廷玉等:《明史》卷332《西域四·天方》,中华书局标点本,第8622页。详细过程见严从简:《殊域周咨录》,余思黎点校,中华书局1993年,第393－409页。此系明与西域玉石贸易引发的一个大案,有待深入研究。

〔3〕殷晴:《唐宋之际西域南道的复兴——于阗玉石贸易的热潮》,载《西域研究》,2006年第1期,第47页。

3 撒马儿罕使臣海路来贡
与明廷的反应

据《明会典》记载,陆上丝绸之路是中亚帖木儿帝国向明朝朝贡的
正规渠道,但在成化、弘治年间,都城在撒马儿罕的帖木儿王朝的来华
使臣却是陆路贡狮、海路归国,随后又由海路来贡,似乎开辟了一条帖
木儿王朝海路来贡的路线。不过由于明朝大臣竭力反对,帖木儿土朝
来华贡路复归于陆路。这一过程不仅真实地反映了明朝朝贡贸易体制
在给赐方面迁就来华使臣的弱点,而且也折射出明朝一些大臣对朝贡
贸易的认识仍停留在政治层面,对海路朝贡贸易方面的经济价值尚缺
乏认识。

3.1 撒马儿罕使臣海路来贡

成化十九年(1483),撒马儿罕锁鲁檀阿黑麻遣使怕六湾(亦作怕
六湾·马哈麻)由陆路来华贡狮,其后又由海道返回。《明史·西域
传》详细记载了此次来华的经过:"(成化)十九年偕亦思罕酋长贡二
狮,至肃州,其使者奏请大臣往迎。职方郎中陆容言:'此无用之物,在
郊庙不可为牺牲,在乘舆不可被骖服,宜勿受。'礼官周洪谟等亦言往
迎非礼,帝卒遣中使迎之。狮日啖生羊二,醋酐、蜜酪各二瓶。养狮者,
光禄日给酒馔。帝既厚加赐赉,而其使者怕六湾以为轻,援永乐间例为
请。礼官议从正统四年例,加彩币五表里。使者复以为轻,乃加正、副
使各二表里,从者半之,命中官韦洛、鸿胪署丞海滨送之还。其使者不
由故道赴广东,又多买良家女为妻妾,洛等不为禁止。久之,洛上疏委
罪于滨,滨坐下吏。其使者请泛海至满剌加市狻猊以献,市舶中官韦眷

·欧·亚·历·史·文·化·文·库·

主之,布政使陈选力陈不可,乃已。"[1] 此段记载基本上依据《明实录》,但实际情况要复杂些。

成化十九年四月,使臣献狮,次日复进西马、番刀、糖霜、兜罗、梭甫等物,赐晏于礼部。仍诏合赐金织袭衣,彩缎表里等物,特从厚给之。[2] 此次贡物献朝,分两天进行,皇帝又厚给之,按惯例,使臣有了厚赐,一般一至三个月内明廷就会让使臣回国。但怕六湾却在京待了半年,当年十月上奏朝廷,要求援引永乐间赏例,再加赏赐。礼部认为,宜以正统四年赏例。于是皇帝下旨加赏彩段五表里。这反而使使臣认为永乐赏例会更多,于是使臣"坚执必欲如永乐赏例"。礼部以为,永乐赏例,岁久难从,宜于现赏例外加赐,以酬其劳。于是,"正副使再加二表里,其余人加一表里"。[3] 明朝对使臣的给赐制度,一般都有定规,并载于典章。以往的赏例,往往是现赐参照的对象,所以,明廷对使臣的赏赐比较慎重,需经礼部研究,拟订标准,由皇帝定夺。此赏例后来载于《明会典》:"成化十九年,阿黑麻王狮子二只,每只比金钱豹例加五表里。"而正统四年金钱豹 1 只是 8 表里。[4] 这样,由于怕六湾的努力,狮子的赏例是每只 13 表里。但对使臣的加赐不在赏例之中。尽管怕六湾促使明廷修改了狮子的赏例,但他并未满足,反而以为,只要向皇帝奏求不已,便会得到好处,于是又以道路阻远,要求加赐。次年二月,成化帝"命加赐撒马儿罕阿黑麻王所遣正副使银五十两,从人十五名银各五两,并前所赐即给与之,且促其去"。[5] 皇帝已经不耐烦了,怕六湾还是迟迟不走。又待了半年多,至九月,明廷将怕六湾由都督佥事升为都督同知,其副使指挥佥事哈只儿辛等四人升为指挥同知。至此,怕六湾在京已经待了一年半。这期间,怕六湾不仅熟悉了明朝的朝贡体制,结识了不少宦官、通事及朝廷官员,而且也了解了南海贸易

---

[1]〔清〕张廷玉等:《明史》,中华书局 1974 年,第 8600 页。

[2]《明宪宗实录》卷 239"成化十九年四月癸酉"条。

[3]《明宪宗实录》卷 245"成化十九年十月戊寅"条。

[4]〔明〕徐溥等奉敕撰、李东阳等重修:《明会典》卷 102,引自《景印文渊阁四库全书》,第 617 册,第 927 页。

[5]《明宪宗实录》卷 249"成化二十年二月甲戌"条。

情况,尤其是满剌加的情况。因为这一时期,明廷派往满剌加国封王的使臣林荣、黄乾亨航海遇风溺死。[1] 成化十九年十二月,明廷赐祭。怕六湾此时正好在京,作为贸易使臣,怕六湾很可能知道了满剌加的情况,于是,他向明廷提出,欲从海道归,并于长芦买食盐百引,明廷许之。[2]

南下的怕六湾在宦官韦洛的伴送下,为所欲为,除买良家女为妻妾外,还声称是往满剌加国购买狮献给明廷。广东左布政使陈选得知这一消息后,上奏朝廷,要求停止此事。但皇帝也只是下令使臣到广速归,毋得骚扰。[3]

接待怕六湾的是提督广东市舶提举司太监韦眷。韦眷以为怕六湾往满剌加市狮,可以从中谋利,遂利用番禺私商黄肆、王凯父子招集撒马儿罕等国夷商,出海通番。黄肆等人怙势杀人、惊扰地方,被番禺县知县高瑶遣兵搜没番货钜万,申呈于左布政使陈选。陈选行文嘉奖,韦眷勾结其他中官诬奏陈选党比高瑶。结果陈选夺职被逮送京,病死途中。高瑶落职。[4] 而韦眷则升任镇守巡抚两广等处太监。怕六湾由海道回还。此为成化二十二年(1486)的事。

弘治二年(1489)十一月,撒马儿罕阿黑麻王遣使从满剌加国取路进狮子、鹦鹉等物至广州,两广总镇等官以闻。[5]《明史》、《明实录》均记此事。详情可见于时任礼部左侍部倪岳的《止夷贡疏》。[6]

据此疏,撒马儿罕使臣罕扎呼逊由满剌加国前来进贡,至广州后,太监韦眷将贡物狮子、鹦鹉支给官钱,买办喂养,并差人报送至京。皇帝下令礼部研究处理此事。倪岳认为南海非西域贡道,请却之。其列举的理由是:

---

〔1〕《明宪宗实录》卷247"成化十九年十二月乙丑"条。
〔2〕《明宪宗实录》卷256"成化二十年九月庚子"条。
〔3〕《明宪宗实录》卷266"成化二十一年五月癸亥"条。
〔4〕〔明〕严从简:《殊域周咨录》,余思黎点校,中华书局1993年,第485-486页。
〔5〕《明孝宗实录》卷32"弘治二年十一月壬申"条。
〔6〕该奏疏全文可参见拙著《明与帖木儿王朝关系史研究》,中华书局2006年,第135-138页。

（1）狮子乃无用之物，于内非殿庭之美观，于外非军伍之可用。且花费甚多。

（2）若收此物，会启夷人窥伺之心，后次使臣仿效，在无勘合、印信的情况下，无法辨其真伪，这些使臣既从陆路，又从海道，靡费财币，终无穷已。且有违"圣德恭俭"之名。

（3）前番怕六湾贡狮虽给厚赏，却心无餍足，奏扰不足，夷使奸黠，贪得无厌，沿途骚扰太多。因此，倪岳"伏望皇上念生民财力之艰难，察夷人诡冒之奸计"，"阻其使臣，尽却所贡"。结果，皇帝采纳了倪岳的意见，但没有追究广东镇巡官罪过。[1] 贡狮未达京城，以往未曾有过。李东阳有《却贡狮诗》："万里狻猊初却贡，一时台省共腾欢。"[2] 此次阻却贡献，多见于后世文献，成为明朝对外关系史的一件大事。

此后中亚帖木儿王朝使臣尚有一次使臣由海路来贡。史载，弘治五年九月，"虎剌撒国回回怕鲁湾等从海道至京，至玻璃、玛瑙等方物。上却之，命给口粮、脚力遣还"。[3] 此怕鲁湾或许就是怕六湾，明廷对之不喜。自此次明孝宗下令却回后，《明实录》便无帖木儿王朝使臣海路朝贡的记载。

3.2　明与满剌加的关系

怕六湾往满剌加市狮，撒马儿罕使臣果真从满剌加国取路进贡狮子，似乎满剌加与狮子有关，但我们知道满剌加是不产狮子的，这只能说明帖木儿王朝使臣不仅知道从中亚至印度或从中亚至波斯湾开往满剌加的航线，而且也了解由满剌加至广东的航线。正是由于满剌加在 15 世纪东西方海路交通中的重要作用吸引了帖木儿王朝使臣前往或借道。因此，了解这一时期满剌加的历史及其与明朝的关系对理解帖

---

〔1〕〔明〕倪岳：《青谿漫稿》，引自《四库明人文集丛刊》，上海古籍出版社 1991 年，第 145 - 148 页。

〔2〕〔明〕李东阳：《怀麓堂集》卷 17，引自《景印文渊阁四库全书》，第 1250 册，第 178 页。

〔3〕《明孝宗实录》卷 67"弘治五年九月壬申"条。

木儿王朝使臣从海道来贡是至关重要的。

15世纪的满剌加(马六甲)是当时的著名的国际商港之一,在东西方国际贸易中起着十分重要的作用。[1] 满剌加素丹芒速沙在位期间(1459—1477)为控制马来半岛丰富的物产和邻近海域的贸易垄断权,攻下了原暹罗属国彭亨,控制了柔佛、霹雳、丁加奴、吉兰丹和吉打,巴生、木歪也先后并入了满剌加王国的版图,其势力范围包括马来半岛、廖内群岛、龙牙群岛和苏门答腊岛的罗甘河和宽坦河之间的地区,满剌加港成为世界上各种商品的交易中心。由于满剌加国王信仰伊斯兰教,西亚各地来的穆斯林商人为数众多。亚丁、忽鲁谟斯、古吉拉特和榜葛剌等地的君主,修函给满剌加国王,并遣使赠送礼物,同时鼓励其商贾到满剌加通商贸易。满剌加王国也有专门官员负责管理来自古吉拉特的阿拉伯人、波斯人、印度人和其他从中东前往古吉拉特乘船来满剌加的所有商人。这中间也有可能有来自中亚帖木儿王朝的商人。16世纪初的阿里·阿克巴尔在其《中国纪行》一书中记述中国的12个省时,称其中的第10个省(布政司)是苏门答腊——阇婆。"阇婆是来自默伽(麦加)——秩达(吉达)以及中东其它港口和印度的船舶都在那里抛锚的港口。因为中国的船只停泊处要依靠苏门答腊人。"[2]陆上旅行的阿里·阿克巴尔将苏门答腊——阇婆误认为是中国的一个省,但他很可能已经知道这些地方与中国的密切关系。

法国学者布罗代尔曾分析中国在马六甲(满剌加)兴起及其在维护亚太——印度洋贸易网中的作用:"如果马六甲不是在1409年向中国输诚纳贡,暹罗和爪哇无疑会一口吞掉这个因地方政治的偶然机遇而诞生的小城市。中国的保护直到15世纪30年代始终有效,在这期间,麻喏巴歇帝国已自行解体,从而使马六甲得生存。"[3]不过与印度相比,中国的作用不如印度大。布罗代尔指出:"满剌加的外国商人中

〔1〕详见余思伟:《马六甲港在十五世纪的历史作用》,载《世界历史》,1983年第6期。

〔2〕〔法〕阿里·玛扎海里著:《丝绸之路:中国—波斯文化交流史》,耿昇译,中华书局1993年,第256页。

〔3〕〔法〕费尔南·布罗代尔:《15至18世纪的物质文明、经济和资本主义》第3卷,三联书店1993年,第628页。

以古吉拉特和卡利卡特的穆斯林商人居多。"古吉拉特商人的优势在于,他们在苏门答腊、爪哇与马六甲同样站稳了脚跟。控制了转手销往地中海的大部分香料和胡椒。有人说,坎贝(古吉拉特的另一名称)一手伸向亚丁,另一手伸向马六甲,否则就不能生存。印度就这样再次显示它潜在的优势,它在对外关系方面远比中国开放,并与伊斯兰和濒临地中海的近东地区的商业网连成一片。[1] 德国学者贡德·弗兰克也表达了类似的观点:"最主要的贸易中心是马六甲。正如皮雷斯指出的,控制了马六甲就扼住了威尼斯的咽喉。"1433年郑和航海活动中止后,"马六甲继续兴旺昌盛,吸引了越来越多的古吉拉特人。有100人在此留居,有数千人为了与坎贝做生意而每年出入此地。此外,土耳其人、亚美尼亚人、阿拉伯人、波斯人和非洲人也把马六甲当作与东南亚和东亚进行贸易活动的一个中心。它成为世界上最大的香料市场,其中大部分香料都销往中国。但是,马六甲也是印度纺织品销向整个东南亚地区的批发站——并且通过马尼拉销往美洲,它的食品则由爪哇和印度供应"。[2] 据霍尔《东南亚史》,明弘治在位时期,马六甲的苏丹是马哈茂德(1488—1511年,《明史》作马哈木沙,又作苏端妈末),在他统治时期,"马六甲的财富和威望达到了高峰"。时"暹罗要求对马六甲的宗主权,马哈茂德拒绝了这个要求,说他的唯一的宗主是中国皇帝,因此双方又以兵戎相见。暹罗的进攻被击退了,其舰队在皮生岛外被击败。马六甲还帮助彭亨击退暹罗藩邦洛坤的进攻。这种战争状态直至葡萄牙入侵时始告终止"。[3]

与满剌加国兴起及其与印度等地贸易日益发展不同,明朝与满剌加的朝贡贸易虽在成化时联系密切,却未取得突出进展,相反正日趋萎缩。现将成化、弘治年间明与满剌加的关系列举如下:

(1)成化四年(1468)冬,满剌加国头目八剌思、通事无沙等来朝贡

---

〔1〕〔法〕费尔南·布罗代尔:《15至18世纪的物质文明、经济和资本主义》第3卷,三联书店1993年,第610-611页。

〔2〕〔德〕贡德·弗兰克:《白银资本——重视经济全球化中的东方》,中央编译出版社2000年,第147页。

〔3〕〔英〕D.G.E.霍尔:《东南亚史》,上册,商务印书馆1982年,第267页。

象及龟等物。[1]

（2）成化五年三月，满剌加国王满速沙儿遣使臣端亚妈剌的那答等奉表来朝，谢恩贡方物。[2]

（3）成化十年十二月，工科右给事中陈峻等使占城，因占城被安南侵据，"峻等遂不敢入，然其所赍载私货及挟带商人数多，遂假以遭风为由，越境至满剌加国交易，且诱其王遣使入贡"。[3]

（4）成化十一年五月，满剌加遣正、副使端马密等进金叶表文，并象、马、火鸡、白鹦鹉、金钱豹等物。赐宴及袭衣、彩缎、表里，并以彩缎、纱罗、锦归赐其国王及王妃、王子有差。仍令赍敕谕国王苏丹茫速沙曰："比者朝廷遣给事中等官往占城，为风飘至尔国。王遣人供馈，番悉诚意。兹因使卧回，便特赐王彩缎二表里，用示褒答，至可领之。"[4]

（5）成化十七年秋七月辛丑，遣礼科给事中林荣充正使，行人司行人黄乾亨充副使，封满剌加国故王苏丹［茫］速沙子马哈木沙为国王。[5] 不幸的是，林荣、黄乾亨航海遇风溺死，同行者亦多死。成化十九年十二月明廷赐祭，并赠林荣为礼科都给事中，行人司行人黄乾亨为行人司司副，各录其子一人为国子监生。[6]

（6）成化十七年八月，满剌加国遣正、副使端亚妈剌的那查等来朝，贡象及方物。赐宴并衣服、彩缎等物有差，仍以织金彩缎、文锦等物付使臣归赐其国王及妃。端亚妈剌的那查等乞冠带，与之。[7]

（7）成化二十年五月，遣吏科右给事中张晟充正使，行人司行人左辅充副使，捧诏敕、礼物，封故满剌加国王男马哈木沙为满剌加国王。以先遣给事中林荣等舟溺不至也。[8] 至成化二十一年八月，左辅奏：正使吏科右给事中张晟至赣州病死。今海舟已具，择十月内开洋，若候

〔1〕《明宪宗实录》卷59"成化四年冬十年甲辰"条。
〔2〕《明宪宗实录》卷65"成化五年三月戊戌"条。
〔3〕《明宪宗实录》卷136"成化十年十二月乙未"条。
〔4〕《明宪宗实录》卷141"成化十一年五月甲寅"条。
〔5〕《明宪宗实录》卷217"成化十七年秋七月辛丑"条。
〔6〕《明宪宗实录》卷247"成化十九年十二月乙丑"条。
〔7〕《明宪宗实录》卷218"成化十七年八月乙巳"条。
〔8〕《明宪宗实录》卷252"成化二十年五月乙巳"条。

再遣正使,恐风信过期。诏报:既欲趁风信,正使不必遣,令辅即广东选七品以上能干有司官一员同往。[1] 左辅于成化二十三年三月由满剌加国归,顺带国王谢表,又以国王所赆宝物及西洋布上进。礼部奏:辅顺带番表有失大体,当罪其赆物,当送官。有旨:左辅涉海险阻,其宥勿罪,宝物收之,西洋布仍与辅。[2]

以上可知,成化年间,明廷接连派使臣出使满剌加,其使命是封故满剌加国王子马哈木沙为满剌加国王,维持郑和下西洋以来传统的政治关系。双方的密切关系使我们相信:明廷对满剌加所贡物产应有所了解。《明会典》所列满剌加贡物清单中无"狮子"这一项,当怕六湾声称到满剌加市狮以献,明朝廷臣没有否认其有假,陈选得知消息后只是指出狮子为无用之兽,广东有灾荒、民生不安,乞停进贡。换言之,陈选亦认为撒马儿罕使臣往满剌加市狮入贡是能实现的。而这需满剌加与西方的海路畅通才能做到。

弘治年间,撒马儿罕、土鲁番等地使臣本应由陆路入贡却由海道来贡,明孝宗对这种不由正路来的进贡,都下令却贡,薄给其赏,打发走人。令人奇怪的是,弘治统治的 18 年间,竟无一次满剌加使臣来贡,至少在《明实录》上没有反映此事。而此时正是满剌加对外贸易兴盛时期,如琉球国王就常遣人往满剌加国收买贡物。托梅·皮里士在《东方诸国记》中说:"如果它们要十分富裕繁荣的话,那么,马六甲没有坎贝就不行了,同样,坎贝没有了马六甲也不行。"[3] 所以,满剌加不来朝贡的原因很可能是它更重视与印度西北各港口穆斯林的贸易,与明朝的朝贡关系可能并没有被它看重,或者它一时还顾不过来。另一方面,满剌加不来朝贡也可能与明孝宗对朝贡政策的调整有关。

维持传统的朝贡通道,是明朝历代的政策。外国朝贡不仅能满足封建皇帝对奢侈品的需求,而且,更主要的是它能满足封建皇帝所希望的政治清明、万邦来朝这种政治上的虚荣心,这也是明朝宣德化、柔远

---

〔1〕《明宪宗实录》卷 269 "成化二十一年八月丁未"条。
〔2〕《明宪宗实录》卷 288 "成化二十三年三月癸亥"条。
〔3〕转引自霍尔《东南亚史》,上册,第 268 页。

人的体现。因此明朝对进贡使臣多是厚赐予优待,并制定了相应的规章制度。问题是,那些熟知明朝朝贡制度的使臣多不遵守这些规定。成化年间,进贡使臣违法违例之事甚多。这些朝贡使臣所过驿传,需索无厌,礼部无奈只好请皇帝降敕晓谕海外诸国及西域番王,敕曰:"日者海外诸国并西域番王等,遣使臣朝贡,沿途多索船马,夹带货物,装载私盐,收买人心,酗酒逞凶,骚扰驿递,非违礼法,事非一端。所经官司累章陈奏,欲以国法治之,则念其远人;欲不治之,则中国之人被其虐害。今特降敕开谕,继今以后,王遣使臣,必选晓知大体谨守礼法者,量带兼从,严加戒饬,小心安分,毋作非为,以尽奉使之礼,以申纳款之忱。"[1]但这道由使臣带回的敕谕是否能送达其国王,本身就是问题,即使能送达,其约束力亦有限。其后的撒马儿罕使臣怕六湾在华的表现就说明了这一点。明孝宗即位后,明廷制定了一些约束使臣的具体措施。如弘治二年八月,礼部奏:"迤西各处贡使该贸易之物,俱有成例定数。今土鲁番及哈密使者各违例收买食茶、箭竹等物过多,请准潼关盘检,事例俱没官。仍令大通事晓谕在馆诸夷,各遵守禁例,如违俱照此例行之。其未给赏者即递减其赏。并行各守边官员,凡外夷来贡曾犯法者再不许起送。著为令。"明孝宗从之[2] 同年十月,礼部言:"迤西进贡例,以一人赍勘合,缘来数既多,到期不一,一人未到,众皆俟之,欲偕行则驿置停冗,不便乞行。甘肃巡抚官转行陕西行都司,今后迤西进贡使臣至本处,即比对勘合,并验过马驼等数目,造册先缴,陆续另出半印花襕勘合给付,各使臣亲赍赴部以凭叁对拟赏。"孝宗亦从之[3] 十一月却撒马儿罕由满剌加贡狮后,加强对来华使臣的管理措施仍在继续。弘治三年五月,重定四夷馆翻译考选之法。[4] 七月,敕甘肃镇巡等官,"今后夷人进贡,须审实放入,若时月、人数有违旧例者,谕之使国"。[5]

〔1〕《明宪宗实录》卷220"成化十七年十月癸卯"条。
〔2〕《明孝宗实录》卷29"弘治二年八月壬子"条。
〔3〕《明孝宗实录》卷31"弘治二年十月壬辰"条。
〔4〕《明孝宗实录》卷38"弘治三年五月戊午"条。
〔5〕《明孝宗实录》卷40"弘治三年七月辛未"条。

当朝贡贸易受到严格限制时,私人贸易则发展较快。弘治六年,礼部奏议中说:"自弘治元年以来,番舶自广东入贡者,惟占城、暹罗各一次。意者私舶以禁驰而转多,番舶以禁严而不至。……今后番舶至广,审无违碍,即以礼馆待,速与闻奏。如有违碍即阻回,而治交通者罪。送迎有节,则诸番咸有所劝而偕来,私舶复有所惩而不敢至,柔远足国之道,于是乎在。"此政策得到孝宗的批准。[1]

3.3 明朝退却西域海路入贡

明孝宗在大臣们的劝说下退却了不由传统陆路来华贡狮的撒马儿罕使臣,此举一改成化以来"耽怠玩"、"启骄奢"[2]的现象,也为明孝宗赢得了"圣德恭俭"的美名。其实明孝宗是喜欢西域贡狮的,弘治二年以后撒马儿罕、土鲁番等地由陆路贡狮,虽有大臣反对,但明孝宗还是接受了。例如,弘治三年五月,撒马儿罕及土鲁番速坛各遣使贡狮子并哈剌虎剌等兽由陆路来贡,陕西镇守官先以图形以闻,礼部以为皇帝已屡却外夷贡献异物,提出量给犒劳,却回贡兽,并治镇守官之罪,但明孝宗的态度却是不必阻回,狮子等兽仍许进京,只是"每兽止给一羊,不许妄罪",对镇守官亦不治罪。[3] 不仅如此,从内阁大学士刘吉的奏议中可以看出明孝宗是非常喜欢狮子的。如弘治三年秋,明孝宗召各番使,进入大内看戏狮子。刘吉指出:"遂使各夷得以面近天颜,大赍御品,夸耀而出。京城内外,有识之人,无不寒心。以为自祖宗朝以来,未尝见有此事。戎狄豺狼,非我族类,其心必异。何乃屈万乘之尊为奇兽之玩,至使异类之人,得以亵近哉。"[4]两天以后,刘吉再次上奏,指出:"闻狮子等兽日用羊二只饲养,以十年计之,计用羊七千二百只。又常拨校尉五十名看守狮子房,见今做工缺人,以一日计之,人五十名,

---

[1]《明孝宗实录》卷73"弘治六年三月丁丑"条。
[2]《明史》卷15《孝宗本纪》,第196页。
[3]《明孝宗实录》卷38"弘治三年五月庚午"条。
[4]《明孝宗实录》卷44"弘治三年十月庚申"条。

日该五十工,以年计之,该一万八千工。此皆无益之费,所当省者。皇上若将此兽绝其羊只,免人饲养,听其自死以省费节工,天下人心无不痛快,传之千载,实为美谈,是即周武王珍禽奇兽不育于国之意。"[1]但明孝宗并没有饿死狮子,相反,仍屡次视察。弘治六年四月,礼部尚书耿裕在奏疏中说:"狮子本一野兽不足为重,何至上烦銮舆,屡加临视,遂使丑夷得以藉口。"[2]大概弘治一朝,西域所贡狮子一直得到皇帝的礼遇,乃至于明武宗即位后,曾给弘治年间负责驯养狮子的撒马儿罕人升官。《明实录》载:"正德二年(1507)九月庚午,初,撒马儿罕差纳麻及其兄伍喇马力来贡狮子。孝宗皇帝命留京训演,赐名头目,至是乞官。上俱命为锦衣卫百户。"[3]退却贡狮与喜欢贡狮在明孝宗身上得到了矛盾的体现。美国学者牟复礼指出:"礼仪性的礼物交换以外的各种贸易和交换,至少在名义上是为了取得供皇室使用和享受的物品而进行的。这样,一切对外贸易都掌握在宦官手中,以皇帝私人利害关系的名义来经营的,一般不受制于朝廷所制订的政策。"[4]狮子作为西域朝贡的礼物很能体现作为普天之下君主的明朝皇帝与四海的礼仪关系。皇帝与夷使同观狮子好像是一种奢侈,却更有满足皇帝作为万邦之君的虚荣心。这可能是朝臣屡言却贡狮子而皇帝不予采纳的原因。而皇帝能做到这一点也与镇守太监的作用密切相关。在此,有必要分析一下撒马儿罕海路来贡得以实现与广东镇守太监的关系。

永乐三年(1405),广东市舶提举司下设怀远驿,接待外国朝贡使臣。市舶提举司多由太监担任,广东都布按三司则参与管理。海外使臣来贡三司同奏,其中布政司要译审印信勘合、收买货物、提供海船等,与市舶提举司常有矛盾。成化年间这种矛盾尤为激烈。如成化十五年,市舶太监韦眷上奏请求要广东布政司依均徭例,岁拨人户60名采造进奉品物。皇帝批准此奏。但广东左布政使彭韶认为均徭户太多,

〔1〕《明孝宗实录》卷44"弘治三年十月辛酉"条。
〔2〕《明孝宗实录》卷74"弘治六年四月壬寅"条。
〔3〕《明武宗实录》卷30"正德二年九月庚午"条。
〔4〕〔美〕牟复礼等编:《剑桥中国明代史》,中国社会科学出版社1992年,第431-432页。

结果皇帝同意每年给予 30 名。镇守内官使用皂隶数也有定例。[1] 但韦眷仍以 60 人执行。成化二十一年,广东左布政使陈选上奏请求停免这 60 人。皇帝重申给予 30 人。然而人数虽减,韦眷却倍征之,人纳银50 两,反为广人之害。[2] 成化二十三年,韦眷看中了东莞县西湖等处发卖鱼盐的埠场,上奏请求收官以备入贡之用。户部认为应由布政司管理,但皇帝下诏韦眷参与管理。同年,韦眷侵克由满剌加来贡的天方国人阿力的货物,礼部请求查验。但皇帝听信韦眷的一面之词,认为阿力是奸细,假进贡,索厚利,差送押送广东,遇便遣回。[3] 广东左布政使陈选被韦眷诬告被逮后病死南昌。弘治元年,陈选得到昭雪追复原职,但明孝宗未治韦眷等人罪。韦眷仍然充当总镇两广太监。后韦眷“因结蔡用妄举李父贵冒纪太后族,降左少监,撤回京”。韦眷为广东市舶太监时,“纵贾人通诸番,聚珍宝甚富”。[4] 严从简《殊域周咨录》载:(成化)二十二年,夷使怕六湾等贡狮得赏,中人韦眷护行至南海,又将浮海还国,方欲往满剌加更市狮贡。韦眷利之,从其请。[5] 若此,撒马儿罕使臣海路来贡可能受到韦眷的利诱。不过《明实录》、《明史》均载,当时护送怕六湾的中官是韦洛。尽管如此,撒马儿罕使臣由海道来贡得到韦眷的精心照料,这是肯定的。

自明太祖以来,撒马儿罕使臣一直是陆路朝贡,沿途有驿站接待,可谓轻车熟路。为何在成化、弘治年间一改往常,走一条不熟悉的贡路。王治来先生曾指出:“撒马儿罕使者从海路归国,从海路入贡的材料,都说明当时中亚商路的阻隔。”[6] 此结论似有不妥,因为除了上文提到的 3 次海路(含虎剌撒回回来贡)外,撒马儿罕使臣走的还是传统的陆路。与中亚帖木儿王朝约 80 次来华的次数相比,此 3 次海路往返可以说是偶然。从这种偶然性我们看到的不是陆上商路的阻隔,而是

〔1〕《明宪宗实录》卷 198 “成化十五年十二月辛未”条。

〔2〕《明宪宗实录》卷 266 “成化二十一年五月癸亥”条。

〔3〕《明宪宗实录》卷 288 “成化二十三年三月丁卯”条。

〔4〕《明史》卷 304《宦官传》,第 7783 页。

〔5〕〔明〕严从简:《殊域周咨录》,余思黎点校,中华书局 1993 年,第 485 页。

〔6〕王治来:《中亚史纲》,湖南教育出版社 1986 年,第 623 页。

海道诸国来华朝贡的次数的不足。一方面,明廷对海南诸番国的入贡限制较严,另一方面是满剌加在东南亚的兴起。翻阅《明实录》,笔者曾惊讶于整个弘治一朝,竟无满剌加来华朝贡的使臣。在官方朝贡贸易不振的同时,私人海上贸易却在兴起。礼部右侍郎丘濬在《大学衍义补》中指出:"本朝市舶司之名虽治其旧,而无抽分之法,唯于浙、闽、广三处置司,以待海外诸番之进贡者,盖用以怀柔远人,实无所利其入也。""窃以为当如前代互市之法,庶几置司之名与事相称。"即主张开放海禁,允许民间海外贸易,其法是:"有欲经贩者,俾其先期赴舶司告知,行下所司审勘,果无违碍,许其自陈自造,舶舟若干料数,收贩货物若干种数,往行某处等国,于何年月回还,并不敢私带违禁物件。及回之日,不致透漏。待其回帆,关茔封检,抽分之余,方许变卖。如此,则岁计常赋之外,未必不得其助。"[1]此实际上吸收了宋元时期市舶之法。丘濬虽然得到了明孝宗的嘉许,但其建议并未得到实施。比如,弘治七年,南京锦衣卫指挥使王锐言:"东南番夷进贡所余之物许市人民收买,令所在官司买储在职库,或差人解京以备缓急之用。"下两广守臣议,以为:"番物拣退,例该给还番人。今王锐奏,止听所在官司收买,另无所用;差人解京,又有舟车转运之费。宜准旧例,严私通番货之禁,拒退之物仍给还番人,令自变易。"孝宗从之[2]。不过,王锐对私商是痛斥的,他指出:"有贪利之徒,治巨舰,出海与夷人交易,以私货为官物,沿途影射。今后商货下海者,请即以私通外国之罪罪之。"此建议得到明孝宗批准[3]。

明朝对海外贸易的严格控制,不仅限制了私人海上贸易的发展,而且也打击了朝贡贸易本身。海外朝贡贸易国家的减少,竟使得掌管南海诸番国朝贡的广东市舶太监利诱陆路来华的撒马儿罕使臣。在明朝大臣的竭力反对下,撒马儿罕使臣欲从海道朝贡的做法得到了有效的

---

〔1〕〔明〕丘濬:《大学衍义补》卷25《市籴之令》,引自《景印文渊阁四库全书》,第712册,第345-346页。

〔2〕《明孝宗实录》卷92"弘治七年九月己亥"条。

〔3〕《明孝宗实录》卷82"弘治六年十一月乙卯"条。

禁止。当西方资本主义势力向东方扩张时,明朝的一些大臣正紧捂着钱袋,守着祖训。这些勤俭治国的大臣们很少有人去认真思考海外朝贡国的实际需求,并使这些需要为我所用,只是感叹于来华使臣的狡黠与贪婪。而皇帝仍旧过着帝王的奢华生活,享用来华使臣的贡物,满足一个泱泱大国君主的虚荣心。撒马儿罕使臣海路来华所掀起的波澜复归平静,其使臣仍旧奔波于传统的陆路上。

4 明代通事与西域贡使

有明一代,明与西域诸地往来频繁。由于西域诸地的语言文字与汉地不同,双方交往需翻译人员沟通。通事即这种翻译人员。在政治交往中,除大通事外,一般的通事只是交往的语言中介,其政治地位并不高,在与贡使交往过程中,通事往往受其欺侮。然而,一旦政治往来主要是为经贸往来服务或者来华的使臣的政治身份只是为了便于经贸往来,需翻译从中周全时,通事的实际角色便发生变化,通事不仅是语言中介,还是贸易中介。一些通事为使臣牟取经济利益,从中得到好处,从而成为贸易中介人。从某种程度上说,通事这种角色变化反映了明与西域诸地的关系是典型的朝贡贸易关系。

4.1 明代西域通事

大体上,沟通明与西域诸地往来的通事有中央通事和地方通事两大类。

中央通事设置有一个过程,洪武四年(1371),明设通事舍人,从九品。洪武九年,明设九关通事使一人,正八品,副六人,从八品。洪武十二年,九关通事使拨归通政使司。洪武三十年,明改设鸿胪寺,鸿胪寺卿,正四品。其下属中有司仪、司宾二署,各署丞一人,正九品。司仪,典陈设、引奏,外吏来朝,必先演仪于寺。司宾,典外国朝贡之使,辨其等而教其拜跪仪节。外夷通事隶焉。[1] 由此可知,通事初隶通政使司通译语言文字,后才改隶鸿胪寺。通事职责是:总理来贡四夷并来降夷

---

[1]〔清〕张廷玉:《明史》卷74《志五十》、《职官三》,中华书局 1974 年,第 1803 页。

·欧·亚·历·史·文·化·文·库·

人及走回人口。凡有一应夷情译审奏闻。[1]

就译审夷情而言,通事的口语翻译水平非常重要。明朝兵部尚书余子俊说:"通事之设,本为传译四夷言语以通其情,有一句传译一句,有十句传译十句,不妄为加增,不曲为减少,庶尽本等责任。"[2]礼部尚书徐阶说:"通事之设,上以宣明华夷一统之分,下以侦察来夷诚伪之情。必须谙习其声音而后能周知其意向。"他认为通事与培养外语翻译人才的四夷馆中的译字官生"原不相同","译字生以能译其文为业,而通事以能通其语为职者也。节年相承,必试以字者,良以声音易混而字画有迹,可以旌别耳"。[3]要提高译字生的口语水平,四夷馆教师负有重要责任。"夷种有东西南北之异,而夷语有喉舌齿唇之分,非可强解而骤通者,必立师以教之。而又积以岁月,庶几可以渐入,合无于各馆中视人数多寡,抡选年深通事了晓夷语者一二人,立为教师。不分有无夷人,每日黎明时进馆,督率各馆通事人等,演说夷语。或其中有未能尽晓者,遇有该边原来伴送通事,许各馆教师备细询访,务求通晓。"[4]年深通事是四夷馆译字生的口语教师。译字生口语达到要求方可成为通事,只有通事才能伴送使臣往返。其次是送审番文。"凡四夷赴京朝贡有印者,自有印信番文,无印者自有白头番文,连方物俱赴沿边,应该起送衙门,差通事并官舍伴送前来。"[5]通事可以译写番文,但非专职,在京城,主要是四夷馆教师、译字官生译写番文。

大通事人数,未见明确记载,大体为两员,隶礼部并兵部。大通事除了统属诸处小通事外,日常事务中,使臣到京后,"大通事每五日一次以(会同)馆戒谕,使人各令守分"。[6]贡使若延住不走,则督促其

〔1〕〔明〕徐溥等奉敕撰、李东阳等重修:《明会典》卷102,引自《景印文渊阁四库全书》史部,台湾商务印书馆发行,1984年,第617册,第932页。

〔2〕〔明〕余子俊:《余肃敏集》卷1《增重国体事》,引自〔明〕陈子龙等选辑《明经世文编》卷61,中华书局1962年,第499页。

〔3〕〔明〕徐阶:《徐文贞公集》卷2《岁考通事官生》,引自《明经世文编》卷245,第2559页。

〔4〕〔明〕徐阶:《徐文贞公集》卷2《岁考通事官生》,引自《明经世文编》卷245,第2559页。

〔5〕〔明〕余子俊:《余肃敏集》卷1《增重国体事》,引自《明经世文编》卷61,第499页。

〔6〕〔明〕俞汝楫编:《礼部志稿》卷90《朝贡备考》,引自《景印文渊阁四库全书》史部,第598册,第634页。

启程。大通事奉旨省谕夷人止于朝房内,各小通事受其钤制,莫敢异同。弘治十年(1497)九月,礼部尚书徐琼奏请:"今后凡有宣谕,请令大通事同本等通事并伴送人等,率领夷人于礼部堂上,望阙明白传译,令其俯伏听从。"[1]得到明孝宗批准。大通事对使臣还有监察之职,贡使到京进贡之时,"大通事选差晓夷语之人,假作馆夫名色,混入馆夫之中,专一密听北房言语,察彼心事,每日报与大通事,密切具奏,以凭防闲。"[2]还有晓谕禁例之职,如弘治二年八月,土鲁番及哈密使者违例收买食茶、箭竹等物过多,礼部奏请俱没官,令大通事晓谕在馆各夷遵守禁例,如违俱照此例行之。其未给赏者即梯减其赏。[3]嘉靖初,大通事被革去,其小通事悉属会同馆提督官。[4]

通事领有军职,洪武永乐以来,设立御前答应大通事,有都督、都指挥、指挥等官,统属18处小通事。这18处大致是朝鲜、日本、琉球、安南、真腊、暹罗、占城、爪哇、苏门答剌国、满剌加、达达、回回、女直、畏兀儿、西番、河西、缅甸、云南百夷等。[5]因其来之疏数以为通事之多寡。其后虽有久不来贡者,则亦设有通事。成化五年(1469)定为小通事额数总不过60名。遇有病故及为事等项革去职役者,照缺选补。若事繁去处丁忧有过3名者,量补1名。

在日常事务中,中央通事的活动地点主要是会同馆、鸿胪寺、四夷馆和光禄寺等地。会同馆接待番夷使客。凡四夷归化人员及朝贡使客初至会同馆,礼部主客司官员随即到彼点视正从,定其高下房舍铺陈,一切处分安妥。期间,有伴送使臣的边上通事负责翻译。四夷馆通事

〔1〕《明孝宗实录》卷129"弘治十年九月戊午"条。

〔2〕〔明〕余子俊:《余肃敏集》卷1《修举边备事》,引自《明经世文编》卷61,第502页。

〔3〕《明孝宗实录》卷29"弘治二年八月壬子"条。

〔4〕正德十六年(1521)十二月,礼部尚书毛澄等奏请:"考选精通夷语熟谙夷情者二员为大通事,隶本部并兵部,其译审夷人属之,提督主事并本等通事、访保通事属之,镇巡官并鸿胪寺掌印官,遇奉旨宣谕夷人,该部各差译官公同宣谕,事毕即回,以防贿漏,得旨大通事俱停补,余如拟行,于礼部复议其职事,令鸿胪寺官同本等通事掌管,从之。"(《明世宗实录》卷9"正德十六年十二月丁亥"条)

〔5〕〔明〕申时行等重修:《大明会典》卷109《礼部六十七·宾客·各国通事》,引自《续修四库全书》史部政书类,第791册,上海古籍出版社2002年,第113页。

·欧·亚·历·史·文·化·文·库·

负责翻译来贡番文,鸿胪寺通事负责教授礼仪和引领外夷人员朝见。对明朝而言,使臣来华主要目的是朝觐。使臣来朝,必先演仪于鸿胪寺。鸿胪寺司宾在教使臣拜跪仪节时或本人充当通事或通事在旁译语。光禄寺负责贡使筵宴,通事作陪。

明朝西北边上通事隶属陕西行都司。多有军职。明武职升授,有见任带俸之别。通事之武职多为带俸。作为军职通事,在西北,首先服务于边境卫所。

永乐二年(1404),明封哈密安克帖木儿为忠顺王。因哈密为西域襟喉,诸番入贡,皆取道哈密,"凡夷使入贡者,悉令哈密译语以闻。而诸国之虚实向背,因赖其传报"。[1] 永乐四年,明设哈密卫。哈密卫译审来往使臣,应设有通事之吏员。不过哈密卫的主要职责是护送来往使臣,通事地位不高。

日常往来中,在西北地区负责明与西域诸地语言沟通的主要是甘肃总兵官及其下属的边上通事。甘肃总兵官负责西北军政事务,对哈密及其以西来贡使臣以及市易之人,需要加以验实,方可放行。贡使入关后,由边关到京城会同馆或由京城返回,沿途都需要边上通事伴送。

边上通事的职责,一是随同边境分管官员译审来贡番文和留边使人。"凡夷人入关,令边方一应该管官员、务要盘验明白、方许放进。若敕书内有洗改诈伪字样,即便省谕阻回,不许一概朦胧验放。""凡夷人番本,该边官审明封进。若于理法不通,即省谕退还,不必渎奏。到京后如有番本不系边官封奏者,不与准理。"[2]此译审来贡夷人番文,应是边上通事之职。至于译审留边使人,例见成化十二年九月兵部向明宪宗进言:"宜移文甘肃巡抚镇守官,拘集哈密、乜克力留边使人,令译者审其各酋部落在于苦峪出入往来和睦与否,乜克力果有离间之言叛背之意与否。"[3]

〔1〕〔明〕许进:《平番始末》,引自陈高华:《明代哈密吐鲁番资料汇编》,新疆人民出版社1984年,第37页。
〔2〕〔明〕申时行等重修:《大明会典》卷108《朝贡通例》,引自《续修四库全书》史部政书类,第791册,上海古籍出版社2002年,第109页。
〔3〕《明宪宗实录》卷157"成化十二年九月丁巳"条。

二是充当使者。成化二十二年,肃州参将受命遣译往谕哈密都督罕慎,勿与瓦剌和亲。[1] 弘治五年,兵部左侍郎张海、都督同知缑谦抵甘州后,遣在边通事敕谕土鲁番酋长阿黑麻顺天道归还被掳的哈密王陕巴及金印。[2]

三是伴送使臣出关。正德十四年(1519),巡抚甘肃都御史邓璋差通事虎得山、马秀二人,领赏钩帖二道,与同土鲁番差夷使牙儿马黑麻、哈密夷使满哥卜剌等,给予路费,自肃州伴送出关。[3]

四是伴送进贡使节入京。弘治十三年规定:进贡使人到边,镇巡等官收其兵器,不许藏带。仍选差通事伴送,务要谨慎约束,不许拨置各番生事及索取有司财物。到京之后,伴送人员与同通事俱要用心钤束。[4]

在京通事与边上通事地位不同。嘉靖六年(1527),杨一清论土鲁番夷情奏对中,对兵部尚书桂萼等"欲选差精熟夷语通事、译字官各一员,领敕宣谕,亲授速坛满速儿王,务通其意"一事,指出:"差去通事、译字官在王朝官职虽微,出使外境,于国体则甚重。"作为使臣,他们的生命得不到保证,有亏中国之体,"莫若照甘肃守臣初议,请敕一道,赍赴镇巡官处,令其选择本边抚夷官中同,带领谙晓夷语通事,就同彼处差来夷使数人,赍往哈密、土鲁番地面,亲授速坛满速儿、牙木兰等,宣示朝廷恩威,晓以祸利害","其原拟在京通事、译字官似不必差"[5]。在京通事直接代表明廷,地位自然比边上通事要高。在京通事中的四夷馆通事分三级,即食粮通事、冠带通事、授官通事。来源于四夷馆中的译字生、译字官(译字生三年会考,优等者给予冠带,称译字官,月给米一石,译字官三年会考,授以序班职事)和教师。汉使出使外国,那

〔1〕《明宪宗实录》卷280"成化二十二年七月壬申"条。

〔2〕〔明〕严从简:《殊域周咨录》卷13《土鲁番》,余思黎点校,中华书局1993年,第433-434页。

〔3〕〔明〕王琼:《晋溪本兵敷奏》卷7《为夷情事》,引自陈高华:《明代哈密吐鲁番资料汇编》,新疆人民出版社1984年,第300页。

〔4〕〔明〕俞汝楫等编撰:《礼部志稿》卷90,引自《景印文渊阁四库全书》史部,第598册,第633-634页。

〔5〕〔明〕杨一清:《杨一清集》,引自《阁谕录》卷2,中华书局2001年,第855-856页。

些熟知夷情、谙晓番文者均成为通事候选者。

边上通事也有一些是来自于四夷馆。这主要是由于明廷委派中央官员巡抚边地需要通事随从。是时,由巡抚官据呈申请,兵部移咨由礼部,翰林院转行四夷馆,而由四夷馆拣选行止端慎、年深老成、谙晓番字译字官一员或多员前往。若译字官不愿前往,愿往的译字生实授冠带,给予柴薪。也有在特殊情况下由明廷委派通事事例。如正德十二年正月,土鲁番贡使在其速坛满速儿侵占哈密之前已入关朝贡,兵部尚书王琼上奏建议候各夷使臣到京之日,仍要遵照常例,以礼馆待,赏赐表里、筵宴等项,务要齐备整洁。兵部仍会礼部督同大通事舍诚等将兵部原会题准抚待土鲁番、哈密谨关略节缘由宣谕知悉。回还之日,仍照先年旧例,选差廉谨通事、序班,沿途伴送,以礼馆待,不许交通,纵容生事,扰害地方。[1]

中央通事因其业绩而升为政府中高级官员的并不多,其中负责西域事务的通事,见之于《明实录》主要有以下几位:

(1)哈只,回鹘氏,谙通西域言语文字,永乐四年三月,由鸿胪寺序班升为鸿胪寺右寺丞。[2] 此外,永乐四年五月,明廷遣鸿胪寺丞刘帖木儿等赍敕及彩币回访别失八里王。次年,刘帖木儿又随中官把泰、李达出使别失八里。鸿胪寺丞,从六品,他大概担任使臣兼通事的角色。

(2)哈的,回回人,永乐二十二年升为锦衣卫指挥佥事。[3]

(3)詹昇,通事、都指挥。成化九年,土鲁番速檀阿力侵哈密,掳其城。兵部尚书白圭等以为哈密朝廷所封,世为藩属,非他夷比。今丧地失国,奔走控诉,安可置而不问,请命通事都指挥詹昇赍敕往谕速檀阿力,令其悔过自新,退还哈密境土。并敕赤斤蒙古等卫会兵并力,以相卫翼。仍敕甘肃总兵等官振扬武威,相机而行。此计划得到成化帝批准。[4] 20天后,兵部又奏阿力僭拟大号,挟制邻境,不可不为之备。明

---

〔1〕〔明〕王琼:《晋溪本兵敷奏》卷6《为紧急夷情声息事》,引自陈高华:《明代哈密吐鲁番资料汇编》,新疆人民出版社1984年,第257页。

〔2〕《明太宗实录》卷52"永乐四年三月庚子"条。

〔3〕《明仁宗实录》卷3下"永乐二十二年十月壬戌"条。

〔4〕《明宪宗实录》卷115"成化九年四月丙寅"条。

宪宗由此认为出使赍敕省谕已无用，下令"詹昇且不必往，宜敕甘肃镇守等官悉心提备"。[1] 詹昇后升为都督。[2]

（4）成化十年，跟随规复哈密的都督同知李文、右通政刘文、回回通事指挥佥事哈林与马俊等人赍敕往谕速檀阿力。[3] 哈林是带俸的指挥佥事。

另一个可资参考的是四夷馆中能担任通事的官员教师。

《四译馆则》列举了回回馆、高昌馆担任鸿胪寺序班教师（从九品）、鸿胪寺主簿（从八品）、光禄寺署丞（从七品）等官职 25 人。其中回回馆 24 人，高昌馆 1 人。[4]

在《四译馆则》中"回回馆"下列举的是弘治三年至天启七年（1627）担任回回馆属官的人员名单。主要有：

弘治三年进馆 5 人：李钰，历前军都督府经历；王祥，历光禄寺署正；沙孝祖，历光禄寺署丞；叶秦，历光禄寺署正；康世风，历大理寺右寺正，制敕房办事，崇庆府右长史。

正德四年进馆 6 人：福昂，历光禄寺署正；马良传，历大理寺右寺正，史馆办事；李尚质，历光禄寺署正；任鉴，授鸿胪寺序班；龚良臣，授鸿胪寺序班；刘镗，授鸿胪寺序班。

嘉靖十六年进馆 1 人：何初，历礼部仪制司郎中兼司经局正字，管典籍事，制敕房办事。

嘉靖四十五年进馆 4 人：李龙，历光禄寺署正；李凤来，历光禄寺署丞；邵浚明，历鸿胪寺主簿；马□□，历鸿胪寺主簿。

万历六年（1578）进馆 1 人：龚敏学，授鸿胪寺序班。

万历三十二年进馆 5 人：邵树德，历太仆寺少卿，制敕房办事；李如松，授鸿胪寺序班，历本寺主簿；李如梓，授鸿胪寺序班，历本寺主簿；李允登，授鸿胪寺序班，历本寺主簿；龚允中，授鸿胪寺序班。

·欧·亚·历·史·文·化·文·库·

这些人中若在鸿胪寺任职,则可能充当过口语通事。但大多以文字或文字翻译见长。

4.2 西域贡使与明朝通事的关系

西域贡使入境、出境都有通事跟随。由哈密通往京城的驿道上,既有伴送使臣来回的边上通事,也有京城派往西北的通事。通事与贡使存在着密切的关系,这种关系除了合作外,也有矛盾和相互利用的一面。

通事负有钤束贡使的责任,但在厚往薄来的朝贡体制之下,代表一国或一地面的贡使具有非常高的地位。西域贡使在赴京途中乃至在京城内也不是事事都听从通事的约束,经常生事,使通事无法工作,乃至受到陷害。

(1)正统五年(1440)十一月,哈密使臣早丁进贡至京,明朝按礼仪赐宴,但早丁忿赐宴不备,肆詈诸通事。明廷将其拿下,送法司收问,并敕哈密忠顺王今后遣使须择谨愿诚恪之人。[1]

(2)成化七年,瓦剌使臣哈剌忽思至京后奏告甘肃总兵官蒋琬及通事索其贿而稽留逾岁且箠骂之事。[2]

(3)成化十年十一月,土鲁番使臣10余人扣留在甘州,但由于防范不严,这些人乘隙逃走。明宪宗命追究甘州北关通事千户哈只马黑麻等罪。[3]

(4)弘治三年,迤西各处使臣在会同馆接受宴请时,中有满剌哈只等10人因赏赐未给,不但自己不赴宴,还殴打其余赴宴者,礼部谓法当执问,明孝宗以"远夷无知,姑贷之",令礼部堂上官及大通事备以事意谕之,给予物价令其启行。[4]

---

〔1〕《明英宗实录》卷73"正统五年十一月丙辰"条。
〔2〕《明宪宗实录》卷90"成化七年四月辛未"条。
〔3〕《明宪宗实录》卷135"成化十年十一月庚申"条。
〔4〕《明孝宗实录》卷39"弘治三年六月戊申"条。

（5）弘治十年九月，哈密卫贡使都督写亦虎仙等因明廷薄减其衣服彩缎之数，反复奏扰，延住不走。礼部尚书徐琼等奏请选差锦衣卫官一员，带旗校兵马司官至会同馆，率通事示以威福，促其起程，如仍黠傲不从，即将各夷执送锦衣卫，明正其罪。孝宗从之，令大通事即促各夷起程，不许仍前延住。[1]

（6）正德三年四月，哈密使臣写亦虎仙等来朝贡方物，不与通事皮俊等偕来，自持边镇文移投进鸿胪寺。大通事王永疏请究治奸弊。五月，治通事王景失察罪，下狱。[2]

（7）正德四年三月，哈密使臣忽撒木丁、谷勒母罕默各奏："通事王永自称为朝廷近侍，各索银六十余两。乞为退给。"明武宗未追究王永责任，只是令其如数退还。[3]

分析上述事例，通事与贡使的矛盾在于：一是文化差异。哈密使臣不少是穆斯林。饮食方面有一些禁忌或需求需要通事沟通。若通事不能及时协调各方关系就会产生矛盾。二是进贡使团内部鱼龙混杂，一旦贡使与明廷官员发生矛盾，通事往往会受牵连。三是通事中亦有通事勾结官员勒索贡使之事。

除上述正德四年通事王永索银之事外，另一件值得关注的事例是嘉靖十年（1531）土鲁番贡使马黑麻虎力奶翁等及天方国贡使火者阿克力等入贡求市事。其时，边上通事马骥诈以巡抚甘肃右金都御史赵载名，科索诸夷良马，镇守甘肃太监陈浩、总兵都督同知姜奭、副总兵都指挥同知杨佑各遣人市买夷马、玉石、皮革等物，抑勒其价。而马骥又私没其所酬直，陈浩家奴王洪诈取夷马夷物为多。马骥及诸伴送员役在途又数征徼略于夷，夷使不胜愤怨。至京城时，遇入京求袭职的故百户子马忠嗾使夷使求释先年明朝所执土鲁番的牙木兰，并拘镇巡等官强市抑勒状奏之。明世宗命礼、兵二部省谕，下其事于巡按御史勘报。陈浩家奴王洪适以事入京，马忠又嗾夷使执洪，诉于礼部，部臣以闻。

---

〔1〕《明孝宗实录》卷129"弘治十年九月戊午"条。
〔2〕《明武宗实录》卷37"正德三年四月壬辰"条；卷38"正德三年五月丙辰"条。
〔3〕《明武宗实录》卷48"正德四年三月乙未"条。

嘉靖十二年,明世宗以夷讼中国,事关大体,特遣大理寺右少卿蔡经及锦衣卫指挥佥事王缙、兵科给事中祝詠赴甘肃,会总制及巡按御史勘核。嘉靖十三年,蔡经等因参:"浩、奭、佑等黩货启侮,而载约束弗严,事皆宜罪。第诸臣受边防重任,遽以外夷妄奏而深谴之,恐骄戎心。请从宽假量加罚治。马骥、马忠本以边防巨猾,酿成衅端,宜遣戍瘴乡,以示警。夷使马黑麻虎力乃翁及火者阿克力等皆宜论罪。第以裔夷丑类,难以常法绳之,乞赐曲宥,以彰国恩。其伴送科索及交拘人员,各遣配如律。"刑部覆请,明世宗谓:"浩、奭、佑狗货规利,取侮外夷,各降秩一级。载督率不严,夺俸一年。余如勘议。"[1]

此事调查处理的结果重在惩治通事,对镇守巡抚诸官员处罚较轻。两年以后,即嘉靖十六年,甘肃巡抚赵载奏议二事:"一言西域土鲁番、天方、撒马儿罕各国称王者百五十余,皆非本朝封爵。又额即格依·喀三原非入贡番夷,盖西域贾胡诡立名色,以徼赉予。今宜译审酋长体例,使臣名数,及查西夷一切事宜,定为限制。冒滥称王者责令改正,违例入贡者以礼阻回。每国分为等第,每十人许二人赴京,余留在边听赏。一言外夷通事者以色目人为之,往往视彼为亲,视我为疏,在京则教其分外求讨,伴回则令其潜买禁物,且诸夷之中,回夷最黠。其通事宜以汉人,毋令交通,以生夷心。"[2]礼部尚书严嵩遵诏议处此事时,原文抄录赵载疏文。其第二事是"重译使以待西夷",内容为:"切见译审外夷通事序班,俱系外夷色目人为之。缘汉回在中国甚多,士农工商,通与汉人相同,宜乎用夏变夷。然竟以彼教为是,丧用夷礼,不食猪禽。有特立欲变者,则群聚而非之,虽妻子亦辄离悖。同类则相遇亲厚,视若至亲。今通事序班人等,俱系色目人,往往视彼为亲,视我为疏,甚至多方教唆。在京师则教其分外求讨,伴回则教其贩卖茶斤、违禁货物,肆无忌惮,且使外夷轻中国无人,非其同类,不能译其语也。合无于四夷馆内选令汉人习学番语,前项序班俱以汉人充之,不惟不肯漏泄中国

---

〔1〕《明世宗实录》卷164"嘉靖十三年六月辛亥"条。
〔2〕《明世宗实录》卷196"嘉靖十六年正月壬寅"条。

事机,亦示彼夷谓中国之人无所不能,是亦防慑外夷之一端也。"严嵩肯定赵载建议,并提出:"缘汉回通事,实本非我族类,同恶相济,同类相亲,固理之必有。虽其中贤否不齐,难以一概指论,而谨严于先事,防杜其将来,亦不可不重为之虑也。所据都御史赵载条陈重译使一节,相应依拟。及查回回馆署丞白杰,序班王凤,鲜明,丁忧通事锁守贵,候缺通事撒文奇俱系汉回。合无候命下之日,通札送鸿胪寺各带俸支米,遇有别国员缺,考改其前项员缺。一面行边访保,一面行鸿胪寺查取见在人员精通回语及行止端庄者,各送部查部。仍行镇巡等官,今后如遇回夷入贡,伴送通事,亦用中国精通回语之人,不得差委汉回,致生奸弊。臣等再照各国序班通事以上人员,虽在鸿胪寺带衔而职专朝贡,实隶本部掌行。切缘各官止是考满经由本部,况考语尔凭该寺开送,中间贤否,谩无可稽,是以此辈敢于为非,无所顾忌。合无行令该司及提督主事时加考较,但有职业隳废及交通夷人受贿作弊者,呈堂参究施行。"[1]这种不用汉回通事,将回回馆另作他用,另选汉人通事的做法,得到皇帝批准,并加以实施。嘉靖十六年四夷馆考收子弟,回回馆进馆一人,名何初,上海县人,后任礼部仪制司郎中兼司经局正字,管典籍事,制敕房办事。虽以译字生进馆,却没有以通事为业。

嘉靖十六年处置汉回通事,并未影响西域贡使不断叩关请贡。嘉靖十七年,土鲁番等处贡使"故违明旨,袭称王号,倍递番文,连络入关",而守边重臣,滥放入关。明廷严令巡抚都御史等官督令千户通事人员,开诚晓谕,依先年事例,控制贡使入关起送[2]。在此严令下,已到边关进贡的土鲁番等处贡使愿自陪口粮,住关等候贡期。而住久或生事端。嘉靖二十六年,甘肃出现"边臣取略于外夷,外夷致讼于中国"[3]的局面。

在此情况下,明朝政府加强了对通事的培训,嘉靖二十八年,礼部

---

〔1〕〔明〕严嵩:《议处甘肃夷贡》,引自严嵩《南宫奏议》卷29,明嘉靖二十四年严氏钤山堂刻本。

〔2〕〔明〕严嵩:《议处土鲁番夷人进贡》,引自严嵩《南宫奏议》卷29,明嘉靖二十四年严氏钤山堂刻本。

〔3〕《明世宗实录》卷329"嘉靖二十六年十月戊午"条。

·欧·亚·历·史·文·化·文·库·

题准："各馆(指四夷馆——引者)中抡选年深通事晓夷语者一人,立为教师。不分有无夷人,每日黎明时,进馆督率各该通事人等,演说夷语,中有未能尽晓者,遇有该边原来伴送通事,许令教师询访,务求通晓音字。如二年之中,教习有效,候类考之时具名奏请擢用。礼部置卯簿一扇,行令提督主事,每五日令各馆官生画卯。如有不到者,明书于各名之下。每日朔望,教师引领生徒,将所习音字抽试数字,夷语演说一遍。季终提督官将卯簿封呈本部,以凭季考兼论其勤怠。岁终备开考语封本部,以待三年通考其廉污。季考及三年通考之时,必合字与音,相兼考校。"[1]

嘉靖四十五年正月,大学士徐阶在题选译字生奏议中提到自嘉靖十六年考收子弟后,三十年间所收子弟率多事故,回回馆、高昌馆等只有教师一二员,无一名子弟习学。现存教师年深齿迈,精力衰颓,"每年各夷进到番文及敕谕夷使事务颇为繁剧,乃责成一二教师□,使之辨译书写,未免苦难迟滞,是以夷人□得即回坐,费国家供億"[2]。

贡使向明廷求赏,其文书要由通事负责传译,又由于通事熟悉明廷规则,在京城可唆使贡使分外求讨,使皇帝不胜其烦而额外加赏。通事与贡使之间存在一定的利益关系,通事乐为他们妄奏赏赐,从中得到利益。

明右副都御使余子俊曾于成化十二年巡抚陕西,他说:"凡四夷赴京朝贡,有印信者即与印信番文,无印信者自有白头番文,连方物俱赴。沿边应该起送衙门,差通事并官舍伴送前来各求,尽彼忠敬朝廷之礼。近年以来,有等小通事自恃其能专务诱取间有不与者,辄行交通来路通事并伴送官舍,巧为词说,以动其心;代写番文奏进,及至,考其所奏,事理率皆谬妄之言,只得勉为抚谕,略其罪状,非惟无以尊重国体,抑且贻笑外方。臣尝思之,通事之说,本为传译四夷言语,以通其情,不可妄为

---

〔1〕〔明〕申时行等重修:《大明会典》卷109,引自《续修四库全书》史部政书类,第791册,上海古籍出版社2002年,第115页。

〔2〕〔明〕吕维祺:《增订馆则》卷12,日本京都帝国大学文学部东洋史研究室重刊,昭和二年(1927)。

加增,亦不可曲为减省。今小通事怀奸至此,彼法律不严但无指实未可究治。乞将今年现在朝贡夷人求讨番文行令小通事逐一面勘,要见所进番文系是夷人自写,即给笔墨,令其重写,如其不能,就为追究代写何人及其所得何物,将来路通事并送之人有无知情通行送问,奏请发遣。至于夷人,姑宥之罪,谕以祸福,其余应行事宜,如印封报名引见之类,与夫大通事小通事传译之要,俱各精密无遗,使奸人知所惊惧,夷人不被惶恐,则国体增重而外宾心服矣!"[1]

　　贡使要求明廷厚加赏赐,要向通事等抚夷诸官馈送见面之礼,以致贡使向交通贿赂抚夷诸官成一时之风。嘉靖四年,鲁速贡狮子二、西牛一,乞求厚加赏赐。时鸿胪寺通事胡仕绅上疏曰:"今有鲁迷地面差来使臣火者把好丿阿力等赴京进页狮子、西牛等物,陛下于方物则纳之,于赏赐则厚之,于求讨则与之,恩宠可谓极隆而无以加矣。奈何各夷贪得无厌,屡求增赏,二次番本俱蒙圣旨下礼部看,陛下盛心,将欲示我天朝之宽大嘉被远附之殷勤也。但此数夷诈伪多端,实难轻信。臣常译审求讨一十四番地面,有相去三四百里者;有相相一千余里者。今一十四番人之中臣近访知鲁伦剌如舍剌只者,乃鲁为阿力之亲弟也,如火者亦速者,乃阿力之族弟也。如虎写亦者,乃阿力之子也。如吉列儿如何都辛者,又阿力之仆也。今名诈充正使,又各诈弃各番王,所差岂有父子兄弟主仆之间而各自为一王之统属,且又相去有三四百里或一千里之远哉!臣原其故,皆由在边三年之久,其于抚夷诸官交通贿赂有以导之也。臣观各夷到京之物,备银二十五两向臣等馈送以为见面之礼。臣曰:'天子圣明,我不敢取,你远人辛苦,我不忍取。'连令各夷持回。次日又令伴送百户张连、舍人丁成复持番字纸贴向臣等告收前馈。臣又谕以朝廷之法度,并一身之名节,各夷称叹而止。以此验之,则各夷之于边官必不能不致愧也。"[2]

　　对通事与贡使相互勾结,谋取高额赏赐的问题,赵载、徐阶等人将

　　〔1〕〔明〕张萱:《西园闻见录》卷59,《兵部八·贡市》,第1166－1167页。又见《余肃敏集》卷1《增重国体事》,《明经世文编》卷61,第499页。
　　〔2〕〔明〕严从简:《殊域周咨录》,余思黎点校,中华书局1993年,第499－500页。

其归咎于"通事序班人等,俱系色目人,往往视彼为亲,视我为疏",并以汉人通事取代汉回通事,然此种措施并没有多大成效,因为贡使为追求利益,并不愿受明朝有关给赐规定的约束,反而不断"致讼于中国"。因此,将西域贡使的不法行为归咎于通事人等相互勾结并没有找到解决问题的根源,其根源在于朝贡制度本身。对于朝贡,明朝皇帝确定了"厚往薄来"的朝贡原则。如明成祖说:"盖远人慕义而来,当加厚抚纳,庶见朝廷怀柔之意。"[1]明宣宗也说:"厚往薄来,怀远之道。"[2]有许多因素促使皇帝对来贡使臣加以厚赐,诸如,皇帝即位,有招徕外夷之需;边境冲突,有优待优抚外族、外夷之需;皇室享乐,有追求外夷进贡奢侈品之欲。然皇帝的厚赐要受明朝国力、财力的制约。明廷往往不能满足厚赐之需。于是,贡使借助于通事,累求升赏,使皇帝不胜其烦,从而满足贡使的愿望。本来贡使的直接监管人是通事,但在"厚往薄来"的朝贡体制下,通事反而成为贡使的代言人,与贡使共同分享朝贡利益,并成为明代正德、嘉靖年间西域通事的重要特征。通事作为不同语言文化的沟通者,如果仅仅停留在"有一句传译一句"的水平,只能是一个翻译传声筒,通事自身的素质要求降低了,这反映了明朝培养翻译人才时在课程设计、素质教育等方面有很大的局限性。明朝一些官员对自身培养翻译人才方面的局限性认识不够,只看到通事的出身(如汉回通事)易与西域贡使勾结显然是片面的。明与西域往来,政治经济往来往往受到明廷重视,文化交流易被忽视。通事不是作为"文化人"而是以军职身份出现也可以说是这种情况的反映。

---

[1]《明太宗实录》卷141"永乐十一年七月丙午"条。
[2]《明宣宗实录》卷75"宣德六年正月甲午"条。

5　明代西域来华使臣的授职制度

授予西域来华使臣官职,是明朝管理西域来华使臣的重要措施,它与使臣朝贡给赐制度相结合,构成了明朝维护西域诸国朝贡的重要手段。使臣授职制度是一种相对严格的管理制度,明廷可以根据西域国王或使臣的主动请求,经明朝皇帝批准后,按照明朝的管理制度执行。西域来华使臣得到的官职多为武职,其晋升顺序也按武职级别的高低进行,得到不同级别武职的使臣并不享受明廷的俸禄,但有相应的品级,享受不同品级的给赐待遇。对授职使臣,明政府除了给予诰敕外,还赐予冠带、袭衣等物。这种使臣授职制度应是明代外交制度的重要组成部分,以往学者对此论述不多。[1] 本章首先论述哈密、土鲁番、别失八里(亦力把里)等地使臣的授职情况,并分析其原因,进而探讨明代西域来华使臣的授职制度及其影响。

5.1　哈密使臣的授职

明之哈密,在敦煌北、大碛外,为西域诸番往来要路。[2] 永乐二年(1404)六月,哈密元代肃王忽纳失里之弟安克帖木儿遣使来朝,表请赐爵。明成祖封其为忠顺王。[3] 赐忠顺王金印诰命,以其领西域职贡。其国部落分三种杂居,各立都督以佐之。以西诸国贡使,皆由哈密

〔1〕哈萨克斯坦学者克拉拉·哈菲佐娃在其《十四—十九世纪中国在中央亚细亚的外交》一书中讨论了明朝对西域统治者主要是哈密王的封爵问题,其所说的封爵制度实际上是指明清政府对外国国王、外族首领的册封制度,对进贡使臣的授职问题略有涉及,没有展开论述。参见该书第三章外交制度,杨恕、王尚达汉译,兰州大学出版社 2002 年,第 122 – 139 页。

〔2〕〔明〕申时行等修《明会典》卷107《礼部六十五》,中华书局,1989 年,第 579 页。

〔3〕《明太宗实录》卷 32"永乐二年六月甲午"条。

·欧·亚·历·史·文·化·文·库·

译送。

永乐四年三月,明设哈密卫,给印章,以其头目马哈麻火者等为指挥、千百户、镇抚,辜思诚、哈只马哈麻为经历,周安为忠顺王长史,刘行为纪善,以辅脱脱。复命脱脱,凡部下头目可为指挥、千百户、镇抚者,具名来闻,授之以职。[1] 其意在于哈密王部下官职的升授需明廷任命,哈密国是明朝的藩属国。

永乐九年脱脱暴疾卒,明封其从父之子免力帖木儿为哈密忠义王。宣德元年(1426),免力帖木儿死,脱脱子卜答失里年长继位为忠顺王。宣德三年,明廷"以卜答失里尚幼,未能胜事,立免力帖木儿之子脱欢帖木儿嗣为忠义王,俾同忠顺王绥抚部属"[2]。

哈密因领西域职贡,其朝贡使臣官职升授予其对朝贡的贡献大小有关,明廷根据哈密王及其官员履行朝贡职责情况,授其进贡使臣官职。哈密因职掌西域诸地朝贡事,其进贡使臣官职升授的人数也远远超过其他西域地面。当然,并非哈密每次进贡,其使臣都授予官职。有时,即使哈密王请求,明廷也不同意授职。考察《明实录》中对哈密使臣30多次的授职记载,可以发现,哈密使臣得到授职有以下原因。

5.1.1 授予使臣官职是优抚褒奖哈密王室以维护哈密王职掌西域朝贡的需要

永乐四年明命脱脱袭封忠顺王,并没有得到脱脱祖母速哥失里的支持,脱脱甚至被其祖母所逐,明成祖因速哥失里慢待朝廷,大为震怒,除遣使敕谕哈密大小头目外,还设哈密卫,以辅脱脱,并促使速哥失里遣人谢罪。[3] 于是,永乐六年二月,哈密忠顺王脱脱及其祖母遣都指挥同知买住、头目哈剌哈纳、火鲁忽赤来朝贡马。明廷命哈剌哈纳为都指挥同知,火鲁忽赤为指挥使,俱赐冠带、袭衣。[4] 都指挥同知,从二品,卫指挥使,正三品,明廷此次授职级别较高。

---

〔1〕《明太宗实录》卷52"永乐四年三月丁巳"条。
〔2〕《明宣宗实录》卷35"宣德三年正月庚寅"条。
〔3〕《明太宗实录》卷50"永乐四年正月辛酉"条。
〔4〕《明太宗实录》卷76"永乐六年二月戊子"条。永乐九年七月哈剌哈纳升为都督佥事。

永乐九年七月,哈密故忠顺王脱脱母遣蒙哥帖木儿贡方物,明廷命蒙哥帖木儿为千户。[1] 这是对忠顺王及其王母遣使朝贡的肯定。九月,明封脱脱从父之子免力帖木儿为哈密忠义王。作为对哈密忠义王的支持,明廷对其使臣或授官或升官。如,永乐十二年十月,免力帖木儿遣使掌吉帖木儿等贡马,明廷命掌吉帖木儿为都指挥佥事等官。[2]

永乐十三年,明廷命免力帖木儿使臣赤丹不花为指挥佥事,撒都儿为副千户,买丹为百户,薛丹为所镇抚。[3] 次年升遣使朝贡的哈密都指挥木纳法虎儿丁为都督佥事。[4]

永乐十六年二月,免力帖木儿遣使把失忽里等贡马及方物。明廷命把失忽里为指挥使,余为百户,各赐冠带袭衣。[5]

洪熙元年(1425)七月,明廷升哈密忠义王遣来使臣都指挥同知脱脱不花为都督佥事,千户把把孩为都指挥同知。[6] 闰七月,又命哈密忠义王差来百户兀麻儿为指挥佥事,也速迷力袭其故父职,指挥同知打剌罕把剌为所镇抚。[7] 八月,赐哈密差来都督佥事脱脱不花、都指挥同知把把孩、指挥同知也速失力、指挥佥事兀麻儿、正千户把剌、试百户哈密火者等十七人诰敕。[8] 九月,命哈密忠义王差来使臣所镇抚赛因为正千户,赐以冠带。[9] 十二月,又命哈密差来使臣夹失为副千户,赐冠带遣归。[10]

总体上,永乐年间,明廷对哈密使臣授职人数较多,级别也较高。此与永乐年间明朝的强劲对手是北虏有关。明朝控制哈密,可断北方蒙古人右臂,因而需笼络哈密,并借哈密与西域诸国保持友好关系。

---

〔1〕《明太宗实录》卷117“永乐九年七月甲戌”条。千户,正五品。
〔2〕《明太宗实录》卷157“永乐十二年十月丙戌”条。都指挥佥事,正三品。
〔3〕《明太宗实录》卷170“永乐十三年十一月辛亥”条。卫指挥佥事,正四品;副千户,从五品;百户,正六品;所镇抚,从六品。
〔4〕《明太宗实录》卷173“永乐十四年二月乙丑”条。都督佥事,正二品。
〔5〕《明太宗实录》卷197“永乐十六年二月庚子”条。
〔6〕《明宣宗实录》卷4“洪熙元年七月丁酉”条。
〔7〕《明宣宗实录》卷5“洪熙元年闰七月乙巳”条。
〔8〕《明宣宗实录》卷8“洪熙元年八月己卯”条。
〔9〕《明宣宗实录》卷9“洪熙元年九月甲寅”条。
〔10〕《明宣宗实录》卷12“洪熙元年十二月庚午”条。

宣德元年(1426),因免力帖木儿故,明命其兄忠顺王脱脱子卜答失里嗣封忠顺王。为表示对忠顺王的支持,明对其使臣厚授官职。宣德二年四月,哈密忠顺王卜答失里遣弟北斗奴贡驼马方物,五月,明封北斗奴为都督佥事,七月赐诰敕。[1]

宣德三年正月,明廷命哈密遣来使臣满剌亦蛮、捨黑马黑麻为指挥佥事,其下授官有差,悉赐冠带。[2]

宣德四年五月,明廷升哈密差来都指挥使把台为都督佥事,副千户夹失为正千户,百户哈密火者伯颜秃、所镇抚卜他罕为副千户,命亦那失里袭为指挥佥事,阿马力火写因为所镇抚。[3]

宣德八年闰八月,哈密忠顺王卜答失里差都指挥同知兀马剌、亦撒、格来等朝贡。明廷命兀马剌为都督佥事,亦撒、格来俱为指挥佥事,赐之冠带。[4]

正统元年(1436)十一月,明廷升哈密忠顺王卜答失里等差来使臣所镇抚早丁,百户宰奴丁俱为副千户,仍赐敕谕遣还。[5]

正统十一年二月,明廷升哈密使臣副千户阿都剌为指挥佥事,伯火只为正千户,命指挥同知兀马儿火者子绰剌克袭职。[6]

天顺元年(1457)四月,明廷升授哈密等处使臣都指挥同知撒力为都指挥使,都指挥佥事把秃帖木儿为都指挥同知,马黑麻打剌罕等4人为指挥佥事,土麦秃哈申等3人为副千户,哈只等12人为百户,俱赐冠带。[7]同年八月,哈密忠顺王弟卜列革遣使阿都剌等来朝贡驼马及方物。九月,明遣使赍敕命卜列革袭兄忠顺王倒瓦答里失爵,同时升哈密使臣指挥使阿都剌为指挥佥事,指挥同知阿都剌为指挥使。[8]

〔1〕《明宣宗实录》卷27"宣德二年四月庚午"条;卷28"宣德二年五月丁酉"条;卷29"宣德二年七月乙未"条。

〔2〕《明宣宗实录》卷35"宣德三年正月戊戌"条。

〔3〕《明宣宗实录》卷54"宣德四年五月壬子"条。

〔4〕《明宣宗实录》卷105"宣德八年闰八月乙卯"条。

〔5〕《明英宗实录》卷24"正统元年十一月丙辰"条。

〔6〕《明英宗实录》卷138"正统十一年二月己亥"条。

〔7〕《明英宗实录》卷277"天顺元年四月庚子"条。

〔8〕《明英宗实录》卷282"天顺元年九月癸酉"条。

天顺四年三月,明廷升哈密使臣正千户火者忽思老为指挥佥事,授丁伯也即等3人为所镇抚。[1] 七月,又命哈密、阿速等处差来使臣都指挥同知等官阿哈麻等4人,俱升一级,赛剌阿卜丁等22人俱为所镇抚,故都指挥同知兀思答阿里子阿马丁,都指挥佥事阿剌乞己子撒哈丁等18人各袭父兄原职,为指挥佥事、千百户、镇抚等官。[2]

天顺五年五月,命哈密使臣牙安帖木儿、阿鲁巴俱袭父职指挥佥事,千户克俄加升为指挥佥事。[3]

天顺六年七月,命哈密等处使臣都指挥使木撒法儿,指挥佥事阿领沙,千百户、镇抚等官马哈麻撒剌迷等12人俱升一级,失迷儿必失等20人俱为镇抚。命哈密地面指挥使完者土干俺那颜、指挥佥事沙班子失马黑麻、马黑麻买土秃子陕西丁,俱袭职。[4]

天顺七年正月,命哈密使臣都指挥同知把帖木儿为右都督,副千户锁鲁滩为正千户,故指挥同知夫哈里弟阿力乩、指挥佥事阿哈麻子哈兰沙、脱脱子哈儿必失、副千户真帖木儿子昂克帖木儿、赛因台子完者帖木儿俱袭职。[5]

明廷对忠义王、忠顺王封爵的同时,对其进贡使臣或授职、升职、袭职,实际上是对哈密王室的褒奖和肯定。天顺年间使臣授职的频繁,与成化之后明廷对使臣授职的冷落形成对比,恰巧说明了这一时期哈密发挥了职掌西域朝贡的重要作用。

5.1.2 勤劳朝贡是使臣得到升职的重要原因

正统二年十二月,明廷"升哈密使臣指挥使把失忽里为指挥同知,指挥同知兀马儿火者为指挥使,指挥佥事格来为指挥同知,副千户倒剌火者为指挥佥事,以其远道朝贡勤劳故也"。[6] 天顺三年十二月,"升哈密指挥佥事苦出帖木儿为指挥同知,正千户阿都剌为指挥佥事,百户

〔1〕《明英宗实录》卷313"天顺四年三月甲辰"条。
〔2〕《明英宗实录》卷317"天顺四年七月丙戌"条。
〔3〕《明英宗实录》卷328"天顺五年五月己未"条。
〔4〕《明英宗实录》卷342"天顺六年七月乙未"条。
〔5〕《明英宗实录》卷348"天顺七年正月癸丑"条。
〔6〕《明英宗实录》卷37"正统二年十二月乙卯"条。

哈只为副千户,授失儿哈等六人俱为百户,以忠顺王卜列革奏其迎送朝廷使臣,有劳故也"。[1]

5.1.3 褒扬使臣卫护哈密王

正统五年九月,哈密忠顺王倒瓦答失里使臣撒蛮赤等奏:"彼处都督皮剌纳潜通胡寇猛哥卜花等谋杀忠顺王,倒瓦答失里弟兄撒蛮赤同弟哈失力、头目猛哥秃等奋力以卫之,杀其凶者,忠顺王始免于难。"行在礼部尚书胡濙等言:"其忠义可嘉,请褒宠以励将来。"明英宗命升撒蛮赤为都督同知,倍加赏赉遣之。[2]

5.1.4 哈密王奏请使臣授职,明廷以其尊事朝廷、传递夷情、累有劳勋为主要依据

景泰三年(1452)八月,哈密地面遣使臣捏列沙等来朝贡驼马及方物。哈密忠顺王倒瓦答失里奏:"乞升指挥捏列沙等职。"兵部议:"哈密世受国恩,不能恩授,乃阳为尊事朝廷,阴则交通北掳,漏泄事机,以拘边患。今虽服罪来朝,终是心怀谲诈,若又滥与升职,则是恩加有罪,赏出无功,宜不允所奏。待其有功而后升赏。"景泰帝从之。[3]

成化九年(1473)哈密被土鲁番侵吞,哈密失去统领西域诸国朝贡的地理优势。成化十五年五月,哈密使臣指挥使米列乞等5人入贡,援例求升职。兵部言:"哈密部落久失所据,若所求不与,阻归附心,直越常例许之,各升一级。"[4]但到了成化十六年,哈密卫右都督罕慎等遣使臣阿黑麻等来朝贡马驼。罕慎奏乞如忠顺王时例给赏。礼部覆奏:"哈密地方为土鲁番侵占,与忠顺王存日事体不同,递减其赏。其后屡请加赏,奉旨复加以绢。今前后七请,辞益恳切,殊不知忠顺王之在哈密,遥控诸番,以奠西夷,传报夷情,多有劳勋,此朝廷所以厚其赏也。今罕慎侨居苦峪,未能克复故境,宜止如递减及加赏绢例。"明宪宗从

---

〔1〕《明英宗实录》卷310"天顺三年十二月己巳"条。

〔2〕《明英宗实录》卷71"正统五年九月辛丑"条。

〔3〕《明英宗实录》卷219"景泰三年八月己丑"条。

〔4〕《明宪宗实录》卷190"成化十五年五月丙辰"条。

之。[1] 从中反映出明廷赏赐和授职哈密使臣的原因。

5.2 土鲁番使臣的授职

永乐四年(1406)五月,明成祖遣使前往别失八里,"并赐所过哈剌火州、土鲁番、柳陈三城王子哈散等彩币"。[2] 明与土鲁番建立联系。永乐六年,土鲁番城僧清来率其徒法泉等来朝贡方物。命清来为灌顶慈慧圆智普应国师,法泉等为土鲁番等城僧纲司官。[3] 明朝在土鲁番设立僧纲司,授其宗教上层人物为都纲等职、国师等称号,管理宗教事务。其后土鲁番朝贡使团中,有不少是土鲁番的僧人。永乐七年,土鲁番千户难帖木儿贡马,随后不断有使臣朝贡,土鲁番成为西域进贡诸国中一员。永乐十三年,吏部员外郎陈诚使西域归,土鲁番遣使随诚入贡,后遂授其酋长为都督、都指挥等官。[4] 宣德、正统年间来贡的土鲁番使臣大多愿归附明朝,明廷授其官职,予以安置。如土鲁番城千户他力麻敏何秃于宣德三年,都指挥佥事爱鬼着儿于宣德四年,爱鬼着儿所部舍人哈因虎里、土鲁番回回撒都、指挥佥事猛哥帖木儿于宣德五年,舍人卜烟川儿于宣德九年皆奏愿居京自效。回回僧海失都于宣德八年奏愿居甘州。土鲁番城都纲佛先、舍人南忽里于正统二年入附,分别安置在京寺院和锦衣卫。土鲁番地面回回所镇抚撒法儿于正统十一年来归,安置于南京锦衣卫。

安置入附使臣的原则是有官职的参照原有官职,无官职的则新授官职给予相应的待遇。经常朝贡的使臣一般根据条件或使臣请求,授予官职。至成化年间,一些土鲁番使臣被明政府授予都督佥事以下各级官职。除前述使臣外,还有:

永乐年间,土鲁番城人锁恪(亦作速哥)来朝,被明廷授予都督金

〔1〕《明宪宗实录》卷209"成化十六年十一月己亥"条。
〔2〕《明太宗实录》卷54"永乐四年五月戊戌"条。
〔3〕《明太宗实录》卷79"永乐六年五月辛酉"条。
〔4〕叶向高:《四夷考》卷4《土鲁番考》,《宝颜堂秘笈续集》本。

事,卒后,其子也苦著儿袭指挥金事。宣德二年,也苦著儿升为都指挥金事,赐诰敕。[1] 宣德三年,土鲁番城都督锁恪弟猛哥帖木儿来朝贡马,命为指挥金事。[2]

宣德五年五月,土鲁番城僧佛先朝贡,明廷嘉其躬来朝贡,命其嗣其故父法先之职为都纲。[3]

正统九年(1444)二月,明廷命土鲁番城使臣孛罗帖木儿为正千户。[4]

天顺四年(1460年)正月,明廷升土鲁番等处使臣都指挥同知木撒法儿为都指挥使,指挥使伯兰火只为都指挥金事,指挥金事虎秃不丁为指挥同知,正千户撒的为指挥金事,副千户哈只马黑麻、马黑木、困都蛮俱为正千户,百户阿力等3人为副千户,迷儿马哈麻等14人俱授所镇抚,故都指挥金事舍黑马哈麻子迷儿必失、指挥使失黑麻马哈麻子沙的儿火只等4人俱袭职。[5]

天顺六年六月,明廷命土鲁番使臣米列为指挥使,指挥金事马黑麻迭力迷失为指挥同知。[6] 七月,命土鲁番地面指挥同知舍黑马麻子把卜、把搭黑商指挥同知土速看子阿卜都剌、乩加思兰处指挥金事满剌子阿巴俱袭职。[7]

天顺七年正月,命土鲁番等处使臣百户满剌马哈麻为副千户,所镇抚亦不剌忻为百户,授法虎儿丁等5人俱为所镇抚。[8] 八月,命土鲁番等处差来指挥使鬼力赤,指挥金事阿马力沙力免力俱升一级,那速儿丁等17人俱为所镇抚,故都指挥同知兀思塔阿里俺撒因阿力火只、都指挥金事法黑儿者罕俺秃买秃马哈麻赤儿米即、指挥金事奴儿丁弟马

---

[1]《明宣宗实录》卷28"宣德二年五月丁酉"条;卷29"宣德二年七月乙未"条。

[2]《明宣宗实录》卷49"宣德三年十二月甲午"条。

[3]《明宣宗实录》卷66"宣德五年五月壬寅、戊申"条。

[4]《明英宗实录》卷113"正统九年二月戊申"条。

[5]《明英宗实录》卷311"天顺四年正月壬寅"条。

[6]《明英宗实录》卷341"天顺六年六月丙寅"条。

[7]《明英宗实录》卷342"天顺六年七月乙未"条。

[8]《明英宗实录》卷348"天顺七年正月辛亥"条。

麻答力满剌亦麻的子陕西丁俱袭职。[1]

　　成化九年(1473)四月,土鲁番速檀阿力侵哈密卫,掳其城。明廷认为,哈密乃朝廷所封,世为藩属,非他夷可比。土鲁番虽来朝贡,终系远夷,不能统属赤斤蒙古等卫。[2] 遂遣人赍敕往谕速檀阿力,令其退还哈密城池,速归本土。成化十八年,明收复哈密。其后,土鲁番使臣朝贡,明予给赐。成化二十三年十一月,土鲁番兀也思王为其使臣火者马哈麻等13人奏乞职事。兵部言:"各夷原无授职敕书,又无捷报劳绩,但今甘肃方有警,请于常格赏赐。外少加彩币以慰其意。"新任皇帝明孝宗从之。[3] 但其后明廷给土鲁番使臣授职很少,其原因一是明廷仍视哈密为西域诸国朝贡之首,对土鲁番量减其赏;二是其后土鲁番使臣可能很少乞求职事,再加上土鲁番其后有两次侵占哈密,不尊事明廷,损害了明朝的国家利益。其实,在哈密残破、土鲁番兴起之时,明朝对土鲁番不予支持是有原因的。诚如嘉靖年间翰林院学士霍韬在《哈密疏》所言:"土鲁番酋志吞哈密,并为一国,遂霸西戎,且连北狄。尔时若假之封爵,是虎而借之翼也。"[4]

5.3　别失八里(亦力把里)及其以西
地面使臣的授职

　　"别失八里,西域大国也。南接于阗,北连瓦剌,西抵撒马儿罕,东抵火州,东南距嘉峪关三千七百里。"[5]明与别失八里建立关系与洪武二十四年(1391)七月别失八里王黑的儿火者遣其千户哈马力丁、百户斡鲁撒等来朝有关。明太祖诏赐其王彩缎10表里,哈马力丁2表里,银100两,斡鲁撒等2表里,银10两,钞10锭。从者各银5两,钞5锭。

---

〔1〕《明英宗实录》卷356"天顺七年八月戊戌"条。

〔2〕《明宪宗实录》卷115"成化九年四月丙寅、丙戌"条。

〔3〕《明孝宗实录》卷7"成化二十三年十一月甲子"条。

〔4〕霍韬:《霍文敏公文集》二《哈密疏》,陈子龙《皇明经世文编》卷186。引自陈高华:《明代哈密吐鲁番资料汇编》,新疆人民出版社1984年,第365页。

〔5〕张廷玉等:《明史》卷332《列传第二百二十·西域四》,中华书局1974年,第8606页。

· 欧 · 亚 · 历 · 史 · 文 · 化 · 文 · 库 ·

其缘由在于先是明军征捕鱼儿海,得撒马儿罕商人数百,命鞑靼王子剌剌等送还本国。归至别失八里之地,黑的儿火者遂遣使随剌剌来贡。[1]

为对付北方蒙古势力,明廷对别失八里及其以西诸国是比较友好的,永乐十一年(1413),明太宗敕甘肃总兵官丰城侯李彬曰:"别失八里王马哈麻敬事朝廷,遣使来贡。如至,可善待之,其市易者听其便。盖远人慕义而来,当加厚抚纳,庶见朝廷怀柔之意。"[2]

永乐十六年二月,别失八里头目速哥、克剌免剌等来朝贡方物,具言其王纳黑失只罕为从弟歪思弑之而自立,徙其国西去,更号亦力把里王。明廷命速哥为右军都督佥事,克剌满剌(克剌免剌)为指挥佥事,赐诰命官服、金带、彩币。[3]

宣德二年(1427)七月,明廷命歪思王遣来正使马黑麻迭力迷失为指挥佥事,副使马黑麻乩纳速儿剌为正千户,乞儿麻地使臣火者忽里老为正千户,肉迷地面使臣哈只阿黑蛮为副千户,俱赐诰命给冠带。[4]八月,又命亦里把里等处使臣满剌马黑麻、阿昔儿丁、陕西丁为副千户,满剌马黑麻为所镇抚,皆赐冠带。[5]

宣德三年(1428)正月,明廷命亦力把里遣来使臣法黑儿者罕为都指挥佥事,别帖木儿为指挥佥事,瓦剌使者把把的为都指挥佥事,哈只儿火郎吉为指挥佥事,哈密遣来使臣满剌亦蛮、舍黑马黑麻为指挥佥事,其下授官有差,悉赐冠带。[6]

正统十年(1445)三月,明廷命亦力把里使臣马黑麻为副千户,速来蛮为百户,嘉其奉使来朝也。[7]九月,又"命亦力把里使臣捏者舌为副千户,失哈里赛夫丁为百户,牙忽哈只为所镇抚,俱以往来朝贡能效

---

[1]《明太祖实录》卷210"洪武二十四年七月癸丑"条。

[2]《明太宗实录》卷141"永乐十一年七月丙午"条。

[3]《明太宗实录》卷197"永乐十六年二月庚戌"条。

[4]《明宣宗实录》卷29"宣德二年七月己亥"条。

[5]《明宣宗实录》卷30"宣德二年八月壬戌"条。

[6]《明宣宗实录》卷35"宣德三年正月戊戌"条。

[7]《明英宗实录》卷127"正统十年三月庚子"条。

劳勤也"。[1]

正统十一年六月,明廷命亦力把里使臣木儿马黑蛮哈撒俱为百户。[2]

正统十三年五月,明廷命亦力把里地面使臣撒亦剌夫丁为副千户,舍儿马哈麻忽鲁都、哈麻迷失儿马哈麻为所镇抚。[3]

天顺五年(1461)四月,明廷命亦力把力等处地方使臣虎歹乩儿的袭父指挥同知,升指挥同知虎都帖木儿为指挥使、指挥佥事哈马里丁为指挥同知。[4]

从永乐十六年至天顺五年这43年间,明朝虽然不断授予亦力把里使臣官职,但授予的级别逐渐降低。一定程度上反映了双方关系逐渐疏远。至于亦力把里以西帖木儿王朝诸地面,因其路途较远,又是西域大国,明廷的授职相对较高,只是数量较少。主要有:

宣德八年二月,以肉迷副千户哈只阿黑蛮导哈烈等处使臣来朝,明廷升其为指挥佥事,赐诰命。[5]

正统四年八月,失剌思所遣使臣都指挥佥事阿力乞恩进秩,明英宗诏以为都指挥同知。[6]

正统九年二月,明廷命戎地面正使沙力免力为正千户、副使舍黑马黑麻为副千户。[7]

正统十三年六月,明廷命撒马儿罕地面使臣舍黑马黑麻秃买秃等3人为副千户、乃只木丁等5人为百户。[8]

天顺七年二月,明廷命黑娄等处使臣指挥佥事马黑麻舍班为指挥同知、纳麻都剌等7人俱为所镇抚。[9]

---

〔1〕《明英宗实录》卷133"正统十年九月甲午"条。
〔2〕《明英宗实录》卷142"正统十一年六月癸丑"条。
〔3〕《明英宗实录》卷166"正统十三年五月乙巳"条。
〔4〕《明英宗实录》卷327"天顺五年四月丁酉"条。
〔5〕《明宣宗实录》卷99"宣德八年二月癸丑"条。
〔6〕《明英宗实录》卷58"正统四年八月戊子"条。
〔7〕《明英宗实录》卷113"正统九年二月戊申"条。
〔8〕《明英宗实录》卷167"正统十三年六月癸酉"条。
〔9〕《明英宗实录》卷349"天顺七年二月戊子"条。

成化二十年(1484)九月,明廷升撒马儿罕都督金事怕六湾·马哈麻为都督同知、指挥金事哈只儿辛等4人俱指挥同知。[1]

大体上,亦力把里及其以西西域诸国,因其路途较远,天顺以后,明朝不再派官方使臣出使其地。成化以后,土鲁番实际控制西域贡路,撒马儿罕等地多依附于土鲁番入贡,明朝对土鲁番及其以西地区实际上已经不能达到通过通贡形式实行政治上羁縻的目的。使臣热心于明廷的授职既在于这种授职能在经济上给他们带来好处,也在于使臣愿意并能够经常往来。明朝规定的三年、五年贡期,给赐又越来越薄,授职对贡使的吸引力越来越小。除非归附明朝,明廷是否授职,对使臣来说已不太重要了。

5.4 明代西域使臣授职的有关制度

自永乐年间明设哈密卫之后,直至成化年间,明廷累累给西域使臣授以官职。成化、弘治、嘉靖年间,哈密累被土鲁番残破,哈密、土鲁番及其以西西域诸国使臣虽朝贡不断,但使臣得到明廷的授职很少。就使臣授职而言,明廷非常重视,一般不轻易授职。例如,永乐二十二年十月,忽石门指挥沙笼加率头目亦失哈等来朝,乞授亦失哈本卫指挥。明仁宗说:"今一来朝遂授指挥,有先帝时累累来朝,今尚为千、百户者,其必不安矣!彼既不安,汝得此职,岂能自安!但永建忠诚,不患无官职也。"遂赐沙笼加及亦失哈等钞币有差,命礼部厚待之,遣还。对此,明仁宗对礼部尚书吕震曰:"祖宗官职当为祖宗惜之。"震对曰:"外夷人授之官而非俸禄之费,似亦可与。"仁宗曰:"先帝所授外夷人官,亦非有俸禄,何谓不轻授哉!吾授官职以宠此徒而又自轻之,可乎?且得一人而失众人亦不可也。"[2]《明会典》没有专门记载使臣授职的详细规定,相关规定较为零散,归纳之,大体有以下几方面。

---

〔1〕《明宪宗实录》卷256"成化二十年九月庚子"条。
〔2〕《明仁宗实录》卷3下"永乐二十二年十月丙辰"条。

5.4.1 使臣升职、袭职制度

明廷授予西域使臣的官职多为武职。武官职级晋升序列,大体是:"军人有功,升一级,至小旗。舍人升一级至冠带小旗。万历年间舍人止升小旗,小旗升一级,至总旗。冠带小旗升一级至冠带总旗。总旗升一级至试百户。冠带总旗升一级至实授百户。万历年间冠带总旗止升试百户。试所镇抚升一级至实授所镇抚,实授所镇抚升一级至实授百户,实授百户升副千户,副千户升正千户,正千户升指挥佥事,佥事升指挥同知,同知升指挥使。该升都指挥、都督者,类推而行。"[1]

夷人授官既有等差区别,还有冠带有无区别。一般情况下,使臣授职,悉赐冠带。但冠带作为身份标志,是"朝廷名器",不能不分可否,一概给赐。[2] 授职、袭职的使臣中,明廷也有不与冠带者。例如,成化八年六月,哈密故右都督把塔木儿子罕慎、都指挥使阿都剌子舍剌甫丁、都指挥佥事鬼力赤子你饹俱乞袭其父职,并求冠带。明宪宗下旨是:"允其袭职,而不与冠带。"[3]

至于升职年限,《明实录》没有明确记载,使臣升职的年例有一些,如哈密使臣捏伯沙正统九年十二月被授为百户,正统十一年十月,经忠顺王倒瓦答失里奏请,捏伯沙升为指挥佥事。升职时间不到 2 年。正统十年八月哈密卫故都督佥事脱脱不花子撒力袭为都指挥同知。天顺元年四月,作为哈密使臣的都指挥同知撒力升为都指挥使。[4] 升职时间为 12 年。使臣升职似乎没有时间要求,但《明会典》载:"凡夷人奏系二十五年之上,例应升级者,会同译审明白,行巡抚衙门勘结,授职二十五年之内,果无犯边情弊,年数相应,连人咨报。有碍者,径自阻回。"[5] 如此,外夷升职时间最长不超过 25 年。

勤劳朝贡、尊事明廷是使臣授职的主要理由。但使臣要想早点升

---

〔1〕〔明〕申时行等修:《明会典》卷 123《兵部六》,中华书局 1989 年,第 633 页。

〔2〕〔明〕俞汝楫编:《礼部志稿》卷 90《朝贡备考》,引自《景印文渊阁四库全书》史部,第 598 册,第 300 页。

〔3〕《明宪宗实录》卷 105"成化八年六月乙亥"条。

〔4〕《明英宗实录》卷 132,第 2 页;《明英宗实录》卷 277,第 3 页。

〔5〕〔明〕申时行等修:《明会典》卷 121《兵部四》,中华书局 1989 年,第 626 页。

职,该使臣所代表的国王的奏请报告非常重要。哈密使臣的授职或提前晋升与哈密忠顺王的请求有关。此外,使臣本人的请求也很重要。保存到现在的《回回馆来文》、《高昌馆课》还有一些使臣的求职报告,例如:

《回回馆来文》第 6 篇:哈密卫使臣满剌哈三上位前奏:"奴婢原是都督金事职事,今蒙圣恩,升奴婢都督职事,有例该更敕换名,乞照旧例便益。"[1]

《高昌馆课》第 41 篇:土鲁番地面满剌马哈麻叩头奏:"奴婢是速坛阿力王的使臣,往来进贡年久加升千户(samku)职事有,我王说,今差你每去进贡文书,仰望大明皇帝好名声,地方安稳,得了哈密城池、印信。照例进贡。因此专差奴婢赴京叩头,乞望重重赏赐。奏得圣旨知道。"[2]

《高昌馆课》第 80 篇:火州地面千户亦思马因叩头奏:"奴婢是安定卫所管的头目,在边效力年久,未蒙升赏。羊儿年土鲁番抢掠,也曾效力。仰望天皇帝怜悯照例加升都指挥(duwqekuy)职事。奴婢在边好用心补报,今为此奏得圣旨知道。"[3]

《高昌馆课》第 83 篇:大明皇帝洪福前也先卜花王奏:"奴婢累世蒙朝廷厚恩重赏,至今进贡不缺。奴婢长男火只雅牙在边曾有功劳未蒙升赏。伏望万岁主人怜悯照例升授都督(tuwtu)职事,使奴婢每好在边方效力,为此奏得圣旨知道。"[4]

《高昌馆课》第 89 篇:皇帝洪福前,罕东左卫都督只克奏:"奴婢每在边外地方出气力,有千户阿儿乞纳在地方有紧事,差他领人马提防,他多有功劳。因此今奴婢保升他职事。望朝廷怎生怜悯,升与他职事,

---

〔1〕胡振华、胡军编:《回回馆译语》,中央民族大学东干学研究所 2005 年重印本,第 102 页。

〔2〕胡振华、黄润华:明代文献《高昌馆课》(拉丁文字母译注),新疆人民出版社 1981 年,第 76 页。

〔3〕胡振华、黄润华:明代文献《高昌馆课》(拉丁文字母译注),新疆人民出版社 1981 年,第 154 页。

〔4〕胡振华、黄润华:明代文献《高昌馆课》(拉丁文字母译注),新疆人民出版社 1981 年,第 160 页。

使后人好出气力,怎生恩赐,圣旨知道。"[1]

使臣授职为武职,明朝兵部对其授职亦根据军功。兵部会同礼部讨论是否给使臣授职时,考虑的理由也是使臣是否有功。景泰三年(1452)八月,亦力把里等地面遣使臣来朝贡方物。闰八月丙寅,兵部奏:"亦力把里虽处遐方,恪守臣节,往年不随也先犯边,今复遣使来朝,忠诚可嘉。其使臣舍哈三等,乞授官职,宜不限常例,允其所请。"诏俱授为副千户。[2] 不犯明朝,恪守臣节,遣使来朝成为使臣授职的重要缘由。

使臣袭职需明廷重新任命。明廷要查验先年授职敕谕,是否是相应承袭子孙,并令本族夷人自相保勘,取具承袭的名具由奏缴,换给诰敕,方准令袭职。《明会典》规定:凡哈密等处使臣求袭父职者,查有原降诰敕,照例袭替换给,其余外夷乞讨官封,俱临时奏请定夺。[3] 此与来降夷人的袭职大体相似。来降夷人的袭职"有职事者,与原旧职事,子孙准袭。无职事者,量与做头目,子孙袭替之日收军。后能立军功升职者,照军人获功例准袭。其不由军功别项升者,子孙袭替革,与头目差操"。[4]

5.4.2 使臣授职赐予诰敕制度

使臣授职为武职,给授诰敕按武官要求执行。根据《明会典》,按洪武中职掌所定,一品至五品官曰诰命,六品以下曰敕命。见授职事与流世相同。[5] 在土鲁番侵吞哈密之前,西域使臣所授官职的诰敕是得到正常赐予的。如,宣德二年哈密忠顺王弟北斗奴四月来贡,五月明封其为都督佥事,七月便赐诰敕。[6] 两个月内明廷便给了敕书。

〔1〕胡振华、黄润华:明代文献《高昌馆课》(拉丁文字母译注),新疆人民出版社1981年,第171页。

〔2〕《明英宗实录》卷221"景泰三年八月甲戌"条。

〔3〕〔明〕申时行等修:《明会典》卷121《兵部四》,中华书局1989年,第626页。

〔4〕〔明〕申时行等修:《明会典》卷121《兵部四》,中华书局1989年,第626页。

〔5〕〔明〕申时行等修:《明会典》卷122《兵部五》,中华书局1989年,第629页。

〔6〕《明宣宗实录》卷28"宣德二年四月庚午"条、"宣德二年五月丁酉"条、"宣德二年七月乙未"条。

对夷人敕书,《明会典》记载:"成化十四年革夷人袭升总敕,另给分敕。嘉靖年间,夷人奏有总敕,要行分给袭替者。行巡抚衙门查明咨报,照例奏请分给。各夷有奏称原授敕书被抢及遭水火等项无存者。若系成化年间招抚之数,译审查对明白,仍行巡抚衙门,查勘无碍,咨结前来,议拟上请。不系招抚之数、毋得一概混同奏扰。凡夷人并缴敕书,如无抢冒洗改情弊,行该边巡抚衙门勘审咨报,覆行辩验明白,不拘所缴多寡俱于原授职事上量升一级。若不系同卫、同族及尊幼未曾绝嗣、恃强抢夺改洗、希图升职者,止与原授职事。其并缴敕书,译令赍带回寨,交还本夷收领。嘉靖十二年又规定:凡来贡夷人赍有年远旧敕、例应换给者,巡抚译验真正,明白开写何等旧敕,连人咨部查议定夺。"[1]

至于授职敕书内容,《明实录》对此反映不全,可以参考的是,正德戊寅仲冬庚寅,明武宗给泰宁卫满蛮的敕谕:"国家重武职,非有军功者不轻升授,尔能敬顺天道,尊事朝廷,效劳边境,亦已有年。兹因恳乞升职,特允所请,不为常例。授尔都指挥同知之职,尔宜益坚臣节,图报国恩,庶永享太平之福。故谕。"[2]西域使臣授职的敕书大概与此相似。

明廷授予哈密的诰敕曾有一次清理。嘉靖八年前后,提督陕西三边军务兵部尚书王琼力主兴复哈密,请抚驭散亡属番以安边境,查得哈密卫情况是:"忠顺王名速坛拜牙即,正德八年投顺土鲁番,至今无人承袭。本卫都指挥四员:一员奄克[孛剌],掌印,正德八年投肃州东关寄住。奄克故,其长子袭,亦故。弟乩告孛剌袭,见存。一员[写亦]虎仙,正德十六年死于刑部狱中。长男马黑麻,嘉靖二年甘州处决,无嗣。一员满剌哈三,故绝。一员失拜烟答,死于肃州,其妻见住甘州北关。长男马黑麻,嘉靖三年西安府处决,次男马黑木,见在哈密,未袭。所管畏兀儿一种,已袭职普觉净修国师一员,都指挥、指挥使、指挥同知、指

〔1〕〔明〕申时行等修:《明会典》卷121《兵部四》,中华书局1989年,第626-627页。
〔2〕薄音湖、王雄点校:《明代蒙古汉籍史料汇编》第二辑,内蒙古大学出版社2000年,第383页。本书蒙薄音湖先生赠,谨致谢忱。

挥佥事、所镇抚共七员,各验有授职敕书。未袭职正千户一员,原授职
敕书被贼抢去。都指挥、指挥使、千百户、镇抚九员,僧纲司都司二员,
各授职敕书收贮。前项哈密卫所管畏兀儿一种,部下男妇共三百七十
名口。又有哈剌灰一种,已袭职指挥同知一员,验有授职敕书。未袭职
指挥同知、指挥佥事、千户、镇抚共十三员,各原授职敕书收贮。前项哈
密卫所管哈剌灰一种,部下男妇共五百一十名口。及审据各夷供称,见
在哈密卫未袭镇抚等官二十四员,职名未能尽记,请令听其承袭。"[1]
兵部尚书胡世宁议谓:"哈密等卫属夷未曾袭职者,查验先年受职敕
谕,如果真正及的亲,相应承袭子孙,别无违碍。责令本族夷人自相保
勘,取具承袭的名具由奏缴,换给诰敕,准令袭职。且免其起送赴京。
新敕赍给收领,就将旧敕照例拘收到官,两相交付。差官进缴,通候年
终,会官烧毁。至于米儿马黑木兄原以叛逆受罪,其身家见附土鲁番服
属,合无待候哈密兴复,而彼仍属本国,然后听袭,亦未为晚。"明世宗
从之。[2] 此后哈密在被土鲁番并吞之前与明朝一直维持朝贡关系。

5.4.3 授职使臣待遇

使臣的授职与使臣的给赐有着密切联系,明廷规定:"凡诸番四夷
朝贡人员及公侯官员人等一切给赐,如往年有例者,止照其例。无例
者,斟酌高下等第,题请定夺。然后礼部官具本奉闻,关领给赐。"[3]申
时行等重修《明会典》认为此规定是洪武二十六年所定。永乐十九年
正月,礼部尚书吕震上蛮夷来朝赏例:"三品、四品,人钞百五十锭,锦
一段,纻丝三表里。五品,钞百二十锭,纻丝三表里。六品、七品,钞九
十锭,纻丝二表里。八品、九品,钞八十锭,纻丝一表里。未入流,钞六
十锭,纻丝一表里。"太宗认为:"朝廷驭四夷,当怀之以恩,今后朝贡
者,悉以品给赐赍,虽加厚,不为过也。"[4]明廷按使臣等第高下予以给

---

〔1〕〔明〕严从简:《殊域周咨录》卷12《哈密》,余思黎点校,中华书局1993年,第427页。

〔2〕〔明〕严从简:《殊域周咨录》卷12《哈密》,余思黎点校,中华书局1993年,第427－428
页。

〔3〕〔明〕申时行等修:《明会典》卷111《礼部六十九》,中华书局1989年,第592页。

〔4〕《明太宗实录》卷233"永乐十九年正月丙子"条。

赐,据《明会典》,哈密进贡到京使臣分五等:一等彩缎5表里、绢4匹;二等4表里、绢3匹;三等3表里、绢2匹;四等2表里、绢1匹、布1匹;五等1表里、绢1匹。俱纻丝衣1套。靴袜各1双。存留甘州男女人等,有进贡者,照五等例赏;无者,每人绢布各1匹。奏事到京使臣,不分等第,每人彩缎2表里、绢1匹、纻丝衣1套、靴袜各1双。成化十二年奏准,寄住苦峪城使臣赏例仍分五等。比前表里绢各减其一。不与衣服靴袜。存留甘州有进贡者,照前五等例。无者,与绢1匹。嘉靖四十三年,到京正使从人名色,照四等例赏。隆庆五年,照五等例赏。寄住甘州有进贡者,俱与彩缎1表里,不与衣服靴袜。[1] 这种等级区分大体与使臣官职高低相一致。例如,弘治四年(1491)三月,升授迤北并瓦剌贡使官职有差:一等正使者授指挥使,副使授指挥同知;二等者授副千户;三等者授百户,各给冠带,其原职者各升一级。[2]

使臣等级与其官职高低相对应,享受的待遇还可参照《明会典》记载的下列两例:(1)朵颜、福余、泰宁三卫,差来并自来都督赏彩缎4表里、绢2匹,都指挥彩缎3表里、绢2匹,指挥千百户所镇抚头目,每人彩缎2表里、绢1匹。各织金纻丝衣1套。又各加彩缎1表里。舍人,每人彩缎2表里、绢1匹、织金衣1套。[3] (2)罕东赤斤蒙古,永乐二年,赏赐差来都指挥、指挥彩缎3表里、织金纻丝衣1套、靴袜各1双。千百户、镇抚彩缎2表里。舍人1表里。俱与素纻丝衣1套、靴袜各1双。存留甘州男妇,有进贡者彩缎1表里、生绢1匹。无者、生绢1匹、布1匹。[4]

对进贡使臣的生活待遇,明廷的管待是量其来人重轻,礼部主客部官一员或主席或分左右,随其高下序坐。[5] 甚至进贡使臣若去世,其享受的葬礼也与其官职大小有关。例如,正统六年,迤北使臣都督阿都赤卒于会同馆。明英宗命礼部比汉官都督例行丧礼,赐文祭之。又命

---

〔1〕〔明〕申时行等修:《明会典》卷112《礼部七十》,中华书局1989年,第595页。
〔2〕《明孝宗实录》卷49"弘治四年三月丁亥"条。
〔3〕〔明〕申时行等修:《明会典》卷110《礼部六十九》,中华书局1989年,第594页。
〔4〕〔明〕申时行等修:《明会典》卷112《礼部七十》,中华书局1989年,第595页。
〔5〕〔明〕申时行等修:《明会典》卷109《礼部六十七》,中华书局1989年,第587页。

有司具棺敛葬。阿都赤附葬于崇文门外其先世墓旁。[1]

5.5 明代西域使臣授职制度的历史意义

明廷对西域来华使臣的授职制度可以视为明政府用以维护朝贡贸易体制的一部分。据《明史·职官志》,礼部主客分掌诸蕃朝贡接待给赐之事。各国使人往来,有诰敕则验诰敕,有勘籍则验勘籍,毋令阑入。土官朝贡,亦验勘籍。其返,则以镂金敕谕行之,必与铜符相比。[2] 西域使臣授职所给的诰敕是其入关进贡的凭证之一。明时东南亚各国进贡要验勘合,西域使臣进贡入关要验表文或诰敕等凭证。明廷对多次入关进贡的西域使臣晋职,既是对使臣来华入贡的嘉奖,也是维护朝贡贸易的需要。

对西域使臣而言,使臣获职可以得到经济上、生活上更好的待遇,因而也会热心于获得更高的官职。哈密使臣在这方面表现尤为明显,使臣本人若申请升职得不到批准,便求助于哈密王,明廷因此也会同意,但这是以哈密自身的政治地位即统领西域诸国朝贡能够得到保证为前提的。哈密使臣经济上得到比其他西域国家更多的赏赐,政治上也比西域其他国家得到更高的待遇,充分体现了哈密在西域诸国的领导地位。这种地位是明廷赋予并极力予以维持的。土鲁番的兴起打破了哈密的这种地位,历史上土鲁番也是中原进入西域的重要门户,一旦兴起后似乎可以取代地小人少的哈密,但这不符合永乐皇帝以来明朝在西域的策略。哈密不仅是西域诸族与明廷通贡的要道,也是北方瓦剌与西域诸族及中原地区贸易的中继站和奴隶买卖的转运站,是明廷和东西蒙古封建主争夺的要地。[3] 因此弃哈密并不符合明朝当时的国家利益。不过,土鲁番回夷在明人眼里却是"性极狂狡"[4]、"诚伪

---

〔1〕《明英宗实录》卷86"正统六年闰十一月戊寅"条。
〔2〕张廷玉等:《明史》卷72《志第四十八·职官一》,中华书局1974年,第1749页。
〔3〕杜荣坤、白翠琴:《西蒙古史研究》,广西师范大学出版社2008年,第172页。
〔4〕万表辑:《皇明经济文录》卷40,转引自陈高华:《明代哈密吐鲁番资料汇编》,新疆人民出版社1984年,第470页。

不可知"[1]。明朝与其通贡缺少政治上的信任,但也不能由此绝贡土鲁番。诚如嘉靖五年兵部尚书杨一清说:"盖土鲁番于我中国,所利甚多,若终于拒绝,不予通贡,则失所以为生,彼亦不能帖然安静,必将时复遣兵骚扰边疆,我边疆亦无宁时也。"[2]哈密政治地位的下降和土鲁番的不可信使得明朝中后期对西域使臣授职较少,使臣授职的政治意义也难以体现。弘治、正德、嘉靖以至万历年间,土鲁番不断朝贡,其使臣很难具有以往哈密使臣所享受的政治地位。15世纪后期至16世纪是东西方贸易的重要转折时期,丝绸之路东段的明朝和土鲁番基于在政治上的不信任却维持着传统的朝贡贸易关系,受此影响,双方贸易的数量、规模难以拓展。虽然国力盛衰是影响双方贸易关系最重要的因素,但是政治上是否互信也是影响贸易关系发展的重要因素。

---

〔1〕〔明〕李承勋:《论土鲁番入贡事》,转引自陈高华:《明代哈密吐鲁番资料汇编》,新疆人民出版社1984年,第465页。

〔2〕〔明〕杨一清:《杨一清集》卷17《提督类》,中华书局2001年,第651页。

6 明代西北丝绸之路上的
"打剌罕"

　　《明实录》中记载了不少来往于西北丝绸之路上的西域来华使臣的名字,其中"打剌罕"或"答剌罕"这一称号较多,了解其词意,分析其类型和来源,能从一个侧面反映西域来华使臣的实际身份及其在朝贡贸易中发挥的作用。

6.1 "打剌罕"词意

　　明代打剌罕即元时答剌罕。关于答剌罕,韩儒林先生曾先后撰有《蒙古答剌罕考》(1940年)、《蒙古答剌罕考增补》(1941年)两文对此作专门论述。根据韩先生的研究,答剌罕乃漠北历史悠久之官号,始见于蠕蠕,曰塔寒。突厥语作 targan,唐代音译为达干,是"专统兵马事"的武职官号。蒙古语作 dargan,元代音译为答剌罕。明清两代又有打剌罕、打儿汉、达儿汉等异译,译音无正字,随时而异。成吉思汗对其本人或其儿子有救命之恩的人,授以答剌罕称号。答剌罕一词有"得自由"、"自在"之意。元朝的答剌罕享有多种特权:宴饮乐节如宗王仪;允许宿卫佩带箭筒;围猎时猎获的野物自己独有;出征时抢劫的财物自己独有;九罪弗罚;免除赋税;勿经许诺,随时可入宫禁;自由选择牧地。成吉思汗以后,皇帝生命之危险甚少,答剌罕亦因之变为酬功之空号。[1] 蒙古答剌罕封号也有世袭的。据陶宗仪《南村辍耕录》卷1:"答剌罕,译言一国之长,得自由之意。非勋戚不与焉。太祖龙飞日,

---

　　〔1〕韩儒林:《蒙古答剌罕考》,收入南京大学元史室编《韩儒林文集》,江苏古籍出版社1985年,第28-39页。

朝廷草创,官制简古,惟左右万户,次及千户而已。丞相顺德忠献王哈剌哈孙之曾祖启昔礼,以英材见遇,擢任千户,锡号答剌罕。至元壬申,世祖录勋臣后,拜王宿卫官袭号答剌罕。"[1]

对明代答剌罕,韩先生援引明代王士琦(1551—1618 年)所著《三云筹俎考》卷 2《封贡考》所附《夷语解说》"打儿汉":"凡部夷因本管台吉阵前失马,扶救得生,或将台吉阵中救出者,加升此名。如因救台吉自身阵亡,所遗亲子或孙,酬升此名。亦有各色匠役,手艺精能,造作奇异器具,升为此名。"[2]由此,韩先生认为:"明代鞑靼授予答剌罕之制,仍与元代类似,即所以报部下救台吉性命之恩也,惟不识所享特权仍与元代否。"[3]韩先生的疑问是有道理的,明时打剌罕远不如元时答剌罕之地位,但作为一种遗习仍在使用,其含义差异较大。

近年,刘戈先生作《释塔姆嘎与答剌罕》一文,其中对回鹘契约中的一个专有名词"答剌罕(tarxan)"作了专门的考析,认为,tarxan 一词也见于突厥《暾欲谷碑》,耿世民先生作"taran,达干(官职)",李经纬先生作 tarhan,汉译为"达干",该词的转写又作 tarqan、tarkhan 等。刘戈先生援引韩儒林先生研究成果后指出:回鹘文契约中有不少人名含有官号之类的成分,如 tutung(都统)、sultan(苏丹)、sangun(将军)等。但从契约的内容来看,此类称号往往与人物的实际身份不相符,说明它应该只是名字中的一部分。契约人名中的 tarxan 也应当是这种情况。[4] 因此,人名含有答剌罕官号,未必符合实际身份。

6.2 "打剌罕"的类型

笔者在研究明与中亚帖木儿王朝关系史的过程中,发现来往于西

〔1〕陶宗仪:《南村辍耕录》,中华书局 1959 年版,第 18 页。

〔2〕薄音湖、王雄编辑点校:《明代蒙古汉籍史料汇编》第二辑,内蒙古大学出版社 2000 年,426 页。

〔3〕韩儒林:《蒙古答剌罕考》,收入南京大学元史室编《韩儒林文集》,江苏古籍出版社 1985 年,第 32 页。

〔4〕刘戈:《释塔姆嘎与答剌罕》,载《陕西师范大学学报》(哲学社会科学版),2003 年第 3 期。

北丝绸之路上的西域来华使臣,不少人的名字有"打剌罕"这一头衔,大致可分两种类型,一是置于名字后,一是置于名字前。

6.2.1 打(答)剌罕置于名字后

(1)永乐十一年(1413)五月,撒马儿罕等地面回回火者丁·答剌罕等150人贡方物。[1]

(2)永乐十三年三月,撒马儿罕所部失里湾回回者马力丁·打剌罕等来朝贡马。[2]

(3)永乐十五年三月,别失八里王纳黑失赤罕遣使哈即·哈(答)剌罕等贡方物。[3]

(4)天顺五年(1461)正月,八答黑商地面马哈麻王遣使臣迷儿土蛮、哈只·答剌罕等来朝贡马及方物。[4]

打(答)剌罕置于名字后可能有两种情况:(1)该使臣出身于答剌罕家族或部族。(2)该使臣祖上接受过答剌罕的册封,后代因袭此称号。后者是根据蒙元时代的情况作出的合理推测,尚缺明确的资料,这里主要讨论前者。

中亚帖木儿王朝的建立者帖木儿在他的法典中,列举了臣服其政府的部落:巴鲁剌思、答剌罕、阿尔浑、札剌亦儿、图勒黑赤、都勒迭、蒙兀儿、速勒都思、秃海、钦察、阿鲁剌惕和鞑靼等。这些名称有几个包含着种族特征,其他几个只表示爵秩和家系。[5] 其中,"答剌罕"表示爵秩和家系。蒙元时代的蒙古人在中亚经历一段时间后,逐渐伊斯兰化,受此影响,其人名的命名也受阿拉伯人的命名影响,但没有完全接受它。阿拉伯人名通常都由多节组成,比较长。其排列顺序一般是:第一节为本人名,第二节为父名,第三节为祖父名,第四节以上为家族、部

---

〔1〕《明太宗实录》卷140"永乐十一年五月壬寅"条。《明实录》中"打剌罕"与"答剌罕"混用,但以"打剌罕"用法为多,本章以"打剌罕"为主,杂以"答剌罕"等。

〔2〕《明太宗实录》卷162"永乐十三年三月甲寅"条。

〔3〕《明太宗实录》卷186"永乐十五年三月乙未"条。

〔4〕《明英宗实录》卷324"天顺五年正月戊申"条。

〔5〕米儿咱·马黑麻·海答儿:《中亚蒙兀儿史——拉失德史》,第一编,新疆社会科学院民族研究所译,王治来校注,新疆人民出版社1983年,第229页注2。

落、出生地、职业等名称。帖木儿王朝王公的名字也是比较长的,比如,《中亚蒙兀儿史——拉失德史》作者的全名和称号是:米儿咱·马黑麻·海答儿·朵豁剌惕·古列干。其中,海答儿是他的名字,米儿咱既是一种类似"先生"、"阁下"的敬称,也可以放在名字后面表示属于统治家族。因与其祖父同名,他的亲友称呼他"米儿咱·海答儿",这也是他的自称。[1]"朵豁剌惕"之名,表明其出身于朵豁剌惕氏族。"古列干"是其称号,"驸马"的意思,表明该家族与蒙古汗王的联姻关系。上文提到的"火者丁·答剌罕"(khwaj al-Dīn tarkhan),其中"丁(deen)",波斯语意为"信教的、虔诚的","火者丁"即虔诚的火者(和卓)。"者马力丁·打剌罕"(jamāl al din tarkhan)中"者马力丁"意为"俊美的宗教",而哈只·答剌罕(qazi tarkhan)则表明其哈只(宗教法官)身份。从这些使臣名字看,他们都出身于答剌罕家族或部族,且都信仰伊斯兰教。

中亚答剌罕家族影响较大,印度莫卧儿王朝的建立者巴布尔在其回忆录中曾提到一个异密答尔罕(答剌罕,下同)家族:异密德尔维希·穆罕默德·答尔罕、其异父同母弟异密穆罕默德·马即德·答尔罕及其近亲阿不都耳·阿利·答尔罕。

德尔维希·穆罕默德·答尔罕是速檀阿合马·米儿咱(1451—1494年,领地为撒马儿罕与布哈拉)的异密,其姊是该速檀的妻子。他是乌尔都·不花·答尔罕之子。巴布尔说:"在米儿咱手下所有的伯克中,以他地位最高,最受尊宠。他是一个正统派穆斯林,仁慈和蔼,是一个真正的德尔维希。他经常抄写古兰经,常下棋,奕艺甚高。又精通鹰猎之术,善于放鹰。"[2]他曾在撒马儿罕库耳巴高地上建造花园,花园里开辟了一个个呈对称形的阶梯场地,遍植美丽的叶榆、柏树和白杨。[3]

---

〔1〕米儿咱·马黑麻·海答儿:《中亚蒙兀儿史——拉失德史》,第一编,新疆社会科学院民族研究所译,第9–10页。

〔2〕《巴布尔回忆录》,王治来译,商务印书馆1997年,第36页。

〔3〕《巴布尔回忆录》,王治来译,商务印书馆1997年,第78页。

穆罕默德·马即德·答尔罕曾管治土耳其斯坦若干年,该地被昔班尼汗夺走。后至撒马儿罕,"将撒马儿罕的所有分区分给自己的儿子们和部属、随从。(帖木儿朝后裔)速檀·阿利·米儿咱仅能享有指定给他的一小部分城市(收入),此外他没有任何一个办法得到一个铜板"[1]。与速檀·阿利·米儿咱发生冲突后投奔巴布尔,1512年战死。

阿不都耳·阿利·答尔罕"管治布哈拉若干年。他的伴当达三千人,他对伴当们关怀备至。他的馈赠、出访、接见、宴请与集会之豪华,皆与帝王无异。他为人专权、残忍、腐化,而且傲慢。昔班尼汗虽非他的伴当,但几次成为他的部属,而许多速檀——昔班的后裔,或大或小的贵胄,都曾充当他的伴当"[2]。其子巴基·答尔罕在富贵尊荣中长大,其父死后继承了布哈拉之地,拥有伴当五六千人。"他将布哈拉的赋入全部据为己有,不给任何人一个铜钱。"[3]

撒马儿罕和布哈拉的答剌罕们享有很大的权力和影响,不可避免地与帖木儿王朝诸王发生冲突,他们或支持或反对某一王子,失败后,丧失了原有的权势。

6.2.2 打剌罕置于名字前

(1)永乐二十年(1422)十二月,柳城打剌罕·者马儿丁及哈密大师虎都卜丁等贡羊2000余只,赐赍有差。[4]

(2)永乐二十二年二月,哈密忠义王免力帖木儿遣使打剌罕马黑麻·迭力迷失等160人贡马及方物。[5]

(3)洪熙元年(1425)二月,哈密忠义王免力帖木儿遣打剌罕马哈木沙等奏事,赐衣服、钞币表里有差。[6]

---

〔1〕《巴布尔回忆录》,王治来译,商务印书馆1997年,第118页。
〔2〕《巴布尔回忆录》,王治来译,商务印书馆1997年,第36-37页。
〔3〕《巴布尔回忆录》,王治来译,商务印书馆1997年,第118页。
〔4〕《明太宗实录》卷254上"永乐二十年十二月戊子"条。
〔5〕《明太宗实录》卷269"永乐二十二年二月己丑"条。
〔6〕《明仁宗实录》卷7上"洪熙元年二月乙巳"条。

(4)宣德元年(1426)九月,哈密回回打剌罕忽都卜丁等来朝贡马。[1]

(5)宣德二年正月,哈密卫回回打剌罕倒兀等来朝进羊马。撒马儿罕回回打剌罕马黑麻·迭力迷失等来朝贡马。[2]

(6)宣德二年正月,哈烈打剌罕亦不剌忻及哈密回回打剌罕马哈木等来朝贡马。[3]

(7)宣德二年正月,亦力把里回回打剌罕马黑麻·哈非思等贡金银器皿、羊、马。[4]

(8)宣德二年四月,撒马儿罕回回打剌罕火者撒剌等来朝贡马。[5]

(9)宣德二年四月,乞力麻打剌罕合思老、讨烈思打剌罕赛打黑麻、失剌思使臣阿力等贡马及方物。[6]

(10)宣德三年五月,亦力把里使臣打剌罕马黑麻等以马来鬻,有司定价中马每匹钞 3000 贯、下马每匹 2500 贯、下下马每匹 2000 贯、骟马 1000 贯。请予陕西行都司官钞内给予,从之。[7]

(11)宣德三年十二月(1429 年 1 月),撒马儿罕回回打剌罕亦速等来朝贡马。[8]

(12)宣德四年七月,撒马儿罕回回打剌罕阿都剌等来朝贡马。[9]

(13)宣德六年二月,失剌思回回打剌罕马黑麻等来朝贡方物。[10]

(14)宣德六年八月,讨来思万户亦思马因遣使臣打剌罕舍黑·马黑麻·闽哈秃等来朝贡方物。[11]

---

〔1〕《明宣宗实录》卷 21"宣德元年九月丁未"条。
〔2〕《明宣宗实录》卷 24"宣德二年正月壬辰"条。
〔3〕《明宣宗实录》卷 24"宣德二年正月丁未"条。
〔4〕《明宣宗实录》卷 24"宣德二年正月戊午"条。
〔5〕《明宣宗实录》卷 27"宣德二年四月壬戌"条。
〔6〕《明宣宗实录》卷 27"宣德二年四月庚午"条。
〔7〕《明宣宗实录》卷 43"宣德三年五月壬子"条。
〔8〕《明宣宗实录》卷 49"宣德三年十二月癸未"条。
〔9〕《明宣宗实录》卷 56"宣德四年七月丙午"条。
〔10〕《明宣宗实录》卷 76"宣德六年二月乙卯"条。
〔11〕《明宣宗实录》卷 82"宣德六年八月戊午"条。

（15）宣德八年九月，撒马儿罕打剌罕亦速等来朝贡马。[1]

（16）正统八年（1443）十月，敕甘肃总兵官宁远伯任礼等曰：“闻也先差头目打剌罕擦剌把失等十人，并戎地面使臣十人，欲来进贡。如彼所差人不多，起送来京，或人数多，则将正副使带紧要从人三五人来，其余俱留甘肃照管，俟使臣同回。务令严谨，毋漏事情。”[2]

打（答）剌罕置于名字前，首先表明该使臣具有打剌罕身份，使臣热衷于打剌罕身份，很可能与明朝对拥有“打剌罕”头衔的使臣提供优厚待遇有关。据《明宣宗实录》，洪熙元年七月辛巳记明政府赏赐标准曰：“四夷朝贡之人，有职事与京官同；无职事者，正使十两（白金），副使及冠带头目、把事、通事、打剌罕、回回各五两，无冠带头目、把事、通事、客人、舍人、凹回各＿两，从人各一两。”[3]可见打剌罕的待遇类似于无职事的副使，其地位高于舍人，与冠带头目地位同。

打剌罕相互之间可能是有区别的。例如，正统四年正月，明廷遣使赍敕赐达达可汗，曰：“……（赐）其余院判、院使、签院、右丞、左丞、断事官打剌罕、都事官打剌罕、都事国公参议、千户掌判人等，俱赏赐有差。”[4]这里“断事官打剌罕”与“都事官打剌罕”是有区别的，或者当时达达可汗是有意这么做的，以得到明廷封赏。

又据正统六年十月，礼部就米昔儿、哈烈等地面使臣赏赐情况呈奏给明英宗的报告中称：“其余地面到京使臣并存留甘州打剌罕、舍人，人等俱各如其例赐。”[5]明时有带刀散骑舍人，为近侍武职，有掌缮写文书之事的中书舍人。不过这里的舍人可能只是指有一定身份的人。打剌罕置于舍人之前，其地位应略高于舍人。

作为进贡使团成员的打剌罕，其地位可能次于进贡的正使、副使。例如，正德十二年，甘肃都御史李昆奏报：“土鲁番进贡正使四名，副使

---

〔1〕《明宣宗实录》卷106“宣德八年九月己卯”条。

〔2〕《明英宗实录》卷109“正统八年十月庚子”条。

〔3〕《明宣宗实录》卷3“洪熙元年七月辛巳”条。把事，即突厥语baş，意为“头”、“头目”。

〔4〕《明宣宗实录》卷50“正统四年正月癸卯”条。

〔5〕《明英宗实录》卷84“正统六年十月乙亥”条。

·欧·亚·历·史·文·化·文库·

四名,打剌罕三十四名;哈密正使一十名,副使一十名,打剌罕四十名;伴送土鲁番贡使二名,副使二名,打剌罕六名;原差去土鲁番传谕夷情送赏抚取城印哈密使臣都指挥火者马黑木等一十二名;俱于正德十一年四月二十六日验放入关,今尚未到。"[1]

6.3 "打剌罕"的来源

明代打剌罕的来源,除了韩儒林先生提到的"报部下救台吉性命之恩"得到的酬报外,刘戈先生提到的只是人名也是有的,明人郑洛《抚夷纪略》提到一位名叫杨打儿汉的俺答汗使臣。隆庆五年(1571),俺答谢表列举的人名中亦有一位叫打儿汉。

至于来往于丝绸之路上的打剌罕的来源,如前所述,打剌罕人名有可能表明其出自打剌罕家族,但也有不少是统治者的封授。俄国著名学者巴托尔德在其《中亚史研究四种》卷2《兀鲁伯》一书中,至少有三次提到打剌罕。其一是,阿布德·拉提夫('Abd al-latif)与沙哈鲁斗争时(约1446/1447年),他下令拘留皇后高哈尔-沙和她的支持者打剌罕们(tarkhans)。[2] 其二是,兀鲁伯在庆祝其幼子阿不都剌·阿即思(Abd al-Aziz,《明英宗实录》卷134"正统十年十月癸卯"条曾提到此人,称其为王子阿不都剌·阿即思·巴哈都儿,明朝赐其彩币、表里,以示优待)的割礼时,授予其臣民撒马儿罕人"打剌罕(tarkhani,免税)"的待遇。[3] 其三是,1447年冬天,阿剌兀·倒剌[4]的儿子进行割礼时,时占据哈烈的阿剌兀·倒剌授予哈烈市民"打剌罕",即免除他们

---

〔1〕王琼:《为紧急夷情声息事》,收入王琼撰《晋溪本兵敷奏》,影印国家图书馆藏明嘉靖二十三年廖希颜刻本,《续修四库全书》史部诏令奏议类,第476册。

〔2〕维·维·巴托尔德:《中亚史研究四种》卷2,《兀鲁伯》,米诺尔斯基英译,莱顿,1958年,第147页。(V. V. Barthold, Four Studieson the History of Central Asia, Volume II, Ulugh-beg, translated by V. Minorsky, Leiden, 1958, p147.)

〔3〕维·维·巴托尔德:《中亚史研究四种》卷2,《兀鲁伯》,米诺尔斯基英译,莱顿,1958年,第125页。

〔4〕此阿剌兀·倒剌亦见于《明英宗实录》卷84"正统六年十月乙亥"、"正统六年十月乙卯"条,明朝称其为哈烈地面头目阿剌兀·倒剌·把都儿。

的税收。[1]

16 世纪初,中亚昔班尼汗有颁发答尔罕(tarkhan)证书的习惯,尤其是发给商人门。持答尔罕证书的人通常是富有的社会成员,他们的特权是无条件地为君主服务。作为答尔罕意味着在自己的领地上拥有免税权,同时还可获得许多其他好处。答尔罕可以免受惩罚 9 次,可以自由觐谒君主。[2] 及至 17 世纪的中亚诸汗"保持着与奥斯曼帝国的关系,他们给许多土耳其商人颁发答尔罕证书,免收他们的商业税"。[3]

打剌罕作为商业阶层或贸易世家大族在明代朝贡贸易政策下,充当了西域诸地的官方贸易使臣的角色,从而为明代丝绸之路贸易繁荣做出重要贡献。当然,他们所享受的政治、经济待遇及其社会角色的演变仍有待于进一步研究。

---

〔1〕维·维·巴托尔德:《中亚史研究四种》卷 2,莱顿,1958 年,第 149 页注 2。

〔2〕〔法〕阿德尔、〔法〕哈比卜等著:《中亚文明史》(对照鲜明的发展:16 世纪至 19 世纪中叶),第 5 卷,蓝琪译,中国对外翻译出版公司 2006 年,第 9 页。

〔3〕〔法〕阿德尔、〔法〕哈比卜等著:《中亚文明史》(对照鲜明的发展:16 世纪至 19 世纪中叶),第 5 卷,蓝琪译,中国对外翻译出版公司 2006 年,第 22 页。

7 明代西域来华使臣的
违法与违禁

西域来华进贡使臣,进入明朝境内后,来往有通事人等伴送,沿途有驿站接待,在京有会同馆宴请。明朝尽怀柔之礼节的同时,也要求使臣奉明朝的礼法。在明朝官员安排下,大多数进贡使臣都能按明朝的礼法行事,只有少数使臣有违明朝法律或禁令的行为。这种违法违禁行为多载于《明实录》、《明会典》等,作为明朝官员处理外交事务的参照案例。

7.1 西域使臣的违法行为

使臣违法指的是使臣在明朝境内触犯了《大明律》、须按明朝律例处罚的行为。多为刑事案件,如夹带人口、殴伤人命等。

7.1.1 挟带汉人出境

永乐初年,西北边境地区出现掠夺和拐卖人口出境的现象。永乐五年(1407)五月,明成祖敕谕甘肃总兵官西宁侯宋晟:"近闻回回多买中国人妻妾子女出境。律买卖者皆处死,宜严加禁约之,世因循也。"[1]这些被挟带的中国人多是汉人,他们能被带走,可能与边境军士与经商的回回私下勾结有关。因为当时凉州军士多潜送回回商人出境。明成祖根据哈剌火州等处使者的报告,曾在四月敕谕宋晟,要其严加戒饬,同时遣监察御史核治。[2]

---

〔1〕《明太宗实录》卷67"永乐五年五月甲寅"条。
〔2〕《明太宗实录》卷66"永乐五年夏四月戊戌"条。

宣德至景泰年间,西域使臣接连来华。这些使臣在得到明廷给予的丰厚回赐后,还挟带中国之人回国。宣德九年(1434)八月,明宣宗敕甘肃总兵官都督金事刘广等:撒马儿罕及诸外夷使回,不许挟带中国之人及买中国童幼出境。[1] 英宗即位后,再次敕谕刘广,要敦促甘州的撒马儿罕使臣回国,毋令私挟我人口出境。[2] 当时甘肃至哈密一路有警,道路阻塞,来往之人多被劫夺。[3] 使臣夹带人口现象并没有得到真正禁止。到景泰六年(1455),哈密甚至成为拐带人口的中转站。光哈密就有被掠去的汉人男女约3000人,其中被哈密忠顺王部下卖给撒马儿罕地面者约1000人,尚有2000余人。景泰帝为此大为震怒,敕谕忠顺王,要其尽快将被拘留的人口送还。[4] 使臣在华期间,还以买良家女为妻妾的形式夹带人口。如成化年间来华的怕六湾,多买良家女为妻妾。[5] 16世纪初,中亚人赛义德·阿里·阿克巴尔·哈塔伊(Seid Ali Akbar Khatai)在奥斯曼帝国京城君士坦丁堡用波斯文写成了《中国纪行》一书。作者阿里·阿克巴尔名字中的"哈塔伊"(契丹)表明他与中国有关,或许他是来华使臣与中国女人结婚的后裔。[6]

7.1.2 肆詈官员殴伤人命

西域使臣肆詈伴送官员殴伤人命的现象并不多见,但性质恶劣,以致明朝皇帝出面处理此类事件。下面叙述分别发生在正统、景泰、弘治年间的3件案例。

一是哈密使臣早丁毁詈通事等人。哈密使臣早丁是哈密忠顺王的亲信。宣德七年六月,忠顺王遣镇抚早丁等两人奏事至京。[7] 正统元年(1436)十一月,所镇抚早丁被明廷升为副千户。[8] 正统五年十一

---

〔1〕《明宣宗实录》卷112"宣德九年八月丙寅"条。

〔2〕《明英宗实录》卷1"宣德十年正月乙酉"条。

〔3〕《明英宗实录》卷46"正统三年九月戊申"条。

〔4〕《明英宗实录》卷253"景泰六年五月壬申"条。

〔5〕《明史》卷332《西域四》,中华书局1974年,第8600页。

〔6〕拙著:《明与帖木儿王朝关系史研究》,中华书局2006年,第117-118页。

〔7〕《明宣宗实录》卷91"宣德七年六月甲寅"条。

〔8〕《明英宗实录》卷24"正统元年十一月丙辰"条。

月,哈密使臣早丁忿赐宴不备,肆詈诸通事,都指挥佥事陈友等乞擒早丁下法司以惧其余,英宗从之[1]5天后,明英宗就早丁事专门给哈密忠顺王倒瓦答失里下了一道敕谕:"朕体天地祖宗之心,怀柔万方。凡四夷遣使朝贡皆优待以礼,而使臣亦皆感恩奉法,罔弗虔谨。近王差千户早丁进贡来京,缘途凌辱驿官,笞詈驿卒,需索虐人,所司请治其罪。朕以王所遣,特宥不问。及至京,即命所司宴赏。其早丁乃敢傲慢放肆,喝詈通事。后大宴四夷使臣于朝,又对众发恶,毁詈通事人等,略无忌惮,大失观瞻,全不知朝廷礼法,罪不可容。已命法司收问,仍留其子供给饭食。此虽小人无礼,实王所遣不当。王诚能敬天事上,欲保境土,自今遣使须择谨愿诚恪之人,仍严加戒饬,令其谨守礼法,庶几保全令名,永享太平之福。"[2]早丁所授武职不高,地位不高,但他依仗是哈密王的亲信(能为哈密王专门上京奏事),沿途凌辱驿官,笞詈驿卒,喝詈通事,最大的罪过是在国宴上,不知礼法,对众发恶。都指挥佥事陈友只好向皇帝请求将其擒拿,下法司收问。

二是哈密使臣阿力乣殴伤人命。作为哈密忠顺王倒瓦答失里的使臣,阿力乣于正统十四年五月、景泰二年十二月来朝贡马及方物。景泰三年正月阿力乣第三次来贡时,已是百户之职。景泰四年四月第四次来贡。但在景泰五年十一月,阿力乣第五次来贡返回至甘肃时殴伤人命,律该斩首示众,但景泰帝在忠顺王恳求宽恕下将其放回,敕其王令自治之。这封致忠顺王敕谕说:"法司奏尔先次进贡使臣阿力乣(等)回至甘州地方,不守法度,强夺人羊,及打伤伴送总旗身死。朝廷立法:凡白昼抢夺人财物者,罪当死;无故打伤人命者,亦当死。今阿力乣犯两死罪,律该斩首示众。今尔奏乞宽恕,朕念尔能敬顺朝廷,遵守礼法,特准所言,即令有司放回付尔。至日,尔须依法整治,仍须戒约后来使臣,不许仍前凶恶,不守法度,违者,朝廷必处以法,不恕。特谕尔知之。"[3]阿力乣犯罪当死,只因哈密忠顺王的请求,明朝皇帝才赦免他。

---

[1]《明英宗实录》卷73"正统五年十一月丙辰"条。

[2]《明英宗实录》卷73"正统五年十一月辛酉"条。

[3]《明英宗实录》卷253"景泰六年五月壬申"条。

三是迤西使臣满剌哈只殴打其同事赴宴者。弘治三年（1490），明廷宴请迤西各处使臣于会同馆。满剌哈只等10人以赏赐未给不赴宴，并殴其同事赴宴者。礼部报告说："法当执问！"明孝宗说："满剌哈只等越礼冒法，罪在不赦。但远夷无知，姑贷之。锦衣卫遣官校拘至礼部，令本部堂上官及大通事备以事意谕之，俾即领关物价启行，再犯必治以罪。"[1]满剌哈只殴打的是其同事，且没有及时得到明廷的赏赐，所以，明朝执法处理要轻些。阿里·阿克巴尔曾提到他们作为贸易使臣赴京途中，其中一人与同行的一名藏族人发生冲突，打死了这名西藏人。结果打人者判死刑，其他人交纳罚米后，获释。[2]这虽是两个不同民族的纠纷，仍要按中国法律处置。明代对同类相犯、异类相犯，皆"依律拟断"。《大明律》规定："凡化外人犯罪者，并依律拟断。"《大明律例》对此注解："化外人，即外夷来降之人及收捕寇散居各地方者皆是，言此私人原虽非我族类，归附即是王民，如犯轻重罪名译问明白，并依常律拟断，示王者无外也。"[3]明人何广在解释这一法律变化时说："化外人犯罪，谓胡俗之种，外番夷狄之人，若东夷、西戎之两相犯罪，两种之人习俗各异，夷狄之法各有不同，不可以其胡种之法断罪，还以中华之政决之。如蒙古人、色目人本类自相嫁娶，依中原之律科之。故云，并依律拟断。"[4]

尽管法律对化外人犯罪的处罚与普通中国人没有区别，但在实际处理中，皇帝往往对夷人宽大处理。如正统八年，瓦剌使臣卯失剌等庆成宴毕，出长安左门，与女直使臣喧呼忿争，夺卫士兵械殴伤之。事闻。明英宗曰："夷狄素无礼义，不可以醉饱之故责之。宜谕虏王自治。"[5]15世纪的亚洲还没有近代国际法和外交惯例中的外交特权和豁免权，

---

〔1〕《明孝宗实录》卷39"弘治三年六月戊申"条。

〔2〕参见〔法〕阿里·玛扎海里著：《丝绸之路：中国—波斯文化交流史》，耿昇译，中华书局1993年，第237页。阿里·阿克巴尔著：《中国纪行》，张至善编，三联书店1988年，第88－89页。

〔3〕《大明律例集解附例》卷1《名例律·化外人有犯》，万历三十八年钞本。

〔4〕〔明〕何广：《律解释疑》，明洪武丙寅刻本。转引自邱树森：《明律"化外人"条试析》，载《暨南史学》，第一辑，暨南大学出版社2002年，第188－189页。

〔5〕《明英宗实录》卷100"正统八年春正月己巳"条。

·欧·亚·历·史·文·化·文·库·

但当时与明朝交往的一些国家如提出使臣违法豁免、允其回国论治的要求,往往会得到明朝皇帝批准。如哈密忠顺王请求赦免阿力乩。但能否得到中国皇帝赦免,则与使臣所在国当时与明朝关系的亲疏程度有关,而不是依据国际关系上的外交豁免权。

7.2 西域使臣的违禁行为

西域使臣多是朝贡贸易使臣,围绕明朝规定的贡期、路径、贸易品种、人数、接待等禁令,使臣为追求更大利益,多有违犯。

7.2.1 贡期违禁

明朝规定,哈密以西哈烈等西域 38 国,朝贡皆经哈密。其贡期或三年或五年一次,起送不过 35 人。其中,土鲁番、撒马儿罕、鲁迷、天方国嘉靖二年(1523)以后定为五年一贡。哈密因领西域职贡,诸番贡使皆由哈密译送,令哈密每年一贡,以八月初旬、验放入关。多不过 300人、内起送 30 人赴京。土鲁番占据哈密后,嘉靖八年定每贡不必拘300 之数,止据到数,10 人起送 2 人。前起贡回尽数出关,后起方许入关。嘉靖十一年定五年一贡,每贡不过 100 人,起送不过 30 人。嘉靖四十二年定哈密畏兀都督俱五年一贡,贡 30 人起送 13 人。余留边听赏。[1]

实际上,明英宗天顺以前西域朝贡国家并没有按照明朝规定的贡期来。如撒马儿罕在永乐五年至永乐二十二年 17 年间,除永乐十年、十二年外,每年都有朝贡,有些年份甚至有两次。对没按贡期来的西域诸地使臣,因其远近不齐,其贡期并没有限制三年。"凡诸番贡不如期,及年例外多贡者,参作下次例贡之数。"[2]到了成化年间,贡期没有限制的做法,不仅给明朝增添负担,也难以体现朝廷的恩威。于是,礼部重申了以前的规定。如成化五年(1469)三月,哈密等地面使臣哈只乩等来朝贡至京,此距成化四年三月哈密来贡给赐返程还不到一年,而

---

〔1〕〔明〕申时行等《明会典》(万历朝重修本)卷107《朝贡三》,中华书局 1989 年,第 579 页。

〔2〕〔明〕申时行等《明会典》(万历朝重修本)卷108《朝贡四》,中华书局 1989 年,第 586 页。

按照正统年间规定："哈密使臣每年许朝一次，多不过二百人，亦力把力等处使臣三年或五年一朝每处不过十人，哈密等地使臣是违例来朝，不当给赐。"礼部建议："使臣既已到京，宜量为处置，以慰其心。但请敕赐其国王并行陕西镇守等官，使哈密国王知会，一体禁约。"[1]礼部实际上重申了以前的禁约。成化五年九月，哈密王母并土鲁番速檀阿力王及瓦剌拜亦撒哈遣使200余人入贡至甘肃，时哈密、土鲁番等使臣在京未回，此次进贡按例不得放入，甘肃守臣上报。礼部会同吏部尚书姚夔等议后认为："外夷入贡已有定制，今哈密土鲁番等使臣在京未回，而各夷又邀结瓦剌遣使来贡，既违奏定额数，又非常贡时月，若听其来京，以后冒滥难拒，若驱使空还，又恐招怨启衅，且瓦剌乃强悍丑虏，今却依托残破小夷混杂来贡，若非哈密挟其势以求利，必是瓦剌假其事以窥边，中间事机颇难测度。宜令兵部详度，庶不堕其奸计。"此奏议得到许可。于是，宪宗敕甘肃镇守太监颜义等曰："各夷朝贡俱有年限，今非其时，尔等其谕以朝廷恩威，就彼宴赍遣回所进马驼却还之，听其自鬻，以为己资，其果有边情不得已起送三五人来京。"颜义等奏："使臣马黑麻满剌秃力等谕遣之不听，固欲亲见朝廷，及哈剌忽思不受赐。又云彼处兵扰道路不通，亦无由归，虽死于此可也。礼部覆奏请每人十之一，以安远人之心。"[2]明宪宗批准后，成化六年十一月使臣到京，除规定给赐外，使臣求讨或购买以前未准之物，明廷未许。于是，成化七年四月哈剌忽思上奏说，甘肃蒋总兵（定西侯蒋琬）及通事索其贿而稽留踰岁，且棰骂之。礼部移文诘问蒋琬。蒋琬报告说："两国男妇二百余人到边，有旨令遣十一赴京，瓦剌头目不肯从，固留之。彼甚忿怨，故诬辞以奏，实未尝索贿且棰骂之也。盖回回人有仕中国者，每岁与彼使私交，诱其乞茶营利，且唆其诬辞妄奏。宜严禁之。"明廷令蒋琬译写番文晓示哈密王母："凡遣使可选老成之人，戒约而来，不许混以他种番人冒入。果系传报边情止可数人，不必过多。"[3]明朝对贡

---

〔1〕《明宪宗实录》卷65"成化五年三月乙未"条。

〔2〕《明宪宗实录》卷72"成化五年十月己卯"条。

〔3〕《明宪宗实录》卷90"成化七年四月辛未"条。

期的限制并不坚决,反而引起更多的麻烦。

7.2.2 贡道违禁

明廷规定,夷狄入贡,各有常路。西域使臣,由哈密译送。入嘉峪关后,肃州验入,甘州再验,审查通过后,在起送进贡之时,甘肃边地官员须将使臣上进对象尽数辨验开批,内细软者见数印封,粗重者开数通行造册,付使臣赍来,作为使臣进京给赏的凭证。由旧路而来,诸关守备官员把关严格,遇到问题,兵部及时上奏请示,上行下达较为便利。但进贡使臣并不总按明廷规定的贡路来,如,成化六年,兵部奏:"虏酋脱脱罕遣使上书求入贡,欲取路宣府野狐岭以入,但旧例迤北使臣西自大同猫儿庄入,朵颜三卫东自喜峰口入,其野狐岭不系入贡之路,兼未审此虏是何部落,卒然突至,实恐假此窥伺边境,不可不预为之备,乞令礼部遣官率谙晓夷情通事一人往谕之,约从旧路以入。"得到宪宗批准。[1] 西域进贡使臣由甘肃验送,是为正路,很少不由正道而来,倒是有迤北使臣不由大同而来,却随哈密使臣来贡之事。但又有个别例外,这就是弘治年间撒马儿罕等地使臣由海路来贡之事。

弘治二年十一月,撒马儿罕阿黑麻王遣使从满剌加国取路进狮子、鹦鹉等物至广州,两广总镇等官以闻。上曰:"珍禽奇兽,朕不受献。况番使奸诈,又不由正路以来,其即遣官阻回。广东镇巡官违例起送,宜坐罪,姑从宽宥。礼部仍移文谕之。"礼部覆议:"夷使虽违例进贡,然不可绝之已甚。宜薄给赏赐,并量回赐阿黑麻彩段、表里等物,以答其意,使知朝廷怀远之仁。"从之。[2] 弘治五年九月壬申:"虎刺撒国回回怕鲁湾等从海道至京,至玻璃、玛瑙等方物。上却之,命给口粮、脚力遣还。"[3] 自此次明孝宗下令却回后,《明实录》便无帖木儿王朝使臣海路朝贡的记载。[4]

---

〔1〕《明宪宗实录》卷75"成化六年春正月戊申"条。

〔2〕《明孝宗实录》卷32"弘治二年十一月壬申"条。

〔3〕《明孝宗实录》卷67"弘治五年九月壬申"条。

〔4〕拙文:《15世纪后期撒马儿罕使臣海路来华与明廷的反应》,载《西域研究》,2003年第4期。

7.2.3 禁贡使冒王称谓

明廷规定西域诸国各夷入贡 10 人内准与起送 1 人,土鲁番等处来贡只许与哈密依时同来,并不许过 10 人。其后放宽禁例,准每 10 人起送 2 人,土鲁番、天方国两处赴京人数多不过 20 余人。为了突破赴京人数的限制,西域进贡使臣便以众多的地面王号名义赴京进贡。

嘉靖十一年(1532)十一月,陕西行都司都指挥同知徐威等,起送土鲁番并天方国等地面速坛满速儿王等差来使臣马黑麻虎力奶翁等赴京进贡。礼部将各夷使进贡方物验收后,将各番王求讨事情以及具题给赏事宜上报,以便差官督发各夷起程。这次土鲁番入关进贡共 290 名,天方国 137 名,其中土鲁番开称王号者 75 人,天方国称王号者 27 人。原因在于,多称王号者,使臣可获得明廷的优给赏赉,称号名目既多,则贡物虽微,明廷当加例给赏。然按《明会典》记载,土鲁番、天方国、撒马儿罕等是其国号,其称王者只是一人。以往使臣的求讨番文,除国王外,大抵皆称王母、王弟、王子等项,其余部落地面,类称头目名色。这次明廷的回赐敕书,如像往年以王号逐一回答,不仅违越旧规,也有损明朝天尊,有违国无二主之义、以小事大之道。且一次准许,日后遂为成例,供费日甚,将难以满足这些使臣的无厌之求。明廷部议后决定,参照成化弘治间例,回赐敕书正本国王一人,余止照各地面名直书给敕一道,且于本国王敕内申重天语,少加诘责,令知国无二王大义,仍定以贡期,限以人数,不许来贡无时。[1] 冒王进贡之事并没有得到禁止。如,万历二十二年五月,土鲁番速坛阿黑麻王等 59 王各遣使贡马。[2] 59 王之说显然是冒滥称王。

7.2.4 禁私茶出境

明朝严禁私茶出境。一旦查获,茶货等物入官,伴送夹带人送所在官司问罪。正统五年(1440)九月,哈密等处使臣都指挥脱脱不花等来朝进贡,欲将赏绢货换食茶、纱罗等物回还。礼部尚书胡濙等认为,茶

---

[1]《明世宗实录》卷 150"嘉靖十二年五月丙午"条。
[2]《明神宗实录》卷 273"万历二十二年五月乙酉"条。

系出境违禁之物,未可,许其纱罗等物,宜听于街市两平交易。得到英宗批准。[1] 成化七年,明廷下令禁止进贡回回、蕃僧人等在京及沿途收买私茶。然而,在西域使臣的请求下,明廷有时又允许食茶出境,但限制较严。成化九年二月,哈密忠顺王母弩温答失力等遣使臣失迭力迷失等各来朝贡马驼,其使臣乞易买纱罗、食茶、瓷器等物,礼部请如例,仍定与数目,不许过多,并禁约沿途私买。得到批准。[2] 由于有禁约,私茶出境困难,于是有使臣与地方官员勾结贩卖茶叶之事。成化十二年八月,都督同知充副总兵分守凉州的赵英纵令家人与哈密回回贩私茶,并买违禁之物,私自差人驰驿骚扰道路。刑部请究治其罪,明宪宗宽宥之。[3] 成化十八年,明廷令私茶有兴贩夹带 500 斤者,照见行私盐例,押发充军。尽管有明廷的严令,仍有西域使臣违禁买茶之事。如,弘治二年四月,土鲁番使臣火只哈辛赴京进贡,至河南卫辉府违例索要船只,至临清州收买违禁食茶、彩缎 50 余柜。明孝宗命执伴送人于法司论罪,仍查究临清市商已卖物货命所司斟酌给带。[4] 同年八月,礼部以迤西各处贡使该贸易之物俱有成例定数,土鲁番及哈密使者各违例收买食茶、箭竹等物过多为由,奏请准潼关盘检事例俱没官。仍令大通事晓谕在馆诸夷各遵守禁例,如违,俱照此例行之。其未给赏者,即递减其赏,并行各守边官员凡外夷来贡曾犯法者,再不许起送,著为令。[5] 弘治十八年,明廷又严令各处行茶地方,但有将私茶潜住边境,兴贩交易,及在腹里贩卖与进贡回还夷人者,不拘斤数事发,及知情歇家牙保,俱问发南方烟瘴地面卫所,永远充军。其在西宁、甘肃、河州、洮州贩卖者,100 斤以上,问发附近卫分充军。300 斤以上,发边卫永远充军。[6]

明廷严禁私茶出境的原因在于"以茶驭番",一是"限制边茶以制

〔1〕《明英宗实录》卷 71"正统五年九月甲辰"条。

〔2〕《明宪宗实录》卷 113"成化九年二月壬午"条。

〔3〕《明宪宗实录》卷 156"成化十二年八月丙戌"条。

〔4〕《明孝宗实录》卷 25"弘治二年四月壬子"条。

〔5〕《明孝宗实录》卷 29"弘治二年八月壬子"条。

〔6〕〔明〕申时行等:《明会典》(万历朝重修本)卷 37《课程六》,中华书局 1989 年,第 268 页。

之",而是便于"厚予赏赐以诱之"。诚如嘉靖十五年六月巡茶御史刘良卿所言:"考之律例,私茶出境与关隘失察者并凌迟论死,一何重也! 盖西边藩篱莫切于诸番,番人恃茶以为生,故严法以禁之,易马以酬之。禁之使有所畏,酬之使有所慕。此以制番人之死命,壮中国之藩篱,断匈奴之右臂。"[1]

7.2.5 禁使臣赏后延住

明朝对贡使给赐后回还有一定的时间限制。万历七年(1579),明廷议准土鲁番、天方国、鲁迷、哈密等夷,罕东等卫,限两个月。[2] 这实际上是参照以前的做法。尽管如此,只要使臣在等候给赏,他就可以一直住下去。正德十六年六月,土鲁番、撒马儿罕、哈密诸夷使,假进贡名在京商贩,有留会同馆三四年者。至是诏礼部申严旧例,禁诸夷不许私出馆外,勒期遣还。[3] 由于撒马儿罕等地使臣在途迁延隔岁,在京者等候同赏,驿递、光禄供应不赀。嘉靖二年,礼部请行禁约限制。"凡夷使到馆已经译审者给与之钦赐下程,待给赏后住支。其见到待译与赏后延住者,与常例下程。应给赏赐,本部题准,即行该库给发,毋得稽迟。仍行该抚按官查照成化间事例,于各夷回还但有与沿途军民交市延住一日之上者,该驿住支廪给,军民枷号问罪,再行甘肃巡抚查核伴送人员有在途通作等弊,不行钤束催攒者,从重治罪。"[4]嘉靖八年四月,巡抚甘肃都御史唐泽言:"哈密等处进贡夷人每沿途寄住,贩易谋利,经年不归,甚有前贡者复充后贡人数,更改冒进起送者,骚扰驿路,有留者耗费月粮。"[5]使臣赏后延住或在归途延住,多与伴送人员借机谋利或督促不力有关。

---

〔1〕《明世宗实录》卷188"嘉靖十五年六月乙未"条。

〔2〕〔明〕申时行等:《明会典》(万历朝重修本)卷108《朝贡四》,中华书局1989年,第587页。

〔3〕《明世宗实录》卷3"正德十六年六月庚子"条。

〔4〕《明世宗实录》卷32"嘉靖二年十月己酉"条。

〔5〕《明世宗实录》卷100"嘉靖八年四月己巳"条。

7.3　明朝对使臣违法违禁行为的处置

明朝前期,西域来华使臣偶有一些违法行为,如夹带人口、殴伤人命等。明朝对使臣的处置较宽,夹带人口,按律处死,明廷只是要求边境官员对进贡使臣严加禁约,对殴伤人命的使臣,明廷以远夷无知,宽恕放回,只是要求使臣所在国王对来使要严加戒饬,对违法使臣,明廷不希望再次来贡。《明会典》载:"若各夷故违,潜入人家交易者,私货入官。未给赏者,量为递减。通行守边官员,不许将曾经违犯夷人起送赴京。"[1]实际上,囿于外交礼节,明朝对违法使臣惩处的措施有限,主要是:对来贡使臣,未给赏者,递减其赏;令守边官员对外夷来贡曾犯法者,再不许起送。

这种对来访使臣违法行为宽大处理的政策,并没有让使臣收敛其违法违禁行为,相反,违禁行为更多。成化、弘治、嘉靖年间,使臣违禁行为累见史书记载。由于朝贡使臣有沿途多索船马、夹带货物、装载私盐、收买人口、酗酒逞凶、骚扰驿递等违法违禁行为,成化十七年十月,明宪宗为此专门降敕给海外诸国及西域番王,并让使臣带回。其敕曰:"日者,海外诸国并西域番王等遣使臣朝贡,沿途多索船马,夹带货物,装载私盐,收买人口,酗酒逞凶,骚扰驿递,非违礼法,事非一端。所经官司累章陈奏,欲依国法治之,则念其远人,欲不治之,则中国之人被其虐害。今特降敕开谕:继今以后,王遣使臣,必选晓知大体谨守礼法者,量带傔从,严加戒饬,小心安分,毋作非为,以尽奉使之礼,以申纳款之忱。俾奉使者得以保全,供应者得免烦扰,岂不彼此两全哉。"[2]该敕谕作为皇帝驭夷狄的手段还被收入《明宪宗宝训》。这种让使臣带回本国的敕谕实际效果有限。

明廷虽宽恕违法违禁使臣,但对与该使臣违法有关的明朝军民,明

---

〔1〕〔明〕申时行等:《明会典》(万历朝重修本)卷108《朝贡四》,中华书局1989年,第587页。

〔2〕《明宪宗实录》卷220"成化十七年冬十月癸卯"条。

廷处理却非常严厉,主要针对以下两种相关人员:

一是会同馆开市 5 日期间与进贡使臣贸易的各铺行人等。

进贡使臣到京后,处理好各种进贡事宜后,可在会同馆开市 5 日。政府部门召集京城各铺行人等,入馆与使臣交易,但不能将违禁之物如军器等带入。交易期间,如赊买,故意拖延,骗勒使臣久候,不得起程者,问罪,并于会同馆门首枷号一个月。铺行人等诱引使臣潜入人家,私相交易,私货各入官,照前枷号。[1]

二是私将军器、货物卖与进贡使臣图利者。

"违例将军器卖与进贡使臣的官员军民,比依将军器出境因而走泄事情者律,为首者,枭首示众,为从者,发边卫充军"。[2] 与朝贡使臣,"私通往来,投托卖买,及拨置害人,因而透漏事情者,俱发边卫充军,军职调边卫带俸差操,通事伴送人等有犯系军职者如例,系文职除名"。[3] 嘉靖六年,明廷令进贡使臣只许穿用原赏花样衣服,不许因而自行收买。如违,买者卖者皆治罪。[4] 此令实际上是对卖者的限制。

对西域使臣冒滥王号进贡,礼部尚书严嵩提议参照管理东南亚各国及日本等国进贡事例。这些国家"世有爵土,国有专王,所以先年给发号纸,置立底簿。差官赍散各该地方。遇各夷来贡,令其填写收执,比号相同,方许来京"。"西方诸夷,素非附属,贡献不常,并无给发号纸之例。定立限期,则三年五年,载在旧典,俱难别议。至于译审酋长体例,使臣名数,及查西夷一切事宜,则正为之限制之意。本部查有节年题准事例,相应再行申明,合候命下,移咨都察院,转行镇巡等官,今后如遇各夷入贡,一一查照事例处分,中间若有名种殊常,番文繁迭,务须详加译审,研究来历,如系各国部落冒滥称王,则当发其奸谋,责以大

---

〔1〕〔明〕申时行等:《明会典》(万历朝重修本)卷 112《给赐三》,中华书局 1989 年,第 595页。

〔2〕〔明〕申时行等:《明会典》(万历朝重修本)卷 167《律例八》,中华书局 1989 年,第 856页。

〔3〕〔明〕申时行等:《明会典》(万历朝重修本)卷 108《朝贡四》,中华书局 1989 年,第 587页。

〔4〕〔明〕申时行等:《明会典》(万历朝重修本)卷 111《给赐二》,中华书局 1989 年,第 594页。

义,令改正使臣名色,如其仍前骄肆,怙终不悛,即当以礼阻回,不容通贡。每国俱分为等第,照例每十人准起送二人来京,其余存留在边听候给赏,通行造册,马上差人先赍送部收贮,仍另出半印花栏勘合,给使臣亲执来京,以凭比对定拟给赏。到京之日,本部仍行该管衙门,不许私相往来,通事人员敢有透漏事情、教诱为非者,事发从重参究治罪。"[1]

西域使臣违法违禁现象是明朝"怀柔远人"、"厚往薄来"朝贡制度的产物。明宣宗认为:"四夷宾服,世所贵也。其使臣今不远万里而来者,皆有慕于中国,饩廪赐宴必丰,庶昭朝廷优待之意。"[2]在这种优待制度下,其一,"中国之待夷狄,来则嘉具慕义而接之以礼,不计其物之厚薄也"[3]。其二,"四夷朝贡到京,有物则偿,有贡则赏"[4]。其三,"四方朝贡使臣,管待赏赐,轻重厚薄,俱有定例,不可增减"[5]。明朝这种富有理想化而又自以为是的制度设计并不总是为外国使臣所理解。明朝前期,明朝给予使臣的赏赐远远高于使臣贡物的价值,经济贸易往来纠纷不多,一些使臣的违法行为多是使臣对明朝法律规定无知所为。成化以后,国家财力有限,明朝给予使臣的赏赐减低,这是追求利益的贸易使臣所不愿的,使臣们或嫌赏赐太薄加赏,或冒滥王号加赏,或违禁贸易谋利,为了厚利,花样百出。明朝为此加强了管理力度,反映在《明会典》上,就是成化、弘治、嘉靖等朝各种针对使臣的禁约措施。万历年间来华的利玛窦描述当时使臣在华的情形是:"人们简直难以置信,他们对于派来向皇上致敬或纳贡或办理别项事务的邻国使节或使臣怀着多么大的疑惧了。虽然中国可能和派遣使节的邻国自古以来就友好相处,但这并不能使来访的贵臣免于在他们全部在国内的行程中被当做俘虏或囚犯一样来对待,并不得在旅途中看任何东西。在他们的全部逗留期间,他们被安顿在宫城范围里盖得象牛棚一样的房子里,而且是被锁在里边。他们从来不准见到皇上,他们的外交或其

---

〔1〕〔明〕严嵩:《南宫奏议》卷29《议处甘肃夷贡》,明嘉靖钤山堂刻本。

〔2〕《明宣宗实录》卷13"宣德元年春正月壬子"条。

〔3〕《明宪宗实录》卷35"成化二年冬十月甲寅"条。

〔4〕《明宪宗实录》卷63"成化五年二月甲午"条。

〔5〕《明宪宗实录》卷14"成化元年二月乙酉"条。

他事务都是与钦定的大臣办理的。……凡是未得官方批准而与外国人进行贸易的,都将受到最严厉的刑罚。"[1]利玛窦的记载是基于其自身经历,它反映了这一时期明朝对外国使臣尤其是初次来华使臣管理的严格。明朝的措施是对使臣违法违禁行为的防备,而这些对初次来京又不以贸易谋利为目的的利玛窦而言是不易理解的。

---

〔1〕〔意〕利玛窦、金尼阁:《利玛窦中国札记》,何高济等译,中华书局1983年,第95页。

8 明代西域朝贡贸易家族的兴衰

——以写亦虎仙家族为例

明与西域诸国往来,朝贡贸易是双方交往的主要手段。明之哈密,在敦煌北、大碛外,为西域诸番往来要路。[1] 永乐二年(1404)六月,哈密元代肃王忽纳失里之弟安克帖木儿遣使来朝,表请赐爵。明成祖封其为忠顺王。[2] 赐忠顺王金印诰命,以其领西域职贡。哈密以西诸国贡使,皆由哈密译送。天顺之前,明与西域往来频繁,哈密发挥了职掌西域朝贡的重要作用。成化九年(1473)四月,土鲁番速檀阿力侵占哈密卫,掳其城,力图取代哈密,职掌西域朝贡。但明廷认为,哈密乃朝廷所封,世为藩属,非他夷可比。由此展开了与土鲁番争夺哈密控制权的斗争。弘治、正德年间,哈密回回首领写亦虎仙(1456—1521 年)置身于明与土鲁番之间,最终被明廷逮捕法办,病死狱中。一代朝贡贸易家族由此而衰。

8.1 写亦虎仙的兴起

弘治元年(1488)二月,明廷因哈密卫都督罕慎克复哈密有功,袭封其为哈密忠顺王。但土鲁番速檀阿黑麻以罕慎非王族,不得王哈密,假以结亲罕慎,诱杀之。随即遣使明廷,要求立其为王,居哈密,领西域职贡。兵部尚书马文升言:"阿黑麻小夷,且与哈密各有分地,不可辄通使,亦不得王哈密。彼若入贡,我亦不拒。请敕阿黑麻,谕令送王母

---

〔1〕〔明〕申时行等修:《明会典》卷 107《礼部六十五》,中华书局 1989 年,第 579 页。
〔2〕《明太宗实录》卷 32"永乐二年六月甲午"条。

及金印还哈密。"[1]明廷遣曾居甘州的哈密夷人出使土鲁番,赏赐阿黑麻。时哈密卫故都督佥事赛亦撒隆之侄写亦虎仙作为哈密的避难番夷,正流寓甘肃,充当哈密与明廷的使臣,来往于京城与甘肃之间。弘治元年九月,他奏请明廷给肃州回回坟旁空地5亩以葬凡哈密使臣之道死者,得到批准。[2]此说明明廷对其使臣身份的肯定。阿黑麻杀了罕慎后,弘治二年遣使来贡,明廷减其给赐。弘治三年土鲁番又遣使贡狮,因明廷众多大臣反对,得不到厚赏,其后请赐蟒龙、九龙、浑金、描金等物,亦不与。弘治四年,明廷遣哈密头目写亦虎仙赍敕谕阿黑麻,令其归哈密金印、城池。十二月,阿黑麻献还金印1颗,城池11座,人口500余,并遣使臣写亦满速儿等进贡驼马方物。次年正月,明廷对阿黑麻献哈密城池和金印给予的赏赐为彩缎5表里,金织衣1袭。对随同写亦满速儿进京的哈密使臣写亦虎仙,兵部会礼部奏请:"写亦虎仙等十四人奉使往回,绩效尤着,请别加优赐,以旌其勤。"[3]同年写亦虎仙升为都督佥事。写亦虎仙通过充当明廷出使土鲁番的使臣,不仅得到了明廷的厚赏,还因抚谕之功得到升职,也由此与土鲁番建立了联系。

土鲁番速坛(速檀 Sultan,意为君主,明朝译写不一)阿黑麻一直想控制哈密。弘治五年二月,明廷诏封哈密故忠顺王脱脱侄孙陕巴袭封忠顺王,并升哈密卫都指挥使阿木郎为都督佥事,辅助陕巴。弘治六年四月,土鲁番速坛阿黑麻以阿木郎与野也克力勾结,抢杀土鲁番牛羊头畜,并将明廷赏赐衣服扣留为由,率兵夜袭哈密,杀死阿木郎,虏走陕巴。明廷为之大怒,拘留土鲁番在京贡使写亦满速儿等40人,写敕切责阿黑麻,并派兵部右侍郎张海、都督佥事缑谦领敕率写亦满速儿往经略之。张海修嘉峪关,捕哈密奸回通阿黑麻者20余人戍广西,请绝西域贡。同时,对寄住苦峪的哈密三种夷人,明廷以奄克孛刺都督理哈密卫事,以回回都督佥事写亦虎仙等管回回,以委兀儿知院阿南答管委兀儿,以哈剌灰千户拜迭力迷失等管哈剌灰,待克复哈密后移居之。此时

〔1〕严从简:《殊域周咨录》卷13《土鲁蕃》,中华书局1993年,第433页。
〔2〕《明孝宗实录》卷18"弘治元年九月丁丑"条。
〔3〕《明孝宗实录》卷66"弘治五年八月辛酉"条。

的写亦虎仙作为哈密回回人的首领成为次于奄克孛剌的重要人物。

弘治七年春三月,张海、缑谦不候命便归,孝宗怒,下其狱,闭关绝贡。闭关绝贡的政策激起西域诸国进贡夷人的不满,认为新皇帝弘治帝不如成化帝待遇优厚,又不受理海道朝贡,宴赏亦薄。于是,"天朝弃绝我,相率从阿黑麻"。阿黑麻复据哈密,自称可汗,大掠罕东诸卫。留其将牙兰与撒他儿率精锐200人守哈密。弘治八年冬十一月,甘肃巡抚都御史许进及总兵刘宁率兵突袭哈密,牙兰遁归,哈密收复。但因孤城难守,明军只得扶助奄克孛剌等统率哈密难民返回家园,耕种自守。弘治九年三月,阿黑麻率众再次袭破哈密,逼使哈密都督奄克孛剌投降,命亲信撒他儿驻守哈密,监督奄克孛剌。六月,奄克孛剌密结瓦剌小列秃部,袭杀撒他儿,收复哈密。弘治十年三月,阿黑麻复攻之,不能下,败走。哈密一时取得优势,然因哈密残破,奄克孛剌遂遣写亦虎仙等人为使臣,向明朝献功和进贡,以取得明朝政府的经济支持。写亦虎仙等至京后,礼部悯其流寓之穷,计其驼马方物价值,给赐缎绢5000余匹。写亦虎仙熟知明廷给赐规则,对礼部薄减衣服彩缎做法不满,在赏赍已毕、买卖已完的情况下仍辗转延住,奏讨不已。为此,礼部尚书徐琼奏请锦衣卫率通事促其起程。[1] 此事显示出写亦虎仙作为贸易商人的贪心,作为使臣,他不是以加强哈密与明朝的联系为目的,而是以追求财富为目的。这是丝绸之路贸易家族的重要特征。

在明朝的压力下,弘治十一年十二月,阿黑麻遣使明朝,献出哈密城池和被俘的哈密王陕巴及其百姓。于是,明朝复以陕巴为哈密王,畏兀儿首领奄克孛剌、哈剌灰首领拜迭力迷失、回回首领写亦虎仙辅佐之。弘治十二年夏,写亦虎仙奉命致赏赐于土鲁番,使土鲁番遣使臣入京朝贡。[2]

陕巴复立后,嗜酒,捨克,不能自立。属夷头目阿孛剌与之有怨恨。弘治十七年阿孛剌暗勾阿黑麻子真帖木儿(阿黑麻与罕慎女所生,是

---

〔1〕《明孝宗实录》卷129"弘治十年九月戊午"条。

〔2〕严从简:《殊域周咨录》卷13《土鲁番》,中华书局1993年,第436页。

年13岁,系奄克孛剌堂外孙)前来哈密守城,陕巴闻知弃城出居苦峪。甘肃镇巡官差百户董杰护送陕巴回哈密,董杰与奄克孛剌、写亦虎仙等合谋将阿孛剌擒杀,都指挥朱瑄等将真帖木儿带回甘州。弘治十八年十月,陕巴卒,明廷立其子速坛拜牙即为忠顺王,命都督奄克孛剌仍掌哈密卫印信,偕都督写亦虎仙协力佐之。

其时,写亦虎仙因久居甘州,购置田地和房屋,其妻古力哈屯,妾你加儿哈屯,及其子米儿马黑麻,均住在甘州城。写亦虎仙将女儿嫁给了被拘禁在甘州的原阿黑麻使臣火者马黑木。写亦虎仙是哈密人火辛哈即的女婿,火辛哈即又将另一女儿嫁给了土鲁番速坛阿黑麻的亲信牙木兰。牙木兰又以妹嫁火辛哈即侄亦思马因。通过互结姻戚,写亦虎仙与土鲁番建立了亲属关系,为其往来土鲁番提供了方便。

8.2 写亦虎仙家族的盛衰

正德年间是写亦虎仙及其家族兴盛并由盛转衰的时期。一方面,写亦虎仙作为哈密进贡使臣,不断向明朝奏讨给赐,追求财富。

正德三年(1508)四月,忠顺王拜牙即遣使臣写亦虎仙等到明朝进贡驼马方物,其时写亦虎仙不与通事皮俊等偕来,亦不随身带贡物,只是身持边镇文移投进鸿胪寺。大通事王永疏请究治奸弊,明武宗命礼部看详以闻。写亦虎仙亦奏王永有所需求,且妄加凌辱。于是礼部言:"哈密乃边境藩篱,既已向化入贡,所遣使臣理宜怀辑。倘失其信,恐生他衅。"由于王永正在豹房供奉,恃宠横恣。武宗有旨令勿穷治,特戒王永后宜加慎,以全大体。写亦虎仙得到安抚。[1] 此次入贡,写亦虎仙违规在先,本该受到究治,明武宗在礼部怀柔政策的提示下,特别训诫王永"后宜加慎",反而优待了写亦虎仙。尽管如此,由于写亦虎仙贡物未至,五月,明廷以失察之罪将通事王景逮捕下狱。其后,写亦虎仙的贡物终于到京。然写亦虎仙此次在京逗留时间较长,大肆售卖

---

〔1〕《明武宗实录》卷37"正德三年四月壬辰"条。

夹带的私货和朝廷赏赐之物,大通事王善奏请禁治,礼部覆称:"各夷朝贡,例许稍挟私货以来,盖羁縻远人,宜俯顺其情,而不可过防,以伤其向化之心也。且哈密城池之复,写亦虎仙亦与有劳,今效顺而来,须加宽假,以示恩意,其获赐而鬻之者,亦宜从便,盖所得钞锭数多,输之于彼,既无所用,而载之于途,大有所费。宜移文彼处镇巡等官,听其量带方物来京贸易,但不可入境市物,以劳驿传。其留边夷使之赐,审无欺克,听其自便可也。"[1]由于写亦虎仙作为贸易使臣经常来往于丝绸之路上,礼部对其比较了解,认为写亦虎仙挟私货是惯例,况其对克复哈密城有功,理应宽待,朝廷赏赐给他的钞锭也是允许他用之买卖的。只是进贡使臣须来京贸易,不得随便在驿途贸易。明武宗认可了礼部的做法。在礼部的宽容与默认下,写亦虎仙对明廷的给赐奏求不已。正德四年二月,写亦虎仙以哈密卫都督的名义奏称:"成化、弘治等年,于速坛阿黑麻处自备己货,赎取陕巴及所夺金印并被掳人口,请赐粮。"户部议:"行甘肃镇巡等官核实,先年果为中国效劳,量为体恤。"报可。[2]户部认为此事得到了甘肃镇巡官的核实,写亦虎仙应得到一定补偿,并报武宗认可,到了三月,明廷应写亦虎仙乞请,赐其纻丝飞鱼衣一袭。[3]至此,写亦虎仙在京城待了近一年时间,除了做生意外,他多次与明朝礼部、户部、兵部、鸿胪寺等部门打交道,熟悉明朝的官场,也知道了明武宗的喜好,这为他以后结识明武宗宠臣打好了基础。

另一方面,写亦虎仙周旋于土鲁番与明廷之间,企图从中获益,最终丢掉了性命,导致整个家族毁灭。

早在正德元年,土鲁番速檀阿黑麻死后,其子满速儿即位,不断遣使明朝,进贡方物,一再要求明朝放回其弟真帖木儿。至正德三年,兵部认为,土鲁番恃其族大种恶,累侵哈密,以真帖木儿为质,是谓"质其所亲爱",不同意放人。正德五年,真帖木儿走出甘州城,明军追而获之。正德六年七月,甘肃守臣请求放归真帖木儿,下兵部会议。兵部认

---

〔1〕《明武宗实录》卷43"正德三年十月甲戌"条。

〔2〕《明武宗实录》卷47"正德四年二月庚寅"条。

〔3〕《明武宗实录》卷48"正德四年三月丙辰"条。

为真帖木儿父死兄存,其去留亦不足以系虏情之向背,同意放回,同时请敕谕其兄速坛满速儿和忠顺王拜牙即,令其修政睦邻,永通职贡。明武宗批准后,送真帖木儿回土鲁番成了一项重要的政治任务。正德七年冬,明廷诏差哈密三都督奄克孛剌、写亦虎仙、满剌哈三送真帖木儿回完聚。其时奄克孛剌暂时羁留兰州,且须与忠顺王协和行事。真帖木儿实由写亦虎仙和满剌哈三送归土鲁番。真帖木儿多次请求回去方批准,对明朝颇有怨言,由于其久住甘州,深知风土,见到满速儿后特别提到甘州城南黑水可灌。又有夷使报告说,甘肃荒旱饥窘,人死亡且半,城堡空虚。满速儿闻知后乃谋侵犯中国,写亦虎仙被羁留。

对写亦虎仙在土鲁番的表现,后世记载矛盾较多。不幸的是,写亦虎仙无意之中成了明朝党争的牺牲品,后世明朝士大夫自身的政治倾向又影响了关于他的真实记载。据《殊域周咨录》记载:写亦虎仙因送真帖木儿回番,乃与番潜谋诱其王云:"番主怪尔行事不公,且来杀尔,可先投免祸。"忠顺王惧,乃欲往投顺。奄克孛剌不从,王恃刀杀之,奄克孛剌逃至甘州,告其情。哈密人火辛哈即乘机同诱王往归土鲁番,当被拘留。火辛哈即先回国,番酋满速儿随令头目火者他只丁同写亦虎仙、满剌哈三领兵占据哈密。[1] 严从简怀疑正德八年九月哈密忠顺王拜牙即投靠土鲁番与写亦虎仙诱骗有关。其实,真正骗诱拜牙即的是火辛哈即而非写亦虎仙。正德九年,甘肃镇巡官差千户马驯、马升等前去哈密访察夷情,马驯等问速坛拜牙即因何弃城,众人称拜牙即是被奸夷火辛哈即吓逼投奔满速儿的,火辛哈即专与速坛满速儿透漏事情。因此,火辛哈即才是诱骗拜牙即投靠土鲁番的主谋。当然,忠顺王拜牙即弃国从番,虽有火辛哈即诱引,实际上是其贪酒色、不行正事、剥削害人、遭部属怀恨反对而逃跑的。其时,写亦虎仙对马驯等曰:"城池、金印在他人之手,我岂敢言奉谁为王?"[2] 此事表明写亦虎仙对拜牙即无可奈何,但他也不想得罪明朝,及时向明朝使臣报告了速坛满速儿要入

---

〔1〕严从简:《殊域周咨录》卷 12《哈密》,中华书局 1993 年,第 418 页。

〔2〕严从简:《殊域周咨录》卷 12《哈密》,中华书局 1993 年,第 418 页。

侵肃州的信息。写亦虎仙哭着向明朝使臣马驯等人说:"我的家当妻子都在甘州。有速坛满速儿要调瓦剌人马同往甘肃地方躧抢,仓里无粮,人没吃的,一定投顺了。他把朝廷地方坏了,官军人等、我的妻子都是死数。你每务要禀知三堂,急调河东大势官军,同甘凉各城人马前来肃州,等着截杀。"并建议,奄克孛剌是罕慎亲弟,若着他袭爵也好。[1]马驯等将此具呈都御史赵鉴,转行甘肃总制邓璋。

由于拜牙即已投奔土鲁番,满速儿于是派遣其头目火者他只丁取哈密金印,占守哈密城。他只丁令哈密都指挥火者马黑木至甘州索赏,且言忠顺王弃国从番,要求差人守哈密。甘肃巡抚赵鉴误认为满速儿忠义,令他只丁等代中国守城勤劳,于是差抚夷官送满速儿金币200。其时,明朝甘肃守臣对忠顺王拜牙即投奔之事可能看得并不严重,拜牙即的使臣及其伴送的撒马儿罕等地使臣接连朝贡到京也说明了哈密职掌西域朝贡之路是通畅的。正德九年十一月,满速儿打败了入侵哈密的瓦剌达子,斩首八级,甘肃守臣请赏,明廷给满速儿、真帖木儿及以下头目均有赏赐。明朝甘肃守臣的软弱和优待,刺激了土鲁番速坛满速儿的胃口。速坛满速儿分兵据守剌术等城,遣使向明朝索缎子万匹以赎哈密城印,声称如不与,即领兵把旗插在甘州门上。十二月,满速儿遣火者他只丁率领人马来到肃州近边王子庄、苦峪、赤斤等处抢掠男妇3000余口,马驼牛羊不计其数。于是,明朝差官经略,派兵部尚书彭泽前往甘肃总督军务。彭泽调延宁等处军驻甘州。满速儿闻彭泽军在,不敢深入,给彭泽等写番文假称被赤斤抢了贡物,找其报仇,不敢侵犯甘肃,只讨些赏赐回去。彭泽信其言,即筹措缎绢褐布共300,遣马骥与通事火信、抚夷百户马升并马训捧敕书二道,前往哈密,与写亦虎仙、马黑木等一道,邀他只丁同往土鲁番。彭泽"以写亦虎仙、火者马黑木等皆土鲁番亲族,故遣同往。论之曰:'忠顺王不得城印,与了小段子,儿甚么稀罕,我奏朝廷,蟒衣、滕阑、织金段、纱罗、银器、珍珠,都发与

---

[1]王琼:《晋溪本兵敷奏》卷7《为斩获犯边回贼首级追逐远遁事》,明嘉靖二十三年刻本。

你。'"[1]他只丁嫌赏薄,只是将金印交与写亦虎仙、哈三等,并将所掠去赤斤铜印一颗付马训等,众议遣马骥、火信将印持回并添取赏赐。他只丁方同马驯等至土鲁番,将敕书原赍缎绢等颁赐给满速儿。火信等回甘州,纳还赤斤铜印,并报添取赏赐。彭泽又备罗缎、褐布共 1900 匹,银壶、银碗、银台盏各 1 副,令火信等复持往谕。未等使臣回复,就上奏远夷已悔过,献还城印。于是彭泽于正德十年闰四月奉诏回京。此时明朝的使臣尚在去土鲁番的路上,八月,写亦虎仙等人才到土鲁番交割增币。然速坛满速儿复嫌少。写亦虎仙、百户赛打黑麻、通事法虎儿、马驯等人商议又许了 1500 匹缎子,火者他只丁从中做了保人。于是,土鲁番差虎都六写亦、火者撒者儿等作为使臣随明朝来使送印取赏。正德十一年四月二十六日,土鲁番进贡使臣 42 名,哈密进贡使臣60 名,伴送土鲁番使臣 10 名,彭泽原差传谕夷情、送赏抚、取城印哈密使臣都指挥火者马黑木等 12 名,验放入嘉峪关。写亦虎仙等随土鲁番使臣到关进贡,进入甘州。新任甘肃巡抚都御史李昆没有接受写亦虎仙等许的 1500 缎子的说法,却听信肃州兵备副使陈九畴之言,将土鲁番使臣虎都六写亦、火者撒者儿扣留为质,因印送来,以杂币 200 匹付土鲁番来使亦思马因、满剌朵思,送至速坛满速儿并火者他只丁,并要求其送忠顺王回国。

李昆、陈九畴的做法激怒了满速儿,满速儿差火者他只丁、牙木兰复占哈密。正德十一年十月,火者他只丁、牙木兰等派夷使斩巴思等递送回回字文书给甘肃都御史李昆等,口气强硬地要求明朝尽快将虎都六写亦、火者撒者儿及所许 1500 匹缎子送回,否则,事便坏了,路也不通。甘肃守臣李昆等认为,城印既已送回,不必俯从,反而要求土鲁番将哈密王速坛拜牙即送回,否则将其差来使臣迁发南方羁住,闭关绝贡。明与土鲁番的关系恶化。

正德十一年十一月十六日,土鲁番兵至肃州城西 10 里,杀死参将芮宁官军 700 人。芮宁兵败,肃州危急,肃州兵备副使陈九畴应对惊慌

〔1〕王琼:《双溪杂记》,引自《王琼集》,山西人民出版社 1991 年,第 33 页。

失措,立即将土鲁番使臣斩巴思、阿剌思罕儿以及写亦虎仙部下缠头汉回高彦名等8人处死。为增加援兵,陈九畴会同史镛、蒋存礼等人商请哈密北山瓦剌达子抢杀土鲁番城,以牵制速坛满速儿。陈九畴欲给瓦剌等量给赏无措,乃于写亦虎仙名下劝罚缎子270匹、绢172匹、银160两、梭布137匹、马5匹、羊100只,另一哈密都督失拜烟答名下劝罚缎子51匹、绢10匹、银64两、马1匹、羊170只,用来赏赐番汉官兵。此时,李昆等亦恐甘州藏有奸夷内应,将写亦虎仙、撒者儿、虎都六写亦及各家属并各起夷人44名俱捕下狱。速坛满速儿遣朵撒哈及把都儿乞和,且称俱是写亦虎仙弄祸。因朵撒哈是速坛满速儿的亲头目,被明军拘留。把都儿被放回传信,速坛满速儿留兵营帐被攻,只好撤回西去。

事后,甘肃守臣以写亦虎仙知土鲁番入寇不行劝阻,先年许土鲁番缎1500匹,勾惹边患,谋背本国,潜从他国,以叛逆论。写亦虎仙诉,行肃州兵备再审。哈密另一都督奄克孛剌恐其脱放,乃告写亦虎仙及其丈人火辛哈即构引土鲁番坏事,今不曾正法,恐贻后患。因写亦虎仙挂有明朝使者的头衔,陈九畴不敢擅杀,将其父子押赴京城定罪,始以"谋叛"的罪名,拟判死刑。《殊域周咨录》对此事的经过是这样记载的:"[正德]十一年四月,牙木兰谋劫甘州,令夷人斩巴思等以书约阿剌思罕,待番兵至时,即与甘州关厢寄住回子放火开城。斩巴思等藏番书入关被获,兵备陈九畴遂搜得[写亦]虎仙日前谋造铁盔四顶、甲二副、铜铁炮七个、大刀四把,其子米儿马黑麻藏在酒主张子义家井内。后番入寇至嘉峪关,射死参将芮宁,甘州大乱。九畴遂杀斩巴思等八人。番酋寻又求和,且差头目虎剌力带领从人前来投递番书,归罪[写亦]虎仙,寻遂西去。九畴乃以捷奏。上诏科道官往勘,拟[写亦]虎仙谋叛律。"[1]

对这次甘肃之变,明廷调查后认定:"彭泽擅差都督写亦虎仙等赎取城印,许与段匹致遗后患。"[2]其中写亦虎仙向土鲁番许诺1500匹

〔1〕严从简:《殊域周咨录》卷12《哈密》,中华书局1993年,第419页。
〔2〕王琼:《晋溪本兵敷奏》卷7《为斩获犯边回贼首级追逐远遁事》,明嘉靖二十三年刻本。

缎子是关键。作为明朝使臣,写亦虎仙的许诺可以看作彭泽或其他甘肃守臣的授权,即使没有授权,因为写亦虎仙的使臣身份,土鲁番有充分理由向明朝要这些缎子。事实上,早在正德十年十二月土鲁番速坛满速儿将城印献还遣使进贡时,总兵官徐谦、太监许宣、都御史李昆筹备织金、彩缎、纱绢、洗白各色梭布共 120 匹包封用印与速坛满速儿,再备织金彩缎、纱绢洗白各色梭布 80 匹包封用印与火者他只丁。这 200 匹缎子等物实际上是对写亦虎仙许诺的承认,只是给的没有写亦虎仙许诺的那么多。由于彭泽已上报朝廷土鲁番处理完毕,甘肃守臣也不好向明廷报告需更多的绸缎。于是,向土鲁番许诺 1500 匹缎子成了写亦虎仙个人的私事。这种私事是甘肃守臣审讯而来的。先是陈九畴审讯哈密回回怯林儿的,怯林儿供称写亦虎仙许与缎子是在正德十年同赛打黑麻等赍送赏赐取讨城印之时许的,原因是写亦虎仙要娶土鲁番王子妹子为妻,土鲁番速坛生气要杀写亦虎仙。写亦虎仙为平息其怒气而许下的。其次,陈九畴复审赛打黑麻,赛打黑麻说称先年写亦虎仙护送真帖木儿到土鲁番时,速坛满速儿要把他妹子嫁与哈密速坛拜牙即为妻,写亦虎仙要娶其为妻,速坛满速儿生气要把写亦虎仙送到冰眼里喂鱼,写亦虎仙慌了,许下缎子 1500 匹。第三,正德七年,甘肃镇巡官奏将真帖木儿放归,差写亦虎仙等送回,写亦虎仙要娶真帖木儿母为妾,又嫌老不娶。后忠顺王速坛拜牙即自行带印投往土鲁番地面。速坛满速儿要将妹子与拜牙即为妻,写亦虎仙闻知潜去土鲁番要娶速坛满速儿妹子为妻,满速儿生气要送他到冰眼里喂鱼,写亦虎仙惧怕许与缎子等。"写亦虎仙要得攀援速坛满速儿做亲仗势,欲图哈密为王,求娶本王姨母为妻。许允,写亦虎仙嫌老不要,又要娶王妹为妻。速坛满速儿嗔怪要杀,央火者他只丁解劝,许下王子段一千匹,又许与火者他只丁五百匹相谢。"[1]因写亦虎仙求婚是其私事,有人认为,火者他只丁向明朝索要的 1500 匹缎实际上是他得罪了满速儿后作为赎命的代

---

[1]王琼:《晋溪本兵敷奏》卷6《为查处久住谋逆奸诡回夷以靖地方事》,明嘉靖二十三年刻本。

价答应下来的。[1] 实际情况可能并非完全如此。首先,速坛满速儿索要更多绸缎是其目标。其次,写亦虎仙作为彭泽使者,得到一些授权。写亦虎仙后来报告说:"彭总制钧帖差人送来,言说都督写亦虎仙等上紧将朝廷的敕书赉去速坛满速儿王处,借钱使用赎取,若不与金印城池呵,你再多许他些钱物,务要将哈密城池金印取来与他,和好就与他使臣一同前来,成事后但是你每借了使过的并许下速坛满速儿王钱物,我每具奏朝廷,一倍还你两倍,朝廷的敕书上也说一倍还两倍。"[2] 事后调查,彭泽确实派人与写亦虎仙说了,但朝廷的敕书上没有"一倍还两倍"的说法。彭泽的允诺和写亦虎仙的贪财是写亦虎仙许缎子的重要原因。其实,写亦虎仙到了肃州后,是及时向明朝报告了土鲁番速坛满速儿索要缎子之事。正德十一年三月,兵部尚书王琼奏:"都御史彭泽、李昆前哈密城、印俱已献还,火者他只丁亦取回土番。及译写亦虎仙帖文则谓:止归金印,而他只丁尚据城以要重赎。又言速坛满速儿谋欲犯边,为所劝阻,遣使入贡。"[3] 兵部要求甘肃镇巡等官:"从长议处,既不可严峻拒绝,激变夷情,亦不可示弱轻许,开启弊端。其番酋果来效顺,进贡到边,照依旧例放入,加意抚待。"[4] 显然,写亦虎仙是实报,彭泽、李昆是谎报。但明廷相信了彭泽、李昆等的报告,赎城的1000多匹缎子也不可能从朝廷那里得到。在李昆等人那里这是写亦虎仙个人求婚惹来的麻烦。在陈九畴搜得写亦虎仙及其子谋叛武器的证据后,写亦虎仙及其家族就是谋叛的死罪了。

写亦虎仙的转机是另一哈密都督失拜烟答之子米儿马黑麻在京城直入东长安门,为其父冤死告御状出现的。甘肃守臣对米儿马黑麻之父判决是:"已故都督失拜烟答交通外夷,谋为内应。身虽已死,法尚难容,仍当迁其妻,孥没其财产。"[5] 米儿马黑麻不服,向明武宗诉说,其父是出城杀贼,头上中箭走回,被陈九畴责打身死。于是武宗下诏提

〔1〕田卫疆:《关于明代吐鲁番史若干问题的探讨》,载《中国边疆史地研究》,2005年第3期。

〔2〕王琼:《晋溪本兵敷奏》卷7《为夷情事》,明嘉靖二十三年刻本。

〔3〕《明武宗实录》卷135"正德十一年三月戊申"条。

〔4〕严从简:《殊域周咨录》卷13《土鲁番》,中华书局1993年,第439页。

〔5〕王琼:《晋溪本兵敷奏》卷7《为斩获犯边回贼首级追逐远遁事》,明嘉靖二十三年刻本。

解写亦虎仙等到京会审。刑部会同三法司并锦衣卫各堂上官会审,认为:写亦虎仙翻异原情,改拟奏事不实,律参看得。彭泽、李昆、陈九畴及史铺、蒋存礼等分别受到革职为民、降级等处分。[1]

8.3　写亦虎仙家族衰亡的原因

正德十三年七月写亦虎仙押解到京,他通过其女婿火者马黑木、侄婿米儿马黑麻交结权臣钱宁。写亦虎仙在刑部狱中时,"钱宁假传上意差校尉数辈往视之。近幸,馈烧羊酒肉者无虚日。既脱罪,遂留豹房,朝夕近侍"。[2] 时佞臣钱宁"引乐工臧贤、回回人于永及诸番僧,以秘戏进"。[3] 回回人锦衣卫都督同知于永"善阴道秘术,遂召入豹房,与语大悦。永,色目人。进言回回女皙润而瑳粲,大胜中土。时都督吕佐,亦色目人。永矫旨索佐家回女善西域舞者,得十二人,以进歌舞。达昼夜,顾犹以为不足。乃讽上,请召诸侯伯中故色目籍家妇人入内驾,言教舞而择其羡者留之,不令出"。[4] 因为武宗宠爱回回女,马黑木通过钱宁捏请带同官校往肃州选取妇女,而"写亦虎仙以秘术干进得与养子列"。[5] 写亦虎仙结识权臣江彬,"恃彬势,或驰马于市,或享大官之馔,于刑部或从乘舆,而餕珍膳享于会同馆"。[6] 由于写亦虎仙及其婿、侄婿等进献西域美女、珍宝,密呈房中秘戏方伎,大得明武宗青睐。写亦虎仙与"其婿得侍帝左右,帝悦之,赐国姓,授锦衣卫指挥"。[7]

正德十四年六月,宁王朱宸濠反叛,明武宗率军亲征,写亦虎仙等与幸臣江彬随行。正德十六年三月明武宗病死。其侄朱厚熜继位,是

〔1〕严从简:《殊域周咨录》卷13《土鲁蕃》,中华书局1993年,第442页。
〔2〕杨廷和:《杨文忠三录》卷3,《文渊阁四库全书》本。
〔3〕《明史》卷307《列传第一百九十五》,《佞幸·钱宁》。
〔4〕〔清〕毛奇龄:《武宗外纪》,清康熙刻西河合集本,收入《四库全书存目丛书》,史部第56册。
〔5〕焦竑:《国朝献征录》卷39《兵部尚书胡端敏公世宁传》,明万历四十四年刻本。
〔6〕严从简:《殊域周咨录》卷12《哈密》,中华书局1993年,第321页。
〔7〕《明史》卷329《列传第二百十七》,《西域·哈密卫》。

为嘉靖帝。嘉靖帝明世宗年仅 13,诸事皆由太皇太后与当朝大臣杨廷和等人处理。即"放豹房番僧及教坊司乐人,还四方所献妇女",杀佞臣钱宁和江彬,写亦虎仙等人也都被捕入狱,交法司审理。法司给他们所定的罪责是:"查得[写亦]虎仙止有一妻一妾,与子马黑麻住甘州,又一妾住哈密。参照虎仙本以西域狡夷,滥膺朝廷品爵,不思匡辅哈密,为国藩篱,却乃潜通土鲁番,犯我疆圉。妄许段匹,致芮宁之丧师;谋为夷王,逼忠顺以失国。搅扰地方,为患多年。交结权奸,旷诛二载。所据本犯罪恶深重,议拟前罪,缘坐其家口,籍没其财产。本犯未到男米儿马黑麻藏兵甲于井中,思乘时而构乱;遣家童于徼外,欲籍寇而复仇。婿马黑木诱令番酋夺占哈密城池,率同他只丁抢掠近边人畜。所据各犯俱与虎仙罪恶相同,亦当拟谋叛之律。"[1]是年十一月,写亦虎仙瘐毙于狱中,时年 65 岁。其子米儿马黑麻、女婿火者马黑木、侄婿米儿马黑麻皆于嘉靖二年(1523)五月斩于市。[2]嘉靖三年七月,写亦虎仙妻古力哈屯、妾你加儿哈屯被赐给武定侯郭勋为奴。

写亦虎仙之死,首先是明朝内部政治斗争的需要与结果。兵部尚书王琼欲借甘肃之乱追究相关责任人的过错,他上疏称:"彭泽故违敕旨,不遵会议,擅自主张,措备赏物,差人出使外国讲和,开启边衅,遗患地方。隐匿近边抢杀贼情,妄奏事宁回京。及都御史李昆明知土鲁番占据哈密挟求赏赐,关系边情至重,坐视因循,持疑两端,酿成大患。副使陈九畴惟知讲和之为非,不思中变之为害,擅拟拘执夷使,因而激变,疑有奸夷交通,多无指实,俱应究治提问。"[3]内阁首辅杨廷和认为这是"德华(王琼)忌济物(彭泽),欲害之"的做法,且认定写亦虎仙"赂德华块玉重百三十斤,祈免罪",所以王琼才对彭泽、陈九畴等人予以追究。杨廷和认为写亦虎仙"自成化以来交构土鲁番,据哈密城池,夺金印、前后房忠顺王善巴、哈尚及苏尔坦巴雅济三人,阿穆尔温都尔实哩亦为所害,其意直欲王哈密也,每年进贡所得厚赏皆归和珊(虎仙),

---

〔1〕严从简:《殊域周咨录》卷 12《哈密》,中华书局 1993 年,第 420 - 421 页。

〔2〕《明世宗实录》卷 27"嘉靖二年五月癸酉"条。

〔3〕王琼:《晋溪本兵敷奏》卷 7《为斩获犯边回贼首级追逐远遁事》,明嘉靖二十三年刻本。

自甘肃至京师沿途皆有店舍,扰害西域者数十年"〔1〕 写亦虎仙是否受审成了杨廷和一派与王琼一派政治争论的关键问题。如严办写亦虎仙等叛逆,杨廷和一派就可以要求宽免彭泽、陈九畴等人,并在对待土鲁番问题上,持闭关绝贡的强硬立场。兵部尚书王琼作为明廷处理甘肃事务的主要负责人,审查了大量的明与土鲁番的来往文书及解京犯人,其奏疏保留了大量甘肃之乱的细节,最终确认了彭泽等人的过错,并得到明武宗的首肯。然武宗一死,杨廷和出于政治需要,借嘉靖帝登基诏书,假威擅柄,将写亦虎仙监故。写亦虎仙的死讯传至西域,并没能如杨廷和集团所愿吓退土鲁番,反而成为满速儿招揽哈密回回部落,侵犯明朝的最佳借口。嘉靖三年九月,土鲁番 2 万骑兵在满速儿的率领下以报仇为名再次大举入寇甘肃,围困肃州,抢掠甘州,再次震惊了明朝君臣。明世宗在对提督杨一清密谕中指出:"其祸之来,实始于彭泽、陈九畴,而因杀死写亦虎仙家族,侵欺财产,所以彼酋至今恨之。"〔2〕杨一清则认为"番人之怨实由陈九畴之多杀也"。写亦虎仙之死"似亦不足深惜。但彼乃夷人,与华民不同,乃治以中国之法,死之狱中而并坐其家属,实则太过。然此酋乃番人之所喜,而哈密之人深怨者也"〔3〕他将诛除写亦虎仙家族一事列为激变土鲁番的原因之一,但不是最主要原因。

其次,写亦虎仙及其家族被诛是部分明朝官员主张闭关绝贡以示强硬的反映。对此,杨一清引用这部分官员的话说:"往者都御史陈九畴、御史卢问之具奏,兵部会题,皆欲闭关绝贡,永不与通。以番人之所利于中国者甚多:既绝其贡道,绿币不出,则彼无华衣;铁锅不出,则彼无羹食;大黄不出,则彼畜受暑热之灾;麝香不出,则床榻盘蛇虺之害。彼既绝其欲得之物,则自然屈伏。"〔4〕对主张闭关绝贡的陈九畴等人而

---

〔1〕杨廷和:《杨文忠三录》卷3,《文渊阁四库全书》本。

〔2〕杨一清:《杨一清集·密谕录》卷7《再论甘肃夷情奏对(一)》,中华书局 2001 年,第 1055 页。

〔3〕杨一清:《杨一清集·密谕录》卷7《再论甘肃夷情奏对(一)》,中华书局 2001 年,第 1057 页。

〔4〕杨一清:《杨一清集·密谕录》卷7《论哈密夷情奏对》,中华书局 2001 年,第 1053 页。

言,从事丝路朝贡贸易的写亦虎仙家族不为他们所喜。彭泽擅派写亦虎仙为使臣,又不承认写亦虎仙许下的 1500 匹缎子,陈九畴等不仅怀疑写亦虎仙勾结土鲁番,还拷打无罪的回回人,将礼拜寺改做寺院。正德十一年十一月土鲁番犯肃州时,"陈九畴将回回坟墓并礼拜寺都拆毁了,又将回回人妻与了西番人去了"。[1] 写亦虎仙作为从事朝贡贸易的哈密回回人的首领,陈九畴等人对写亦虎仙家族的打击实际上是其闭关绝贡主张的体现。然明朝能绝其入贡之路,不能绝其入寇之途。有学者认为,通过朝贡贸易与西域诸国建立友好往来的关系和孤立敌对的蒙古贵族,是明朝最高的国家利益,而闭关绝贡只能使明朝引火烧身,或使西域诸国独自与明朝开战,或将西域诸国推向蒙古贵族一边。要树立其大国的形象和维护其大国的地位,明朝必须积极主动地确保丝绸之路的畅通。如果明廷一意孤行,人为地闭关绝贡,割断丝路贸易线,带给明朝的将是灾难性的后果。[2] 这种将西域与北方蒙古结合起来考察丝绸之路的关闭是对的,也正因为如此,明朝设置了哈密卫,问题是,明朝政府长期以来耗费巨万所扶持的历代忠顺王虽然在政治上多倾向于明朝,但其最大的弱点在于政治根基薄弱,没有足够的力量统领哈密军民。而部族头目又各自为政,无法树立一个坚强的统一领导的核心,从而不断地轻易为土鲁番所攻陷。[3] 到明朝中后期,土鲁番取代哈密统领西域诸国朝贡,成为必然。而明廷囿于祖宗旧制,不予承认。嘉靖以后,土鲁番吞并哈密,仍向明朝进贡,哈密亦附名来贡。所以,明人严从简对此评论说:"哈密之守与否,不足为中国利害。即今四五十年来,哈密无封。各夷自贡,未见其为患也。"[4] 明朝实际上默认了土鲁番统领西域诸国朝贡的地位。

在明朝厚往薄来的朝贡贸易体制下,写亦虎仙只有充当使臣才能谋取更多的经济利益。他虽是哈密回回首领,但作为哈密进贡使臣,他

〔1〕王琼:《晋溪本兵敷奏》卷 7《为夷情事》,明嘉靖二十三年刻本。
〔2〕田澍:《明代甘肃镇与西域朝贡贸易》,载《中国边疆史地研究》,1999 年第 1 期。
〔3〕廖元琨:《从写亦虎仙之死看明代哈密危机的内因》,载《青海民族研究》,2009 年第 4 期。
〔4〕严从简:《殊域周咨录》卷 13《土鲁番》,中华书局 1993 年,第 463 页。

只能在忠顺王和都督奄克字剌名义下朝贡于明廷,或者充当明朝出使土鲁番使臣以求有功于明朝,从而得到明朝的赏赐。15 世纪后期 16世纪初的丝绸之路东段虽然保持畅通,但它在很大程度上依赖于明朝的国力。明朝中后期国势渐衰,国内保守主义势力上升,闭关绝贡的主张得到部分士大夫的认可,即便赞同通贡的士大夫也希望薄减其给赐,而不是永乐、宣德年间的厚赐。所以,写亦虎仙希望得到成化及其以前的厚赐是很难了。作为丝绸之路上的贸易家族,写亦虎仙积累财富依赖于明朝,结交土鲁番是其手段,明朝甘肃守臣和朝廷的态度以及做法直接影响了该家族的兴衰,而明朝国力的下降也决定了该家族必然走向衰落,只是时间的早晚而已。与写亦虎仙家族同样类型的朝贡贸易家族也是如此。

9 明代来华西域人的归附

明代西域指嘉峪关以西西域诸国，《明会典》称"嘉峪关外，并称西域"[1]。明在关西设有七卫，哈密最西。哈密以西有哈烈等西域 38 国，朝贡皆经哈密。由西北陆路来华的西域人，多以进贡名义入嘉峪关进入明朝境内。作为进贡使臣，一般均要回国复命，但也有些人不愿回国，留在明朝，成为明朝的归附人员。大体上，归附明朝的西域使臣有三种类型，一是作为进贡使臣申请留居，二是作为进贡人员自愿归附，三是作为进贡使臣先寄寓后归附。本文主要依据《明实录》论述归附西域人的来源地和类型，并探讨西域人归附的原因及其影响。

9.1 西域贡使申请留居

古代外交礼节，使臣来访，接受来访的国家有义务将使臣送回，不得随意扣留。洪武二十四年(1391)，明太祖朱元璋因西域别失八里王黑的儿火者遣使来贡，遂遣主事宽彻等人出使西域别失八里等国，在致黑的儿火者的国书中提到："王其益坚事大之诚，通好往来，使命不绝，岂不保封国于悠久乎？特遣使嘉劳，其悉朕意。"[2]强调使臣往来对两国关系的重要性。然宽彻到别失八里后被黑的儿火者拘留，副使两人得还。洪武三十年，朱元璋复遣使持书往谕黑的儿火者："拘吾使者不遣，吾于诸国未尝拘留使者一人，而尔拘留吾使，岂礼也哉？"扣留使者这种不合外交礼节的做法会导致"道路闭塞而启兵端也"[3]。明太祖

---

〔1〕〔明〕申时行等修：《明会典》卷 107《朝贺三》，中华书局 1989 年，第 579 页.
〔2〕《明太祖实录》卷 212"洪武二十四年九月乙酉"条。
〔3〕《明太祖实录》卷 249"洪武三十年正月丁丑"条。

对别失八里王扣留使臣的做法予以谴责。由此,除非对方羁留本国使臣或与明朝为敌,明朝很少主动羁留外国使臣。但是,如果外国使臣主动提出留居中国,则明廷是否同意呢?

　　见之于《明实录》最早申请留居中国的西域使臣是亦思弗罕的使臣马哈木。马哈木作为中亚帖木儿王朝的地面使臣,于永乐十七年(1419)三月与失剌思使臣一道来贡西马、狮、豹等物。至五月,辞还。明朝遣中官鲁安、叶先等送之,并赍敕往劳失剌思王亦不剌金,赐之绒锦、金织、文绮、纱罗、玉系腰、瓷器等物。鲁安顺道访问亦思弗罕,明廷准备好赐其头目礼物。然而,临行时亦思弗罕使臣马哈木却申请留居京师,明成祖同意让他留下来,赐赉有加。[1] 但这种留居使臣的做法并不合外交礼仪。可能亦思弗罕使臣原计划是回国的,只是由于临行时由于某种特殊原因才奏请明廷同意其留居京师。此外,亦思弗罕是失剌思使臣陆路回国的必经之地,且失剌思的地位要高于亦思弗罕,明朝使臣赍敕往劳的主要是失剌思王,明廷给赐亦思弗罕地面的礼物可以由失剌思使臣代劳。但这也是永乐年间西域进贡使臣申请留居中国的特例。

　　《明实录》还记载了一个与此相类似的事例,只是这次明朝皇帝没有同意。明宣宗刚刚即位,哈密忠义王遣使朝贡,明廷对这批使团成员或晋职或授职,也先帖古里作为其成员由舍人身份授职为试百户。此人是在京居住的归附鞑官千户也先不花之子,早年被哈密忠义王所拘。其父得知其随哈密使臣来朝,向兵部尚书报告要求将其留在身边,给予侍养。明宣宗答复说:"父子至亲,岂夷虏异情哉,应给与之。但今自哈密来,留之不遣,彼将谓拘其使臣,非待远人之道。令归,言于忠义王遣之再来。"[2] 因也先帖古里是使臣身份,明廷不能留他与其父团聚。

　　宣德至天顺年间,西域进贡使臣申请留居明朝较多,主要是土鲁番进贡使臣。累次进贡的土鲁番使臣,熟悉明朝情况,与明朝建立了密切

---

〔1〕《明太宗实录》卷212"永乐十七年五月己巳"条。
〔2〕《明宣宗实录》卷6"洪熙元年闰七月癸丑"条。

关系,而后申请定居明朝境内。其中最典型的是土鲁番城都督佥事尹吉儿察及其家族。尹吉儿察于永乐二十年、永乐二十二年、洪熙元年(1425)、宣德元年(1426)四次到明朝进贡,因被别失八里王歪思汗(1417—1432)驱逐,宣德元年十月,尹吉儿察申请留居明朝得到批准,被明朝安排在甘肃居住。为此,礼部上奏:"土鲁番城都督佥事尹吉儿察等令还甘肃居住,凡其日用之物请旨量给。"宣宗说:"远人朝贡,皆是向慕中国,若待之失宜,岂不缺望。况此人已受重爵,宜令缘途有司优于饮食,陕西行都司拨与居宅,毋令失所。"[1]宣德五年七月,尹吉儿察上书奏请:"臣率家属来朝,愿居京师,以图报效。"宣宗嘉其诚,从之,赐金织文绮袭衣,命行在工部与居第什器等物,户部给俸禄。[2] 十一月,宣宗又"命行在户部,尹吉儿察月俸视山后人例,于北京米钞各半支给"。[3] 宣德九年冬十月尹吉儿察去世,有二子,一名满哥帖木儿,一名卜烟川儿,另有一侄撒都。三人均曾分别组团向明朝进贡。满哥帖木儿于宣德三年七月来朝贡马。其人或许于宣德五年与其父一并留居京师。卜烟川儿于宣德九年十月携妻申请留居京师,被授为正千户,但未几便升为指挥佥事,其部属舍黑马黑麻等 5 人被授为试所镇抚。撒都于宣德五年九月归附时被授为百户。

归附明朝的另一个土鲁番家族是都督佥事速哥(锁恪)家族。永乐二十二年三月,土鲁番城都督佥事速哥向明朝贡马,得到明廷的大量给赐,但没有多久就去世了。宣德元年九月,其子也苦著儿(亦称爱鬼着儿)向明朝贡马驼等物,并根据惯例,向明廷申请袭职。也苦著儿袭为指挥佥事。宣德二年五月,也苦著儿升职为都指挥佥事,七月得诰敕。宣德四年五月,也苦著儿来朝贡马,九月申请留居京师。宣德五年六月,其所部舍人哈因虎里等奏请居京自效。速哥弟弟猛哥帖木儿于宣德三年十二月来朝贡马,被明廷授为指挥佥事。宣德五年十二月,猛哥帖木儿偕同 38 人来朝,奏请居京自效。土鲁番城都督佥事速哥的儿

---

〔1〕《明宣宗实录》卷 22"宣德元年十月甲申"条。

〔2〕《明宣宗实录》卷 68"宣德五年七月丁巳"条。

〔3〕《明宣宗实录》卷 72"宣德五年十一月癸卯"条。

子、弟弟及其家族成员均被明廷批准留居京师。

以进贡名义来自申请留居明朝的土鲁番城使臣还有:宣德三年三月戊戌,土鲁番城千户他力麻敏何秃等来朝,被明廷升为指挥金事。宣德七年八月癸卯,土鲁番城舍人陈檀等来朝,均上奏申请居京自效。此外,宣德五年十二月丁亥,柳城万户阿黑把失等 16 人来朝,阿黑把失等 5 人被授为副千户等官。宣德六年九月,坤城使臣者马里丁等来朝,奏愿居京自效。[1]

哈密是明朝藩属国,明设哈密卫管护。其使臣朝贡后申请归附的较少。主要有:宣德六年二月丁酉,哈密忠顺王使臣都指挥金事伯伯、舍人哈剌虎力等 6 人来朝,奏愿居京自效,命哈剌虎力等 5 人为所镇抚。正统十一年(1446)七月,哈密使臣所镇抚哈剌别告愿居京自效,命送南京锦衣卫。[2]

9.2　自愿前来归附的西域人

自愿归附明朝的西域人,明代各个时期数量不等。《明实录》记载西域来归人数较多的是明代前期,尤以宣德、正统、景泰等朝最为集中。撒马儿罕、亦力把里、土鲁番、哈密等地面均有人自愿前来归附。

撒马儿罕是中亚帖木儿王朝(1370—1507 年)的首府[除沙哈鲁(1405—1447 年)等以哈烈为首府之外],撒马儿罕人的进贡和归附都受到明朝的重视。除个别贸易使臣进贡后申请留居外,大多数撒马儿罕人入关时就奏请在明定居。据《明实录》记载,这些自愿归附明朝的撒马儿罕人有 10 多批。

洪武二十三年撒马儿罕人亦剌思归附,归附之时明廷可能授予他千户之职,先在锦衣卫带俸,后多次充当明朝出使瓦剌的使臣。洪武三

〔1〕《明宣宗实录》卷83"宣德六年九月丁卯"条。
〔2〕《明英宗实录》卷 143"正统十一年七月壬辰"条。另据《明英宗实录》卷 157"正统十二年八月壬辰"条,哈密等处使臣所镇抚哈剌别来朝贡马,奏愿居京自效,命隶南京锦衣卫。两处记载均为哈密使臣所镇抚哈剌别。相差一年多,疑为一人。

十五年冬十月,明太宗升撒马儿罕归附千户亦剌思为锦衣卫指挥使。[1] 明宣宗即位不久,撒马儿罕头目阿都儿火者来归,命为正千户,令居甘州。[2] 由陕西行都司负责安排衣食住行等。明廷因阿都儿火者是头目,归附之日就直接授予他正千户之职。正千户,正五品,中下级军官。这可能是永乐宣德年间以头目身份归附明朝的外国外族人员常见的政治待遇。

正统至景泰年间,尤其是正统十一年至景泰五年(1454)的 9 年间,撒马儿罕人归附明朝大约有 9 批。这些来归的撒马儿罕人中,可能在本土地位不高,明廷对这些归附撒马儿罕人头目授的官职多是小旗、头目、镇抚,或者不授职。主要有:正统十二年四月,撒马儿罕回回哈肥子来归,居京师,命为头目,隶锦衣卫。[3] 十月,撒马儿罕回回哈只等来归,隶南京锦衣卫。[4] 正统十四年二月,撒马儿罕地面回回帖儿不失等来归,命为头目,隶南京锦衣卫。[5] 三月,撒马儿罕回回亦剌马丹等 3 名来归,居京自效。[6]

景泰元年十二月,撒马儿罕地面进贡回回哈三,土鲁番进贡回回察乞儿,并凉州回回沙即班等来归。命为头目,送南京锦衣卫安插。[7] 景泰二年九月壬子,撒马儿罕回回阿力、火辛等来归。命阿力为镇抚、火辛为头目,隶南京锦衣卫。[8] 景泰三年五月,撒马儿罕地面回回马黑麻来归。命为小旗,于南京锦衣卫安插,月支米 2 石。[9] 景泰五年七月,撒马儿罕地面人把好丁妇(妇,可能是"归"之误),命为头目,送

---

〔1〕《明太宗实录》卷 13"洪武三十五年冬十月壬戌"条。并见张鸿翔:《明代各民族人士入仕中原考》,中央民族大学出版社,1999 年,第 106 页。张鸿翔先生所录《锦衣卫选簿》七七还记有另一亦剌思:"回回,洪武二十三年来归,命于锦衣卫带俸。故后子马哈黑嗣。"
〔2〕《明宣宗实录》卷 9"洪熙元年九月癸亥"条。
〔3〕《明英宗实录》卷 152"正统十二年四月癸卯"条。
〔4〕《明英宗实录》卷 159"正统十二年十月庚辰"条。
〔5〕《明英宗实录》卷 175"正统十四年二月戊寅"条。
〔6〕《明英宗实录》卷 176"正统十四年三月戊申"条。
〔7〕《明英宗实录》卷 199"景泰元年十二月庚寅"条。
〔8〕《明英宗实录》卷 208"景泰二年九月壬子"条。
〔9〕《明英宗实录》卷 216"景泰三年五月戊午"条。

南京锦衣卫安插,月支粮 2 石。[1]

撒马儿罕人集中在这一时期归附明朝可能因这一阶段亦力把里(别失八里)与撒马儿罕不和有关。帖木儿王朝与亦力把里之间由于相邻,联系较为密切,但双方之间亦常有战争。《中亚蒙兀儿史——拉失德史》记载了帖木儿王征察台(东察合台汗国)的事迹。1425 年,撒马儿罕的米儿咱兀鲁伯曾大举征讨察台,当时的东察合台汗失儿·马哈麻被击败。继位的歪思汗在 1428—1429 年间,在抵御兀鲁伯的战事中,被部下不慎射中身亡。[2] 歪思汗次子也先不花统治时期(约 1428—1462 年在位),曾出征撒马儿罕控制下哈实哈儿。[3] 帖木儿王朝的卜撒因(1451—1468 年)在撒马儿罕称王时,也先不花攻入拔汗那(俺的干)。作为报复,卜撒因召回了被流放的也先不花的哥哥羽奴思,另立他为东察合台汗国汗,并派兵送其归国。然而,羽奴思在与也先不花的斗争中失败。卜撒因将达失干边界上一块属于俺的干的小山地麻思黑(Masikhi)封给羽奴思,要他在那里整兵再战,时为 1456年。[4] 撒马儿罕人大批归附明朝很可能与上述不和有关。正统十一年三月,撒马儿罕使臣还至沙州,闻亦里把里与其王子仇杀,恐为邀劫,告乞暂留甘州,俟路通而还。总兵官宁远伯任礼上报皇帝。英宗从之。[5]《明实录》记其时亦力把里王是也密力虎者,此人不见于海答儿书的记载。从在位年代看,可能就是《中亚蒙兀儿史——拉失德史》中的也先不花。景泰六年七月,撒马儿罕地方使臣向镇守甘肃太监蒙泰报告说:"亦力把里也咩里火者(按,即上文之也密力虎者)王领人马来劫哈密。"[6]可见,归途不安全应是来华的撒马儿罕人归附明朝求栖身

---

〔1〕《明英宗实录》卷 243"景泰五年七月丙辰"条。

〔2〕布莱特·施奈德(Bretschneider, E.):《中世纪研究》(Mediaeval Researches),卷 2,伦敦,1910 年,第 233 - 234 页。

〔3〕米儿咱·马黑麻·海答儿:《中亚蒙兀儿史——拉失德史》,第一编,新疆社会科学院民族研究所译,王治来校注,新疆人民出版社,1983 年,第 263 - 264 页。

〔4〕参见布莱特·施奈德:《中世纪研究》,卷 2,伦敦,1910 年,第 234 - 235 页。米儿咱·马黑麻·海答儿:《中亚蒙兀儿史——拉失德史》,第一编,第 272 - 278 页。

〔5〕《明英宗实录》卷 139"正统十一年三月辛卯"条。

〔6〕《明英宗实录》卷 256"景泰六年七月丁亥"条。

·欧·亚·历·史·文·化·文·库·

的重要原因。

明朝前期,亦力把里与明朝往来密切,但归附人员并不多。主要有三批,一是宣德四年五月,亦力把里舍伯沙来归,奏愿居京自效,命为所镇抚。[1] 二是正统十一年秋七月,亦力把里地面百户速来蛮、脱辛地面镇抚恪来来归,英宗命于南京锦衣卫带俸。[2] 三是景泰四年二月,亦力把里等地面夷人迭儿必失阿里、阿里曼、马黑麻等3人来归,被安插在南京锦衣卫。[3]

而土鲁番及其附近地区因亦力把里的进攻,除入贡使臣归附外,还有不少人申请直接归附。主要有:宣德六年二月,迤北脱脱等、剌竹地面阿都剌等、土鲁番城胡马儿舍等来归,皆奏愿居京自效,命为指挥佥事、百户等官。[4] 宣德八年正月,土鲁番城回回僧海失都来归,奏愿居甘州。[5] 宣德八年九月,土鲁番城回回伯颜帖木儿等来归,奏愿居京自效。[6] 正统二年三月,土鲁番城都纲佛先、舍人南忽力等奏愿居京自效,命佛先等安插在京寺院,日与饩廪,南忽力等隶锦衣卫。[7] 正统十一年五月,土鲁番地面回回所镇抚撒法儿来归,月支食米2石。[8] 此外,宣德五年六月,近土鲁番的车儿绰(亦作"扯儿禅",即车儿臣 charchan 或车尔成 qarqan,今新疆且末)头目莫台、伯兰火者、阿鲁火者3人来归,奏愿居甘州自效,命莫台、伯兰火者为指挥佥事,阿鲁火者为副千户,赐冠带。仍命陕西行都司于甘州左卫带支月俸。[9]

明代还有不少"迤西回回",这些"迤西回回"具体来自哪个地面,要视情况而定。迤西,《回回馆杂字·地理门》作忒勒夫·默额力卜

〔1〕《明宣宗实录》卷54"宣德四年五月丁未"条。
〔2〕《明英宗实录》卷143"正统十一年秋七月癸未"条。
〔3〕《明英宗实录》卷226"景泰四年二月壬寅"条。
〔4〕《明宣宗实录》卷76"宣德六年二月癸卯"条。
〔5〕《明宣宗实录》卷98"宣德八年正月丁丑"条。
〔6〕《明宣宗实录》卷106"宣德八年九月丙寅"条。
〔7〕《明英宗实录》卷28"正统二年三月丙申"条。
〔8〕《明英宗实录》卷141"正统十一年五月庚辰"条。
〔9〕《明宣宗实录》卷67"宣德五年六月壬辰"条。

（taraf-i maghrib），这个词由阿拉伯文 taraf（方向）和 maghrib（西方）构成[1]，是回回人知道的词。明代的"迤西"一般指嘉峪关以西，明英宗及其以后时期，"迤西"之后有时会附加具体地名、王名或族名。如，迤西沙州卫、迤西安定王、迤西曲先、迤西哈密、迤西戎地面、迤西哈喇灰、迤西速鲁檀阿力王、迤西哈密卫、迤西土鲁番地面、迤西阿黑麻曲儿干王、迤西日落国亦思刊答儿鲁密帖里牙王等。明孝宗时有时特指土鲁番，如弘治四年（1491）十二月来华的土鲁番使臣写亦满速儿在《明孝宗实录》中又称其迤西使臣写亦满速儿。

正统、景泰、天顺年间来归的迤西回回，明廷将他们安置在南京锦衣卫。主要有：

正统十年二月，迤西回回马哈麻阿力来归，命为头目，赐钞布袭衣送南京锦衣卫带俸。[2]

景泰四年二月，迤西夷人脱儿古者来归，奏愿居京自效，命充头目，隶南京锦衣卫。[3]

天顺六年（1462）十一月，迤西回回所镇抚牙忽来归，命仍原职，送南京锦衣卫带俸。[4]

天顺七年十一月，命迤西来归回回纳速儿丁为头目，送南京锦衣卫安插。[5]

9.3 为摆脱瓦剌控制而归附明朝的西域回回

正统初年，瓦剌封建领主脱欢"内杀其贤义、安乐两王，尽有其众"，暂时统一了东、西蒙古。脱欢立成吉思汗后人脱脱不花为汗，而

---

〔1〕刘迎胜：《〈回回馆杂字〉与〈回回馆译语〉研究》，中国人民大学出版社 2008 年，第 329 页。

〔2〕《明英宗实录》卷 126 "正统十年二月甲寅"条。周松认为，此即《南京锦衣卫选簿》中的"火者阿力"。周松：《明代南京的回回人武官——基于〈南京锦衣卫选簿〉的研究》，载《中国社会经济史研究》，2010 年第 3 期。

〔3〕《明英宗实录》卷 226 "景泰四年二月辛亥"条。

〔4〕《明英宗实录》卷 346 "天顺六年十一月甲辰"条。

〔5〕《明英宗实录》卷 359 "天顺七年十一月甲申"条。

139

"自为丞相,居漠北"。[1] 正统四年脱欢去世,其子也先继立,自称太师淮王,瓦剌进入鼎盛时期。脱欢在争夺东部蒙古时,还顾不上争夺西域。与西域尚能和睦相处,表现为瓦剌使臣来中原常经哈密往返,或与亦力把里、哈密等地的使臣一起向明廷进贡。也先登上太师宝座后就迅猛地在东部、中部、西部三面同时向明朝展开了全面攻势。[2] 正统八年,瓦剌攻哈密,掳去忠顺王母,迫使哈密忠顺王服属。瓦剌控制哈密后,与明廷还保持朝贡关系。正统九年三月,瓦剌、哈密等处使臣察力把失来贡,明廷对也先和忠顺王均与给赐。实际上,明廷对瓦剌控制哈密表示担忧,要求哈密防备。第二年(1445)十月,敕谕哈密忠顺王倒瓦答失里:"今后瓦剌差人数多及无印信文书,不系紧要者,尔处不必起送。其假托瓦剌差人即谕遣发还,不必放进。"[3]但这种敕谕对软弱的哈密忠顺王似乎没有成效。正统十一年五月,瓦剌也先令头目塔剌赤等至哈密,取忠顺王的母、妻、弟,适有撒马儿罕兀鲁伯曲烈干遣使臣满剌麻等100余人进贡方物,路经哈密,被塔剌赤等逼诱同往瓦剌。又将沙州逃来人家亦强逼带去。明廷对哈密未能安全起送进贡使臣的失职予以指责,敕谕哈密忠顺王:"尔部属中若有奸诈小人,通同外夷生事害众者,即会众拏送甘肃总兵处惩治,庶不为良善之累。如尔等党恶纵容不问,及不念国恩,故违朝命,必命将统军直抵尔境,捕剿不宥。"[4]明廷所强调的是要维护哈密译送西域诸国入贡的传统地位。瓦剌也先极力拉拢哈密,企图通过哈密控制西域进贡使臣,借以谋利。正是通过哈密,撒马儿罕等处使臣、西域进贡回回受到瓦剌挟持,被迫与瓦剌使臣一起向明朝进贡。为摆脱瓦剌控制,一些进贡使臣在途中借机逃往明朝,并申请定居。如正统十一年九月,撒马儿罕回回亦林的阿卜答里自瓦剌来归,居南京,隶锦衣卫。[5] 正统十二年二月,迤西回

---

〔1〕《明史》卷328《瓦剌传》,中华书局1974年,第8499页。

〔2〕马曼丽:《明代瓦剌与西域》,载《中国蒙古史学会论文选集(1983)》,内蒙古人民出版社1987年,第194页。

〔3〕《明英宗实录》卷134"正统十年十月庚申"条。

〔4〕《明英宗实录》卷141"正统十一年五月庚辰"条。

〔5〕《明英宗实录》卷145"正统十一年九月辛未"条。

回迭力必失随瓦剌使臣入贡,既还,至榆河驿逃归,愿在京居住。命为头目。[1] 正统十三年十一月,回回马黑麻等 4 人为也先所拘,脱归,来朝贡驼马,命俱为头目,隶南京锦衣卫。[2] 正统十三年十二月,迤北回回马黑木、马黑麻答俚等男妇 6 人随也先使臣进贡,还至榆林驿脱身,来归。命为头目,送南京锦衣卫居住。[3]

9.4 沙州、赤斤蒙古、哈密等卫人员的归附

明代嘉峪关外设有"关西七卫",即安定、阿端、曲先、罕东、沙州、赤斤蒙古、哈密七卫。正统十二年沙州卫内迁后减为六卫,成化十二年(1476)罕东卫分出罕东左卫,复为七卫。受蒙古瓦剌、西部土鲁番入侵以及内部动乱等影响,关西七卫相继东迁,或寄住或归附。最西的哈密卫"三立三绝",哈密每次残破后,都有大批官民东迁,大多入甘肃寄居,少量入内地归附。大体以正德八年(1513)为界,哈密人内迁寄住可分成以苦峪城为中心的关外寄住和以肃州东关厢为中心的关内寄住两个阶段。[4] 对明代关西七卫东迁历史及其影响,学界研究较多,这里仅据《明实录》略举沙州、赤斤蒙古、哈密卫归附之事。

沙州卫在全部内迁之前,是分批归附的。有居京的。如,洪熙元年(1425)十二月,沙州卫把失帖木儿挈家来归,奏愿居京自效,命为所镇抚。[5] 宣德六年春正月,沙州卫鞑靼忽迭儿必失等 7 人来归,奏愿居京自效,命为百户、所镇抚。[6] 有居南京的。如,正统十年八月,沙州卫鞑靼等来归,各授职,送南京锦衣卫。[7] 有居甘州的,如宣德元年五

---

[1]《明英宗实录》卷 150 "正统十二年二月戊戌"条。

[2]《明英宗实录》卷 172 "正统十三年十一月戊戌"条。

[3]《明英宗实录》卷 173 "正统十三年十二月丙寅"条。

[4] 详见闫天灵:《明清时期河西走廊的寄住民族、寄住城堡与寄住政策》,载《中国边疆史地研究》,2009 年第 4 期。并见高自厚:《明代的关西七卫及其东迁》,载《兰州大学学报》(社会科学版),1986 年第 1 期;程利英:《明代关西七卫内迁去向和内迁人数探》,载《贵州民族研究》,2005 年第 4 期。

[5]《明宣宗实录》卷 12 "洪熙元年十二月甲戌"条。

[6]《明宣宗实录》卷 75 "宣德六年春正月乙未"条。

[7]《明英宗实录》卷 132 "正统十年八月壬戌"条。

月,沙州卫那孩帖木儿等来归,奏愿居甘州,命为试所镇抚。[1] 宣德六年夏四月,沙州卫头目伯兰沙等来归,奏愿居陕西甘州,命为指挥金事。[2] 正统十一年八月,沙州卫都指挥同知桑哥失力来朝,奏愿率部属30家内徙甘州,出力报效。英宗从之。赐钞币衣服等物,遣往甘州,仍敕甘肃总兵官遣人取其部属来居。[3] 大批的被安置在山东。正统二年五月,沙州卫古南他木儿率妻孥来归,被安置在山东卫所。[4] 正统十二年三月,沙州卫都督金事喃哥等率部属200余户1231人来归,上命官舍头目于山东平山、东昌二卫管束,带俸城内居住。赐都督米25石、地250亩,都指挥米20石、地200亩,指挥米15石、地150亩,千户卫镇抚米10石、地120亩,百户、所镇抚米5石、地120亩,舍人、头目米3石、地100亩。分其部落于青平、博平二县,为三屯居住,各赐米3石、地80亩,仍赐钞、彩币、表里、纻彩袭衣、棉布、房屋、床榻、器皿、牛羊等物,支与俸粮月粮。[5]

赤斤蒙古卫申请归附的,正统元年就有两批。正统元年九月,赤斤蒙古卫百户哈剌若竹、所镇抚陕西丁等来归,奏愿居京自效,升哈剌若竹为副千户、陕西丁为百户。[6] 正统元年冬十月,赤斤蒙古卫百户把秃、所镇抚丁原等8人来归,俱授以职,安插居住。[7] 正德八年,土鲁番大掠赤斤。赤斤部众不能自存,"尽内徙肃州之南山"[8]。

正统年间,哈密卫归附的也有两批。正统二年五月,哈密卫巴木率妻孥来归,愿自效,授所镇抚赐冠带,令于山东属卫支俸。[9] 正统十年八月,哈密里火者等来归,授职,送南京锦衣卫。[10] 归附内地的哈密卫

---

〔1〕《明宣宗实录》卷17"宣德元年五月甲寅"条。

〔2〕《明宣宗实录》卷78"宣德六年夏四月丙申"条。

〔3〕《明英宗实录》卷144"正统十一年八月癸亥"条。

〔4〕《明英宗实录》卷30"正统二年五月甲午"条。

〔5〕《明英宗实录》卷151"正统十二年三月己卯"条。并见《弇山堂别集》,第四册,卷77,《赏赉考下·降虏之赏》,第1490页。

〔6〕《明英宗实录》卷22"正统元年九月辛酉"条。

〔7〕《明英宗实录》卷23"正统元年冬十月辛未"条。

〔8〕《明史》卷330《西域二》。

〔9〕《明英宗实录》卷30"正统二年五月甲午"条。

〔10〕《明英宗实录》卷132"正统十年八月壬戌"条。

人是少数,大多数哈密卫人最后寄住肃州。弘治年间,哈密卫都督奄克孛剌带 2000 余人奔肃州。嘉靖五年(1526),提督陕西三边都御史杨一清报告说:"曩者速壇并牙郎去国,奄克孛剌奔肃,其畏吾儿、哈剌灰二种夷人,已竭族避难而来,其在哈密者止有回回一种耳。"[1]嘉靖三十八年,又有哈密属民虎尔的等 64 人居甘肃。[2]万历后期,寄住肃州东关厢的畏兀儿部下男妇 500 余人,新旧哈剌灰部下男妇 150 余人。[3]

9.5　来华西域人归附的原因及影响

在明廷看来,外国外族人员归附明朝首先是因为明朝在道德上的招抚。蛮夷归化中朝,是感德而归、慕义内附。所谓:"蛮夷输款,绝域来归,太平之道,指日可待。"[4]明成祖称:"朕奉天命为天下君,惟欲万方之人咸得其所,凡有来者,皆厚抚之。"[5]又说:"华夷本一家,朕奉天命为天子,天之所覆,地之所载,皆朕赤子,岂有彼此! 天道恒与善人,为君体天而行,故为善者必赐之以福。"[6]明宣宗也说:"远人慕义,举家来归,抚之当厚。"[7]正是在这种中国皇帝是天下君主的理念下,明廷对来归人员实行优待政策。永乐元年冬十月,明太宗敕谕陕西行都司:"凡外国使臣朝贡及来归者皆晏待之,以都司官主晏,其正副使及从人供具各有差。"[8]太宗又指示礼部:"帝王居中抚驭万国,当如天地之大无不覆载。远人来归者,悉抚绥之,俾各遂所欲。近西洋回回哈只等在暹罗闻朝使至,即随来朝。远夷知尊中国亦可嘉也。今遣之归。

---

〔1〕〔明〕杨一清:《杨一清集》(下册),中华书局 2001 年,第 676 页。
〔2〕《明世宗实录》卷 478"嘉靖三十八年十一月己卯"条。
〔3〕〔明〕李应魁:《肃镇华夷志》,甘肃人民出版社 2006 年,第 283 页。
〔4〕《明太宗实录》卷 13"洪武三十五年冬十月丙子"条。
〔5〕《明太宗实录》卷 111"永乐八年十二月丁未"条。
〔6〕《明太宗实录》卷 264"永乐二十一年冬十月己巳"条。
〔7〕《明宣宗实录》卷 2"洪熙元年六月癸亥"条。
〔8〕《明太宗实录》卷 24"永乐元年冬十月戊申"条。

尔礼部给文为验,经过官司毋阻。自今诸番国人愿入中国者听。"[1]来贡人员享有很高的礼遇,但是否归附明朝需其自愿申请。

从西域各国前往中国定居或经商的西域人都要以贡使或贡使随员的名义进入中国。这种使节商人明朝称其为"贸易使臣"。这些人员入关以后会得到明朝官员的接待。如果他们声称要归附明朝,需报告皇帝。阿里·阿克巴尔说:"根据中国法律,如果有一批从外国来的人声称已得到中国皇帝的许可,愿意定居下来,他们就被准许永远留在这里。如果他们来时不声明这些话,比如是做生意或是使臣,他们将不准作永久居住者。有许多穆斯林得到中国皇帝的许可,永久居住在那里。仅仅巩昌府一地,据说就有三万定居的穆斯林。不论什么人来中国定居,中国人对他们都不收税;相反,朝廷还给职务和薪俸。"[2]西域人留居明朝的申请报告现存文献很难见到。可以参见的是,永乐二十一年逸北鞑靼王子也先土干率妻子部属来归时向明成祖写的奏书:"臣也先土干穷处漠北,且暮迁徙不常,又见忌于阿鲁台,几为所害者屡矣,危不自保。仰惟陛下体天心以爱民,今四海万邦皆蒙覆载生育之恩,岂独微臣不沾洪化。谨率妻子部属来归。譬诸草木之微得依日月之下沾被光华,死且无憾。谨昧死陈奏。"[3]该报告说明归附的原因是由于战乱或天灾,入附人员"危不自保",请求明朝收留。西域撒马儿罕人、土鲁番人等来归不少是因为这一时期东察合台汗国兴起及其与帖木儿王朝之间战争以及北方瓦剌入侵西域的影响。脱欢时期瓦剌的势力已伸进西域亦力把里,脱欢、也先屡败亦力把里汗。据记载,在歪思汗统治亦力把里时与瓦剌军在伊犁河两岸交战过 61 次,只胜过 1 次,2 次被瓦剌俘虏。也先控制哈密,又袭击沙州、罕东、赤斤等卫。[4] 这些袭击行

---

〔1〕《明太宗实录》卷24"永乐元年冬十月辛亥"条。

〔2〕阿里·阿克巴尔:《中国纪行》,张至善等编译,三联书店1988年,第46页。关于"巩昌府"译名,疑为《回回馆杂字》中"钦张夫"(kinjānfu)。《回回馆杂字·地理门》中有"陕西"一词,回回馆译人将其译为"钦张夫"。见刘迎胜:《〈回回馆杂字〉与〈回回馆译语〉研究》,中国人民大学出版社2008年,第65–66页。如此,译文中的"巩昌府"也可能指整个陕西行省。

〔3〕《明太宗实录》卷264"永乐二十一年冬十月甲寅"条。

〔4〕马曼丽:《明代瓦剌与西域》,载《中国蒙古史学会论文选集(1983)》,内蒙古人民出版社1987年,第195–196页。

为也导致了这一时期不少西域人投奔明朝。

除了战乱、天灾原因外,西域使臣归附明朝的原因,一是使臣有功于明朝,得到明廷厚待。如哈密使臣捏伯沙归附就是一例。正统九年十二月,哈密使臣捏伯沙因其能忠顺朝廷被明廷授予百户,赐冠带袭衣。正统十一年九月,哈密使臣捏伯沙向甘肃总官兵任礼密报:也先遣人至哈密,将哈密王、王母、头目陕西丁等带往瓦剌,礼待甚厚,瓦剌将哈密王放回,赠以貂皮马羊等物,放回劫去的 600 余人。因为有功,同年十月,捏伯沙由百户升为指挥佥事。景泰六年二月,捏伯沙申请在甘肃地面坐住,诏允其请。作为甘州寄住回回,指挥佥事捏伯沙等于天顺七年(1463)二月贡马驼玉石等物。二是如有使臣亲属已留居明朝,后来者会申请归附。如,正统二年四月,亦力把里舍人也力者失以父哈只任陕西凉州卫百户、兄哈只也速行在锦衣卫带俸所镇抚,乞居京自效,明廷赐钞 1000 贯、绢 2 匹,命随兄居住。[1]

慕义归附的西域人被明朝安插在军卫之中,拥有头目身份的被明廷授予武官职衔,各级人员也获得数量不等的衣食住行实物。这些归附的西域人多安置在北京、南京、山东等汉文化地区,他们的语言、服饰逐渐与汉族接近或相同,加上多改用汉姓,或与汉人通婚,渐渐失去了原西域人外貌上的特点,逐渐汉化。但也有不少人保持着原有的宗教信仰和风俗习惯,成为明代回回民族的一部分。

---

[1]《明英宗实录》卷 29 "正统二年夏四月乙酉" 条。

10 明朝对西域归附人员的
安置与管理

明朝对外关系的基本政策是继承了春秋以来"招携以礼,怀远以德"的传统。洪武十六年(1318)五月,明太祖朱元璋对礼部大臣说:"诸蛮夷酋长来朝,涉履山海,动经数万里,彼既慕义来归,则赍予之物宜厚,以示朝廷怀柔之意。"[1]明成祖朱棣也对礼部大臣说:"帝王居中国抚驭万国,当如天地之大,无不覆载。远人来归者,悉抚绥之,俾各遂所欲。"并令礼部"自今诸番国人愿入中国者听"[2] 大体上,有明一代,明朝对外国外族的自愿归附人员采取了优待政策。明朝对西域归附人员的安置待遇与故元蒙古归附人员的待遇相似,只因身份差异略有区别。

10.1 明朝对西域归附人员的住地安置

明初,中书省大臣认为西北诸虏归附者是因为势穷力屈不得已来归,不宜处边,而宜迁之内地,恐一旦反叛,边镇不能制而留后患。明太祖认为:"凡治胡虏,当顺其性。胡人所居习于苦寒,今迁之内地,必驱而南,去寒凉而即炎热,失其本性反易为乱,不若顺而抚之,使其归就边地择水草孳牧,彼得遂其生,自然安矣。"[3]洪武七年三月,敕谕边将曰:"自今凡有来归者,尔等善抚绥之,有欲就彼住者,择善地以居之,

---

〔1〕《明太祖实录》卷154"洪武十六年五月戊申"条。
〔2〕《明太宗实录》卷24"永乐元年冬十月辛亥"条。
〔3〕《明太祖实录》卷59"洪武三年十二月戊午"条。

便其畜牧;有欲来京者,择善人以送之,毋使失所。"[1]

洪武十一年正月,凉州卫奏求处置所获故元官 25 人,甘肃降人 1960 口,明太祖说:"人性皆可与为善,用夏变夷古之道也。今所获故元官并降人宜内徙,使之服我中国圣人之教,渐摩礼义,以革其故俗。"于是徙其众于平凉府,给粮赡之。[2]

洪武二十二年五月,朱元璋在致归附的故元阿札失里等的敕谕中重申:"自古胡人无城郭,不屋居,行则车为室,止则氇为庐,顺水草,便骑射为业,今一从本俗,俾遂其性,尔其安之。"[3]这种根据归附人员意愿和习性来安排住地的做法基本得到后世遵行,但在具体安排上明廷会有所考虑。

首先是凉州、甘州等边地。这主要是照顾一些西北归附人员的畜牧生活。如,永乐三年(1405)七月,明太宗敕宁夏总兵官左都督何福曰:"近鞑官把都帖木儿等归附,其部属五千余人驼马二万余匹皆留甘肃。把都帖木儿等赐之姓名,优与爵赏,令率其部属于凉州居住,给与牛羊孳牧。今以所给牛羊之例付尔观之。自今尔处有归附者,给与如例。"[4]把都帖木儿赐姓吴允诚,授右军都督金事。后随明军征沙漠,封恭顺伯。此即明人何乔远所谓的"当文皇帝世,内附鞑官率部落杂居塞上,不异我民。降胡奔卒,悉见收养。有用为腹心,以至公侯者矣"[5]。又如,宣德七年(1432)二月,甘肃总兵官都督刘广上奏说:"今赤金家古卫鞑人祖失加卜等三十四人以驼马牛五百六十余头来归,若悉留在边,恐难防制。"对此宣宗指示兵部尚书许廓:"边城不可聚此辈,京师亦非处此辈之地。况西北之人皆利于畜牧,今后有来归者,令于平凉、凉州择便地处之,亦勿致其失所也。"[6]正统三年

---

〔1〕《明太祖实录》卷88"洪武七年三月己丑"条。

〔2〕《明太祖实录》卷117"洪武十一年春正月己未"条。

〔3〕《明太祖实录》卷196"洪武二十二年五月癸巳"条。

〔4〕《明太宗实录》卷44"永乐三年秋七月癸卯"条。

〔5〕〔明〕何乔远:《名山藏》卷108,《王享记四·北狄》,张德信、商传、王熹点校,福建人民出版社2010年,第3035页。

〔6〕《明宣宗实录》卷87"宣德七年二月戊申"条。

（1438），明廷将归附回回 202 人自凉州徙至浙江。

永乐宣德年间有不少归附人员申请留居甘州。洪熙元年（1425）九月，撒马儿罕头目阿都儿火者来归，宣宗命为正千户，令居甘州。居甘州的还有：宣德五年，沙州卫头目伯兰沙等，车儿绰头目莫台、伯兰火者、阿鲁火者等 3 人。

《利玛窦中国札记》记载了晚明西方传教士鄂本笃途经肃州，见证了肃州外国外族人的居住地："中国人，即撒拉逊人称之为契丹人的，住在肃州的一个城区，而来此经商的喀什噶尔王国以及西方其他国家的撒拉逊人则住在另一区。这些商人中有很多已在此地娶妻，成家立业，因此他们被视为土著，再也不回他们的本土。……而撒拉逊人，则由中国人管辖。每天晚上他们都被关闭在他们那部分城区的城墙里面；但此外，他们的待遇一如土著，并在一切事情上都服从中国官员。根据法律，在那里居住了九年的人就不得返回他自己的本乡。"[1]

对来归人员边关要严格审查。永乐三年八月明太宗敕甘肃总兵官左都督宋晟曰："比闻鞑官伯客帖木儿率众来归，可遣人慰抚，道之入境。然须密察其实意，若有诈谋，易为制驭。语云：受降如受敌。不可不慎。"[2]

明对归附哈密人的安置较为特殊。明朝在哈密封王设卫，让哈密负责译送西域朝贡。对哈密归附人员，明初将其集中安置在苦峪城（今甘肃安西县东南）。永乐三年，"哈密归附头目买住、察罕不花等二百七十八户居苦峪"。成化九年（1473），遭土鲁番入侵的哈密卫畏兀儿、哈剌灰族居民迁徙到苦峪城，明朝政府分给他们田地，送去粮食、种子、布帛、牛具和其他生产工具。成化十三年，明朝复立哈密卫于苦峪。苦峪成了哈密人的寄居之地。还有不少哈密民众散居于肃州、甘州、凉州的关厢等处。

其次，入居内地。主要是南京、北京等地。

---

〔1〕利玛窦、金尼阁：《利玛窦中国札记》，何高济、王遵仲、李申译，何兆武校，中华书局 1983 年，第 560 页。

〔2〕《明太宗实录》卷 45 "永乐三年六月乙丑" 条。

朱元璋的招抚政策吸引了大量蒙古鞑靼人归附,如洪武十年十月,北平、永平二府安置山后来归之民有 530 户,计 2100 余口。洪武二十年故元降将纳哈出悉众来归。大量来归人员留居边地对明朝而言是个后患。洪武二十一年二月,朱元璋命中军、左军二都督府移文所属都司,凡归附鞑靼官军皆令入居内地,仍隶各卫所编伍,每丁男月给米 1 石。[1] 这样,归附人员入居内地,编入卫所成了明朝的常规。

西域归附人员大多被明廷安置在京师卫所、南京卫所。具体安排在哪个地方由皇帝决定。

明宣宗时期安置西域归附人员在京的较多。如,沙州卫把失帖木儿家族;沙州卫鞑靼忽迭儿必失;土鲁番城千户他力麻敏何秃;土鲁番城都督佥事尹吉儿察,其子卜烟川儿及其部属舍黑与黑麻;土鲁番城都督佥事速哥,其子也苦著儿,速哥弟弟猛哥帖木儿;土鲁番城胡马儿舍,土鲁番城回回伯颜帖木儿;亦力把里舍伯沙;哈密忠顺王使臣都指挥佥事伯伯、舍人哈剌虎力;迤北脱脱;剌竹地面阿都剌……

明英宗和明代宗时期,西域回回被安置在南京锦衣卫较多。如,正统十年,迤西回回马哈麻、阿力;迤北鞑靼、哈密鞑靼哈撒、速答;沙州卫鞑靼哈密里火者。正统十一年,土鲁番地面回回所镇抚撒法儿;亦力把里地面百户速来蛮脱率地面镇抚恰来。正统十二年,撒马儿罕回回哈只。正统十三年,瓦剌也先下回回哈只马黑麻等 3 人;回回马黑麻等 4 人;迤北回回哑胡沙等 2 人;迤北回回马黑木、马黑麻、答俚等男妇 6 人。正统十四年,迤北回回阿哈麻;回回阿哈麻。景泰元年(1450),撒马尔罕地面进贡回回、土鲁番进贡回回、凉州回回。景泰二年,撒马尔罕回回阿力、火辛等。景泰三年,瓦剌也先部下哈只、哈只马黑麻、回回剌打希儿等 5 人;撒马儿罕地面回回马黑麻;迤北达子马黑麻、哈只等。景泰四年,亦力把里等地面夷人迭儿必失阿里阿里曼马黑麻等 3 人。景泰五年,札答哈儿地面回回剌马丹。

天顺元年(1457)八月,南京锦衣卫指挥佥事吕贵上奏称:“本卫安

---

〔1〕《明太祖实录》卷 188 “洪武二十一年二月丁卯”条。

插达官指挥、千百户、头目等二百五十八人,虽称归顺,其心难测。且汉人不晓其言语。乞选在京达官内素有名望,谙晓夷语者一员,以抚恤之。"[1]英宗于是命达官都督佥事高通往南京后军都督府理事,兼抚在彼达官头目人等。正统、景泰年间安插在南京锦衣卫的西域人可能俱在高通的领导之下。

此外,也有一些西域人被安置在山东、江南等地卫所。如,正统二年五月,沙州卫古南他木儿率妻孥来归,被安置在山东卫所。[2]正统十二年三月,沙州卫都督佥事喃哥等率部属200余户1231人被安置在山东青平、博平二县。[3]正统元年六月,明廷"徙甘州、凉州寄居回回于江南各卫,凡四百三十六户,一千七百四十九口"。[4]其中,归附回回202人,自凉州徙至浙江。[5]

永乐以来对于蒙古等部来归人的优待和保护,深刻地影响着以后诸朝的安置取向,其精神在明英宗、景帝执政时代的安置实践中得到高度的体现。虽然永乐到天顺年间对蒙古等部归附人的安置去向几经反复,但其重心依然在两京之间摆动,南北二京的两个安置中心彼消此长,交替变动,成为当时安置的基本形态。[6]

10.2　西域归附人员的待遇

西域归附人员享有政治待遇和生活待遇。政治待遇主要是授官职、定等第。生活待遇主要是衣食住行等方面的待遇。大体上,西域归附人员初授武官职衔不高,但生活待遇较好。

---

〔1〕《明英宗实录》卷281"天顺元年八月壬子"条。

〔2〕《明英宗实录》卷30"正统二年五月甲午"条。

〔3〕《明英宗实录》卷151"正统十二年三月己卯"条。并见《弇山堂别集》,第四册,卷77,《赏赉考下·降虏之赏》,第1490页。

〔4〕《明英宗实录》卷18"正统元年六月乙卯"条。

〔5〕《明英宗实录》卷45"正统三年八月戊辰"条。

〔6〕刘景纯:《明朝前期安置蒙古等部归附人的时空变化》,载《陕西师范大学学报》(哲学社会科学版),2012年第2期。

10.2.1　政治待遇

对归附的西域人，明廷一般授以指挥佥事、正千户、副千户、百户、所镇抚等军职。授官时参考归附者原先在本土的地位。阿都儿火者原是撒马儿罕的头目，被授予正千户。若在本土原先没有官职或很低，归附后明廷授予的官级也不会高。来归的撒马儿罕回回人中，多数可能在本土地位原先就不高。故而除阿都儿火者外，明廷对撒马儿罕归附回回人授的官职多是小旗、头目、镇抚。明代的卫所制度中，小旗是最低的军官。镇抚，从六品，属下级军官。"头目"大概属于"总旗"这一级。

至于为何授武职，明成祖说："武臣中有鞑靼人，多不识字，难委以政，故只令食禄，遇有警急则用以征代（伐）。"[1]不识汉字，是难委以政的重要原因。但这种武职是"食禄不任事"。明人王世贞说："祖宗时，番将有功，虽累封至侯、伯，不得掌五府、都司、卫所印及总兵镇守。或入奉朝请，或于各镇住牧。惟有征行，则遴所部精骑以从，或别将，则副大帅耳。"[2]

武职授予是以朝廷名义赐给的，但甘肃总兵官负责审定高下等第并上报。永乐五年，明太宗敕甘肃总兵官西宁侯宋晟曰："闻来归鞑靼赤纳本是沙州卫指挥使买住所部，今赤纳为都指挥佥事官居买住之上。亦是边帅不审实以闻之过。夫高下失伦，人不得其分则心不平。今已升买住为都指挥同知，赐诰命冠带。自今凡来归者，应授官职，宜审定高下等第以闻，或失其当咎有所归。"[3]至于具体标准，《明会典》提供了嘉靖二十二年事例。这一年议准：凡虏中有智谋出众、率其党类归附者，计其众寡。除犒赏外，仍加升级。如10人，即与小旗。100人，与百户。有能斩其酋首来献者，赏银1000两。仍升都指挥职衔，以示优异。[4]

〔1〕《明太宗实录》卷24"永乐元年十月庚申"条。

〔2〕〔明〕王世贞：《弇山堂别集》卷9，《皇明异典述四·番将握兵》，中华书局1985年，第167页。

〔3〕《明太宗实录》卷67"永乐五年五月壬申"条。

〔4〕〔明〕申时行等：《明会典》卷132《镇戍七》，中华书局1989年，第677页。

归附的西域人,尤其是安置在南京锦衣卫的回回,明廷对其授的官职多是头目、镇抚等。

所领受的月粮数都是2石。《明史》载:"天下卫所军士月粮,洪武中,令京外卫马军月支米二石,步军总旗一石五斗,小旗一石二斗,军一石。"[1]所谓的"头目"一般高于军伍总旗的待遇。明朝军制中,所镇抚、百户及其以上才是武官,总小旗之属并非真正意义上的军官。有学者根据《明选簿》统计的明朝授予武职的52家附明回回人中,初授为头目,在南京锦衣卫带俸安插的达到30家,占总数的近58%。[2] 对于"头目",《明会典》称:"凡来降夷人,有职事者,与原旧职事,子孙准袭。无职事者,量与做头目,子孙袭替之日收军。后能立军功升职者,照军人获功例,准袭。其不由军功,别项升者,子孙袭替,各与头目差操。"[3]

归附的西域人中除了部分具备政治身份的使者外,有不少人属商贾,属无职事者。根据规定,只能授予头目,子孙立军功者才准袭。即使袭职,子孙袭替要降一级。"凡夷人袭替,洪武、永乐间降附达官亡故者,子孙袭替降一级。"初次授职为百户或所镇抚的武官后代承袭时可降为头目或总旗之类,头目则降为舍人。

10.2.2　生活待遇

授予官职的西域归附人员享有较好的生活待遇。归附人员授官后,明廷要分级别赐冠带、金织袭衣、彩币、银钞、棉布、鞍马等,相关官署要给房屋器皿等物。无官职之人待遇则要低。明廷对归附人员生活待遇的安排,永乐年间逐渐形成了一套制度。

10.2.2.1　生活资料

永乐三年六月,明太宗敕甘肃总兵官左都督宋晟曰:"前归附鞑官阿卜都罕等八人鞑民十九人,令尔给与畜产,官牛十,羊五十,民牛六,羊二十。比闻其中有未给受者,皆有愧恨之辞。夫归附同而朝廷待之

---

〔1〕〔清〕张廷玉等:《明史》卷82《食货六》,中华书局1974年,第2004页。

〔2〕周松:《明代南京的回回人武官——基于〈南京锦衣卫选簿〉的研究》,载《中国社会经济史研究》,2010年第3期。

〔3〕〔明〕申时行等:《明会典》卷121《铨选四》,中华书局1989年,第626页。

不同,使愧恨亦非抚纳降附之道。可便如例悉给。"[1]

永乐三年七月,明太宗对归附的鞑官把都帖木儿(赐姓名吴允成,应为吴允诚,实录有误)要求左都督宋晟:"给与允诚等牛羊孳牧。都督牛二十,羊一百五十,都指挥牛十四,羊七十只,指挥牛十二,羊六十,千百户卫所镇抚牛十,羊五十。其随来军民每户牛六,羊二十。家属给衣鞋布钞有差。"[2]

由此可知,永乐年间归附人员所获得的牛羊是:都督牛20、羊150,都指挥牛14、羊70只,指挥牛12、羊60,千百户、卫所镇抚牛10、羊50。其随来军民每户牛6、羊20。

但这种待遇伴随着其他赏赐会有所不同。如永乐二十二年,鞑靼把脱木儿等78人来归,各赐钞百锭,棉布10匹,米5石,柴500斤,牛5头,羊10羫,月赡米2石,其从人及家属减半赐之。[3]

申时行《明会典》载,嘉靖三十三年题准投降夷人赏赐:男子每名素纻丝衣1套,棉布10匹,钞100锭。妇女每口棉布3匹,钞10锭。男妇每名口,米3石,牛2头,羊5只,柴500斤。仍拨房屋、床榻、器皿等件居住。并应用钞布衣服。[4]

《礼部志稿》卷38《给赐番夷通例》:"凡投降番人,每名赏素纻丝衣一套,绵布十匹,钞一百锭,米三石,牛二只,羊五只,柴五百斤,随来妇人每口绵布三匹,钞十锭。"[5]

归附人员到达各卫后,每名给赏米3石,柴500斤,拨给房屋、床榻、器皿等物,并犒赏牛2头,每头折钱1000文,羊5只,每只折钱200文,无妻者,给财礼银5两娶妻。他们可以在官府提供的房屋中居住5年,其间可以向政府申请银两自己建造住所。[6]

---

〔1〕《明太宗实录》卷43"永乐三年六月乙丑"条。
〔2〕《明太宗实录》卷44"永乐三年秋七月癸卯"条。
〔3〕《明太宗实录》卷267"永乐二十二年春正月癸卯"条。
〔4〕[明]申时行等:《明会典》卷132《镇戍七》,中华书局1989年,第677页。
〔5〕[明]俞汝楫等编撰:《礼部志稿》,引自《景印文渊阁四库全书》史部,第597—713页。
〔6〕《广东通志》(万历)卷9《藩省志九·兵防总下》,转引自彭勇:《明代"达官"在内地卫所的分布及其社会生活》,载《内蒙古社会科学》(汉文版),2003年第1期。

此外,归附人员携带马匹,明朝实际上是兵部负责购买的。大体上,迤西迤北来归人口带到马匹,给军骑操,中等赏钞 3000 贯,下等赏钞 2500 百贯。各棉布 5 匹,棉花 3 斤,无马者赏绢衣 1 袭或钞 200 贯,棉布 4 匹,折准绢衣。

生活资料中,明朝还给归附人员一些丝绸、布料、服饰。除了一些生活必需品外,还有一个要归附人员遵守明朝的礼制问题。如,嘉靖六年,令朝贡夷人不许擅买违式衣服。如违,将买者卖者一体拿问治罪。后奏讨蟒衣者,皆立案。

10.2.2.2 俸粮

对外夷归附官员俸粮,《明会典》有明确记载。永乐八年奏准,安插来降达官,每大口月支粮 4 斗,小口 2 斗。3 岁以下及续生者不支。宣德三年,令在京达官俸不拘品级,月支米 2 石。余于南京仓支。其折钞照文武官例。永乐十年,令在京达官俸,旧全支者减半。半支者,减十之三四。新降附达官,自指挥而下递减。[1] 对挈家来归者,明宣宗要求户部:"待之宜厚,且他无所营,所恃者俸禄耳,米麦宜以时给之,勿令不足。"[2]

实际支取俸粮方面,明廷对归附官员的俸粮供给要高于一般汉族官员。正统元年十二月,吏部主事李贤言:"切见京师达人不下万余,较之畿民三分之一。其月支俸米,较之在朝官员亦三分之一,而实支之数,或全或半,又倍之矣。且以米俸言之,在京指挥使,正三品,该俸三十五石,实支一石,而达官则实支十七石五斗,是赡京官十七员半矣。"[3]景泰元年奏准,来降达官俸,本色三分俱于在京支给。景泰五年,令安插达官人等病故、无子孙承袭者,家属仍月支 2 石。[4]

10.2.2.3 田地

宣德六年,来归的鞑官都指挥也先帖木儿上奏说:"在京居久,所

---

〔1〕〔明〕申时行等:《明会典》卷 39《廪禄二》,中华书局 1989 年,第 279 页。
〔2〕《明宣宗实录》卷 12"洪熙元年十二月丁亥"条。
〔3〕《明英宗实录》卷 25"正统元年十二月庚寅"条。
〔4〕〔明〕申时行等:《明会典》卷 39《廪禄二》,中华书局 1989 年,第 279 页。

给牛马,未有牧地。"于是,赐鞑官侯伯等草场。宣宗命行在户部遣官行视顺天府属县,有空闲地非民耕种者,给之。户部言:三河等县地多空旷。遂定:拨侯400亩,伯300亩,都督250亩,都指挥200亩,指挥150亩,千户、卫镇抚120亩,百户、所镇抚100亩。[1]

正统时的田地赐予大体上沿袭宣德时期的标准。正统元年,拨赐河间府等处安插外夷官员田土,指挥150亩,千户120亩,百户、所镇抚100亩。正统九年,令外夷归附官员,未曾安插该给田土者,都督250亩,都指挥200亩,指挥150亩,千户、卫镇抚120亩,百户、所镇抚100亩。又令迤北来降夷人。每人拨与德州田地50亩。正统十二年,令西北归附夷人,每人拨地80亩,耕种自给。[2]

正统十二年三月,沙州卫都督佥事喃哥等率部属200余户1231人来归。上命官舍头目于山东平山、东昌二卫管束带俸,城内居住。赐都督米25石、地250亩,都指挥米20石、地200亩,指挥米15石、地150亩,千户、卫镇抚米10石、地120亩,百户、所镇抚米5石、地120亩。舍人、头目米3石、地100亩。分其部落于青平、博平二县,为三屯居住。各赐米3石、地80亩。仍赐钞、彩币表里、纻彩袭衣、棉布、房屋、床榻、器皿、牛羊等物,支与俸粮、月粮。[3]尽管沙州卫都督佥事喃哥有"阴有叛附瓦剌之异志",甘肃总兵官任礼率兵于正统十一年九月将其全部收入关内,但明廷仍将其归附人员的待遇予以安置。

10.2.2.4　优给优养

武官去世,其母、妻、女及年幼子孙,明廷制定了一套优给优养制度。"初,武官故世,其子孙妻女,皆送入优给。后分子孙应袭,年未及者曰优给;子孙废疾故绝,止遗母、若妻、若女、及年老无承袭者,曰优养。"[4]对去世外族武官亲属优给优养,《明会典》载:"凡达官病故,无应袭而有正妻者,天顺元年,令月支米一石,优养终身。成化三年奏准,

---

〔1〕《明宣宗实录》卷81"宣德六年秋七月癸酉"条。

〔2〕〔明〕申时行等:《明会典》卷17《户部四》,中华书局1989年,第116页。

〔3〕《明英宗实录》卷151"正统十二年三月己卯"条。

〔4〕〔明〕申时行等:《明会典》卷122《兵部五》,中华书局1989年,第627页。

达旗人等故绝,遗有母妻,亦如前例。凡来降夷目,景泰三年,令殁于王事,儿男幼小者,准纪录,月给养赡米二石,候出幼著役。其在京病故者,亦准纪录,月给米一石。"[1]

《明选簿》保存了大量的归附人员优养的事例。如以试所镇抚火者阿力家族为例。《明选簿》"优养女一口"下载:"天顺八年六月,火者黑麻,年六岁,山后人,系南京锦衣卫镇抚司带俸故达官所镇抚火者阿力嫡长男。钦与全俸优,至成化八年终住支。嘉靖三年九月,火武把沙,年一岁,回回人,系南京锦衣卫镇抚司安插带俸故达官所镇抚火者黑麻庶长男。伊祖阿力以头目功升试所镇抚,遇例实授。父沿袭,今革。与本人食头目名粮优给,至嘉靖十六年终住支。出幼仍袭试所镇抚。嘉靖四年二月,五儿,年十四岁,回回人,系南京锦衣卫镇抚司带俸故达官所镇抚火者黑麻庶长女。户无承袭之人,照例与俸五石优养。"[2]

归附明朝的火者阿力嫡长男火者黑麻在天顺八年(1464)6 岁时(其父很可能在这一年去世)得到优给。火者黑麻在成化八年(1472)14 岁时终住支(明朝规定:旧官子孙,14 岁住支;新官子孙,15 岁住支。年 15,出幼袭替)。嘉靖三年(1524)火者黑麻 66 岁去世时其子火武把沙 1 岁获优给。火武把沙按例应至嘉靖十六年 15 岁出幼袭职。但嘉靖四年火者黑麻庶长女五儿已获优养,火武把沙可能已于嘉靖三年九月后夭亡。火者阿力家族是在嘉靖四年户绝停袭的。

自愿归附的西域人,大多数都能取得较高的生活待遇。获得官职的进贡使臣,能获得按等第高低授职的厚遇,并可按月取得俸给,他们实际上已成为明朝统治阶级的一部分。入居内地的西域人,大多数与中原汉族人士杂错相处,从事生产与生活,当兵服役。为明朝的政治稳定、经济文化发展做出了重要贡献。

〔1〕〔明〕申时行等:《明会典》卷 122《兵部五优给优养附》,中华书局 1989 年,第 628 页。

〔2〕《中国明朝档案总汇》第 73 册《南京锦衣卫选簿》,广西师范大学出版社 2001 年,第 74 页。

11 明代士大夫眼中的回回形象

《明史》称:"元时回回遍天下。"[1]元代中原地区就有大量回回人了。明初,朱元璋虽防范和歧视包括回回在内的色目人,禁胡服胡语,并不许本类自相嫁娶,但禁而不止,仍有不少回回以其独有特性在内地生活。明成祖即位后,调整了民族政策,尤其是鼓励北方和西北外国外族人归附中国,这些人中有大量回回尤其是西域回回。他们留居北京、南京、甘肃等地,与汉人杂处,在学习汉文化的同时,仍坚持自身的宗教习俗,这也使得汉族士大夫对回回有一个观照。明代文人士大夫笔记中记载了大量的回回形象,阅读这些记载,一方面可以了解居住汉地的回回人的现实生活,另一方面可以知道汉族士大夫对回回的评价。从中我们发现,回回人入居中原后,既有回回对习俗的坚守和自身性格的张扬,也有汉族士大夫在褒贬回回中对其肯定和认可,这是回回最终成为中华民族大家庭成员的进程之一。本文主要依据明代文人笔记,着重从5个方面来论述明代士大夫眼中的回回形象。

11.1 回回党护族类,相遇亲厚

明代文人笔记中反映回回人抱团讲义气性格最典型的案件是景泰年间的速来蛮事件。《明实录》载:"景泰七年(1456)春正月,大隆福寺修佛会,有回回速来蛮法狂持斧入寺,砍众僧头,一僧死,遂上佛殿放火,烧毁佛经并坏门窗等物,捕获斩之。"[2]实录只是叙述了回回速来

---

[1] 〔清〕张廷玉等:《明史》卷332《西域四》,中华书局1974年,第8598页。
[2] 《明英宗实录》卷262《废帝郕戾王附录第八十》,"景泰七年春正月丁亥"条。

蛮的罪状,对其经过和原因描写得较为简略。明人陆容(1436—1494年)《菽园杂记》记载稍详:"夷人党护族类,固其习性同然,而回回尤甚。尝闻景泰间,京师隆福寺落成,纵民入观。寺僧方集殿上,一回回忽持斧上殿杀僧二人,伤者二三人。即时执送法司鞫问,云见寺中新作轮藏,其下推转者,皆刻我教门人像。悯其经年推运辛苦,雠而杀之,无别故也。奏上,命斩于市。予谓斯人之冒犯刑辟,固出至愚,然其义气所发,虽死不顾。中国之人,一遇利害,至有挤其同类以自全者,较之斯人之激于义而蔽于愚,其可哀怜也哉。"[1]陆容充分肯定了速来蛮为同门人讲义气的性格,对其被杀予以同情。

明人冯梦龙(1574—1646年)《古今谭概》引述了陆容的记载:"夷人党护族类,固其习性使然,而回回尤甚。京师隆福寺成,民人纵观,寺僧云集。一回回忽持斧上殿,杀僧二人,伤者二三人。即时执送法司鞫问,云:'见寺中新作轮藏,其下推轮者,皆刻我教门形象。悯其经年推运辛苦,是以雠而杀之。'孔子恶作俑,这回子恼得不错。"[2]冯梦龙与其说对回回行为的肯定,不如说他对佛教的不满。

对此事叙述最详细的是明人刘侗(1593—1636年)和于奕正(1597—1636年)合著的《帝京景物略》中的记载:"景泰四年,寺成,皇帝择日临幸,已凤驾除道。国子监监生杨浩疏言,不可事夷狄之鬼。礼部仪制司郎中章纶疏言,不可临非圣之地。皇帝览疏,即日罢幸,敕都民观。缟素集次。忽一西番回回蹒跚舞上殿,斧二僧,伤傍四人,执得,下法司,鞫所繇,曰:轮藏殿中,三四缠头像,眉棱鼻梁,是我国人,嗟同类苦辛,恨僧匠讥诮,因仇杀之。狱上,回回抵罪。"[3]除了事件发生的时间与《明实录》记载不同外,这里主要涉及速来蛮事件的起因,即与正统、景泰初年佛寺大兴、佛教兴盛有关。正统年间,番僧络绎,宦官当道。宦官王振佞佛,蛊惑英宗修大兴隆寺,日役万人,糜帑数十万,宏丽

---

〔1〕〔明〕陆容:《菽园杂记》卷6,中华书局1985年,第76页。
〔2〕〔明〕冯梦龙:《古今谭概》,《专愚部第四·回回》,中华书局2007年,第47页。
〔3〕〔明〕刘侗、〔明〕于奕正:《帝京景物略》卷1《城北内外·大隆福寺》,上海远东出版社1996年,第84页。

冠京都。英宗赐号"第一丛林",并"命僧大作佛事,躬自临幸,以故释教益炽"。以至于"男女出家累百千万,不耕不织,蚕食民间"[1]。"土木之变",英宗被俘于瓦剌,景泰即位,群臣谏事佛者甚众。然宦官兴安佞佛甚于王振,请景泰帝建大隆福寺,严庄与大兴隆寺媲美。景泰四年三月,寺成,景泰帝准备克期临幸。被大臣谏止。[2] 士大夫反对的原因是因为隆福寺作为朝廷香火院,皇帝御临,有"弃儒术而崇佛"之嫌疑,有损皇帝圣德。而回回速来蛮在隆福寺举行盛大法会之际,持斧上佛殿杀僧,烧毁佛经并坏门窗等物,杀死一两名,伤两三名僧侣,原因是轮藏下推转者是其教门中人,更可恨的是僧匠讥诮他们,有侮教辱人之嫌,因此行凶。有学者认为:"速来蛮事件的原因,是与佛教徒的宿仇有着直接关涉的。从西域'伊斯兰化'东渐,与佛教徒的冲突看,速来蛮是'宗教圣战'的殉教者;从明朝京都的社会民情看,速来蛮不愧称为颇能代表民意愤世疾(嫉)俗的勇士。"[3] 这种从佛教与伊斯兰教斗争角度及当时的历史背景分析其发生的原因有一定的合理性。这里主要关注的是汉族士大夫就此事对回回的看法。陆容和冯梦龙都认为此事反映了回回人党护族类的习性,对回回速来蛮"激于义而蔽于愚"的行为,同情之余是感慨,陆容感慨的是中国人遇到利害时挤其同类以自全,不如回回慷慨赴义。而冯梦龙则认为这个回子做法体现了"孔子恶作俑"思想,反佛做法值得肯定。

回回另一个重要特性是相遇亲厚。这与他们同种同教同在汉地有关。嘉靖年间汉地色目人通事与进贡回回之间相互亲近、相互利用最为明显。嘉靖十六年(1537),土鲁番、天方、撒马儿罕等国冒滥称王进贡,称王者150余。甘肃边关审查,认为冒滥称王、违例入贡在于西域回回企图获得明廷厚赏。而其中起关键作用的是色目人充当的外夷通事。这些外夷通事"往往视彼为亲,视我为疏,在京则教其分外求讨,

---

[1]《明史》卷 164《单宇传》,中华书局 1974 年,第 4457 页。
[2]《明史》卷 164《单宇传》,中华书局 1974 年,第 4458 页。
[3] 李德宽:《景泰七年速来蛮事件究因》,载《西北民族研究》,1996 年第 1 期。

伴回则令其潜买禁物"[1]。礼部尚书严嵩(1480—1567 年)指出:"外夷通事序班,俱系外夷色目人为之。缘汉回在中国甚多,士农工商,通与汉人相同,宜乎用夏变夷。然竟以彼教为是,丧用夷礼,不食猪禽。有特立欲变者,则群聚而非之,虽妻子亦辄离悖。同类则相遇亲厚,视若至亲。今通事序班人等,俱系色目人,往往视彼为亲,视我为疏,甚至多方教唆。在京师则教其分外求讨,伴回则教其贩卖茶斤、违禁货物,肆无忌惮,且使外夷轻中国无人,非其同类,不能译其语也。""汉回通事,实本非我族类,同恶相济,同类相亲,固理之必有。虽其中贤否不齐,难以一概指论,而谨严于先事,防杜其将来,亦不可不重为之虑也。"[2]因汉回通事与进贡的西域回回宗教与习俗相同,且彼此相亲,为防范西域贡使舞弊,明廷只好将回回馆汉回通事另作他用,另选汉人通事。

11.2　回回不食猪肉但宰牛

回回不食猪肉是回回不同于内地汉人的饮食习惯,明人严从简说,回回"人尤重杀,非同类杀者不食,不食豕肉"[3]。 明人都穆(1458—1525 年)《都公谭纂》记载了明宣宗尊重回回不食猪肉的事例:"马都督俊,其先回回人,不食猪肉,宣宗一日宴武英,宣俊甚急,俊至,以所食猪肉赐之,俊即奉之,几入口,上笑曰:'汝回回人,亦食此耶?'俊叩首曰:'陛下欲臣死即死,况食肉耶?'上即命左右取肉,且曰:'吾戏之耳,不可破汝戒也。'俊复叩首谢。"[4]宣宗知道回回人不食猪肉是其戒律,并予以尊重。马俊在当时情况下准备食猪肉,也是教义允许的。《古兰经》:"凡为势所迫,非出自愿,且不过分的人[,虽吃禁物],毫无罪

---

〔1〕《明世宗实录》卷 196"嘉靖十六年正月壬寅"条。

〔2〕〔明〕严嵩:《南宫奏议》卷 29《议处甘肃夷贡》,《明经世文编》卷 219,中华书局 1962 年,第 2297－2298 页。

〔3〕〔明〕严从简:《殊域周咨录》卷 11《默德那》,中华书局 1993 年,第 391 页。

〔4〕〔明〕都穆:《都公谭纂》卷上,丛书集成初编,商务印书馆民国 26 年(1937),第 26 页。

过,因为安拉确是至赦的,确是至慈的。"(2:173)[1]

明宣宗只是对回回不食猪肉表示某种好奇,而明武宗是直接下令禁食猪肉。事在正德十四年(1519)十二月下旬。明武宗朱厚照南巡,从扬州到南京的路上他发布了一道圣旨,禁止民间养猪、杀猪、吃猪肉。此禁猪令一事见载于《明实录》:"时上巡幸所至,禁民间畜猪,远近屠杀殆尽。田家有产者悉投诸水。是岁,仪真丁祀,有司以羊代之。"沈德符(1578—1642年)在《万历野获编》中记录了武宗禁猪令:"时武宗南幸,至扬州行在。兵部左侍郎王[宪]抄奉钦差总督军务威武大将军总兵官后军都督府太师镇国公朱[寿]钧帖:照得养豕宰猪,固寻常通事。但当爵本命,又姓字异音同。况食之随生疮疾,深为未便。为此省谕地方,除牛羊等不禁外,即将豕牲不许喂养,及易卖宰杀,如若故违,本犯并当房家小,发极边永远充军。"[2]

禁猪的原因有三条:一是"当爵本命","爵"指武宗自封为镇国公的爵位。"本命"指武宗生肖属猪[武宗生于弘治四年(1491),辛亥年]。二是"姓字异音同"指武宗姓朱,而"朱"又和"猪"同音。三是吃猪肉要生疮。李洵先生认为:"明武宗朱厚照在南巡时发布禁猪令,不仅仅是他和他身边一群人出于愚昧无知,搞出来的一场'政治笑话',其深层的意思是武宗此时已经陷于众叛亲离的境地。他在心理上、精神上已经感到一种身败名裂的危险在等待着他。"[3]这种根据明武宗所处环境从精神心理上分析其颁布禁猪令的原因有一定道理,但食猪肉随生疮疾这条理由更值得分析。姓朱,"朱"、"猪"同音,又是本命年,民间亦有这样的说法,至多本人不食猪肉而已,但要让全国人不食猪肉还需理由。有学者认为,明武宗朱厚照在位期间重用回回人写亦虎仙、亚三等人,与回回人朝夕相处,具备了懂得伊斯兰教教义、信仰伊斯兰教的条件,因而信奉伊斯兰教。禁养猪豕、禁食猪肉是伊斯兰教教

---

〔1〕《古兰经》,马坚译,中国社会科学出版社 1996 年,第 20 页。

〔2〕[明]沈德符:《万历野获编》卷 1《禁宰猪》,中华书局 1959 年,第 32 页。

〔3〕李洵:《明武宗与他的禁猪令》,载《史学集刊》,1993 年第 2 期。

规。[1]《古兰经》禁止吃猪肉（5：3），因为猪肉是不洁的（6：145）。[2]王岱舆：（约 1584—1670 年）说："秽污不堪者不可食，豕、犬之类是也。"[3]穆斯林禁食猪肉是因为猪肉不洁。至于食猪肉要生疮这一说法可能源于中原传统说法。明代医学家李时珍（1518—1593 年）《本草纲目》说："凡猪肉，苦，微寒，有小毒。"该书引《别录》曰：猪肉治狂病。凡猪肉能闭血脉，弱筋骨，虚人肌，不可久食，病人金疮者尤甚。[4] 只是食猪肉要生疮这一说法被武宗身边人夸大了。禁猪令发布一个多月后，留守京师的内阁大学士杨廷和上了一本《请免禁杀猪疏》，逐条驳斥了明武宗的三条禁猪理由，其中首先指出："人生疮痍，乃血气内伤风湿外感所致"，并非是食豕肉所致。[5] 杨廷和是从传统中医角度解释生疮的原因。《明武宗实录》收录杨廷和该疏时没有提这条理由。[6]或许认为食猪肉随生疮疾这条理由无须驳斥。所以，从明武宗禁猪令的三条理由来看，并不能得出他可能是穆斯林的结论。

回回人不食猪肉只是回回人自身的事，对汉人生活并无太大影响。明武宗的禁猪令实施了 3 个月左右就悄悄取消了，当时受禁猪令影响的地区主要是长江以北地区，直到北直隶附近。[7]

回回人杀牛是汉人尤其是士大夫比较关心的事。牛供耕作之用，农器、耕牛是农业社会的衣食之本。明初，朱元璋曾禁止百姓擅自宰牛，特别是不允许宰杀耕牛。明前期，政府仍有一些宰牛禁约。如，景泰六年（1455），户部奏：京城军民狗利逐末，屠宰耕牛，请命都察院榜示禁约，仍令御史兵马司捕问，追牛给贫民耕种之。[8] 弘治五年，鸿胪寺序班郭理上言皇帝"禁宰牛"："私宰耕牛，律例固有明禁，奈何京城杀牛觅利者无处无之，在外亦然。不为之禁，贩卖愈多，屠宰愈众，非

〔1〕邱树森：《明武宗与明代回回人》，载《回族研究》，2004 年第 1 期。
〔2〕《古兰经》，马坚译，中国社会科学出版社 1996 年，第 83 页，第 115 页。
〔3〕〔明〕王岱舆：《正教真诠 清真大学 希真正答》，宁夏人民出版社 1988 年，第 123 页。
〔4〕〔明〕李时珍：《本草纲目》卷 50 上，《文渊阁四库全书》本。
〔5〕〔明〕杨廷和：《杨文忠三录》卷 1《请免禁杀猪疏》，《文渊阁四库全书》本。
〔6〕参见《明武宗实录》卷 183"正德十五年三月戊辰"条。
〔7〕李洵：《明武宗与他的禁猪令》，载《史学集刊》，1993 年第 2 期。
〔8〕《明英宗实录》卷 256"景泰六年七月丁酉"条。

止,民缺耕载之用,抑亦有伤天地之和。在京令兵马司,在外听军卫有司,严加禁止,犯者照律例罪之。"命下其奏于所司[1] 明中叶以后,禁令逐渐废弛,特别是地处北方的北京,有了主要由回回经营的专门宰卖牛肉的行业,证明市民普遍在食用牛肉。此时,牛肉佳肴也成为宫膳之一,被摆在皇帝御餐的宴席之上。[2] 万历年间,北京宣武门一带,回回已有相当数量了。一些回回满剌,专以杀牛为生。然巡城御史杨四知引太祖所定充军律,出榜禁杀牛。此事发生在万历丙戌、丁亥年即万历十四年(1586)、十五年。沈德符《万历野获编》载其事:"近年丙戌、丁亥间,巡城御史杨四知者,出榜禁杀牛,引太祖所定充军律。悬赏购人告发。时九门回回人号满剌者,专以杀牛为业。皆束手无生计,遂群聚四知之门,俟其出,剚刃焉。四知惴甚,命收其榜,逾月始敢视事。"[3]明末谈迁(1594—1658年)《枣林杂俎》中对之也有记述:"万历初,巡城御史杨四知禁杀牛,榜宣武门。外多回夷世业,万家鼓噪。总宪亟令收榜乃定。夫禁杀牛未为非也,群习难改,故善治者贵因势利导,毋咈众以就功。"[4]黄景昉(1596—1662年)《国史唯疑》亦记载:"宣武门外多回夷聚居,世屠牛为业。杨御史四知榜禁之,众汹汹鼓噪,亟弛其禁,始定。禁屠牛自美事,而不可施之京师,度各边皆然。四知缘首攻江陵得名,实非端士,尝为王德完所劾。其按闽以暴酷闻,至今悸之!"[5]前后三人记载同一件事,表明部分明朝士大夫对回回以宰牛为业现象非常重视。首先他们肯定政府禁杀牛这一措施。谈迁批评的是治理者不能因势利导处理群体事件,而黄景昉则认为杨四知这个人就不是端士,非禁杀牛有错,而是政府所用非人。巡城御史杨四知不了解大量世居京城的回回人的生活状况,搬出近200年前的朱元璋"充军律",并"悬赏购人告发",以此强行禁断宰牛,自然引起以此为生的回回人的群体反抗。

---

[1]《明孝宗实录》卷68"弘治五年十月癸亥"条。

[2]马明达、张利荣:《明清的回回宰牛业》,载《回族研究》,2007年第2期。

[3][明]沈德符:《万历野获编》卷20《禁嫖赌饮酒》,中华书局1959年,第516–517页。

[4][明]谈迁:《枣林杂俎》卷下《和集·丛赘·禁杀牛》,中华书局2006年,第575页。

[5][明]黄景昉:《国史唯疑》卷9,上海古籍出版社2002年,第255页。

尽管如此,对回回以宰牛为业心存歧视和不满仍是部分明朝士大夫对回回的态度。明人冯梦祯(1548—1605年)在《快雪堂漫录》中记载了一则故事:"海盐王回子者,以屠牛成家,日命家丁行屠,己主使而已。一夏日,偶观缚牛,忽裂缚,崩角抵王就壁,愈时而放,且复抵。幸乘间得脱,竟以伤重死。牛奔渡水,至秦驻山为人所获,竟与王俱死。"[1]冯梦祯在这里有嘲讽王回子之意。

也许基于汉人士大夫对回回宰牛的不满,王岱舆对回回宰牛有专门解释。在其《正教真诠》中说:"有大功于世者,若牛亦不可轻宰是也。夫人尚且择行,诸肉岂宜妄食。或曰:'牛既有功,又何故宰?'曰:宰之以资口腹之肥甘,则不可;用之于正礼,政其宜也。臂如奸佞畏缩而善终,忠节挺身而受戮,孰是非哉?如正教经律,凡以屠牛为业,恣人啖膳者,较之屠宰众生尤为切禁,罪莫大焉。"[2]在《希真正答》中亦以答问形式回答这一问题。"客问:牛乃耕犁负重之物,正教多以屠宰为业,或因口腹而轻杀之,可乎?答云:凡以屠宰为业,原不出清真法律,虽汉人亦有,此类无非下愚,乌足为据。但值正事,兼之于济人利物,亦不可谓之徒充口腹也。"[3]对回回而言,宰牛是穆斯林正礼所需,绝不是徒充口腹,因此,回回也不是轻易宰牛的。

11.3 回回僧不御饮食

明代回回中有一些专门修行的游方僧,对这种特殊人群,明朝士大夫在与他们接触中充满了好奇而觉得奇异。明人姚福《青溪暇笔》载:"近日一番僧自西域来,貌若四十余,通中国语,自言六十岁矣。不御饮食,日啖枣果数枚而已。所坐一龛,仅容其身,如欲入定,则命人锁其龛门,加纸密糊封之。或经月余,謦欬之声亦绝,人以为化去,潜听之,

---

[1]〔明〕冯梦祯:《快雪堂漫录》,河北教育出版社1995年,第407页。

[2]〔明〕王岱舆:《正教真诠 清真大学 希真正答》,宁夏人民出版社1988年,第123-124页。

[3]〔明〕王岱舆:《正教真诠 清真大学 希真正答》,宁夏人民出版社1988年,第298页。

但闻掐念珠历历。济川杨景方,尝馆于其家。有叩其术者,则劝人少思少睡少食耳。一切布施,皆不受,曰:'吾无用也。'予亲见之雨花台南回回寺中。此与希夷一睡数月何异?可现异人无世无之。"[1]姚福的《青溪暇笔》前后有3次修撰,成化九年(1473)前10卷编撰成书,成化十四年续补5卷,成化十七年又补入5卷,最终完成此书。因此,姚福见到这个修行的回回僧应当是在成化年间的事。明人顾起元(1565—1628年)《客座赘语》引《青溪暇笔》记载此番僧事[2]。清人张怡(1608—1695年)《玉光剑气集》亦照录了此记载,只是说明此事在万历中,姚世昌(姚福,字世昌)亲见之[3]。60岁的西域回回僧,看上去只有40多岁,年轻了近20岁,其奥秘在于少思少睡少食。而日啖枣果数枚、修行时月余不吃的饮食方式更令士大夫惊奇。顾起元是应天府江宁人,记载的是雨花台南回回寺中番僧事,而同是江南人的都穆(吴县人)亦记载了成化年间西域回回僧事:"西番长耳僧法奴居中国三十年,善汉人语,丁酉岁(成化十三年),游吴,止礼拜寺,为予言其生弥西里国,在天方国西,五年可达中国。去其国一年之程有藏骨把国者,地广千里,人长五丈,其声闻一二里,日饭尽米一石,然胆怯,闻金鼓或炮声,必疾走。其小儿亦丈余也。长耳僧宗回回教,游行海上,凡数十国。其在中国,足迹遍天下。约其年,几百岁。每日惟食饭一盂,鸡鹅羊肉亦皆食之。或数日不食,亦不饥也。后渡钱塘江观窑器,溺死。"[4]与姚福记载的回回僧不同,此回回僧喜欢旅游,尤其是海上旅行。相同的是,回回僧都懂汉语,饮食都无规律,都于成化年间活动在江南。

都穆提到长耳僧法奴生在天方国以西的弥西里国,据长耳僧居中国30年之数,由成化年间前推30年,应是正统年间。由此,长耳僧应是正统年间到中国的游方僧。而根据明朝的朝贡制度,长耳僧应是以使团成员身份来华的。查之《明实录》,正统年间没有弥西里国使臣来

---

〔1〕〔明〕姚福:《青溪暇笔》卷上,万历邢氏来禽馆抄本。

〔2〕〔明〕顾起元:《客座赘语》卷6《番僧》,中华书局1987年,第193页。

〔3〕〔清〕张怡:《玉光剑气集》(下)卷26《玄释》,中华书局2006年,第927页。

〔4〕〔明〕都穆:《都公谭纂》卷下,丛书集成初编,商务印书馆民国26年(1937),第43页。

华,但有米昔儿使臣来华。弥西里很可能就是米昔儿。《明英宗实录》记载:正统六年(1441),米昔儿等地面王速鲁檀阿失剌福等遣使臣写亦打力、马速兀把都儿等来朝贡驼马及诸方物。[1] 同行的还有天方地面王的使臣。中经帖木儿王朝哈烈地面时遇劫。明廷因米昔儿等处地面极远,又初来朝贡,给予了高于哈烈的给赐。[2] 米昔儿(Misr),即埃及本名。今埃及都城名开罗(Cairo),盖从阿拉伯语 Misral-kahirah 名称转出。[3] Misr,赵汝适《诸蕃志》作蜜徐篱,此与"弥西里"音同也。

11.4 回回识宝

明代归附的西域回回多安置在卫所中,但也有一些回回不愿入军籍而愿入民籍。如景泰二年,江宁县寄住回回哈只乌赤出米 600 石助官振济,按当时政策,军民能自备粮米输军饷济民饥者俱给冠带,哈只乌赤不愿得冠带,止欲附籍江宁,就于佛寺焚香诵经以图补报。[4] 得到皇帝批准。这从一个方面说明一些寄住归附回回可以脱离卫所过普通民众生活。南京是归附回回居住较多的地区,汉族士大夫对回回关注较多,最令他们关注的是回回具有超凡的识宝能力。金陵人周晖(1546—1627 年)明确指出:"金陵多回回,善于识宝。"[5]周晖在其《金陵琐事》记载了回回识宝的三件逸事,第一则叙述索姓回回不仅识得祖母绿,而且巧妙获得。周晖说:"应主簿,余之旧邻也。有祖母绿,龙游客出银五百两,不售。索姓回回求见,方持玩间,即吞入腹中。应主簿欲讼其事,即无证见,又涉暗昧,竟付之,无可奈何而已。"第二则叙述马回回识得猫精石后用心良苦方才获得,却因老鹰爪去羊脂包着的宝石而功败垂成。其经过是:"沈氏老妪,乃富家侍妾。老年无依,卖翠花度日。马回回窥见所戴簪头乃猫精石,遂租屋与沈为邻。每每奉

〔1〕《明英宗实录》卷 83"正统六年九月庚申"条。
〔2〕《明英宗实录》卷 84"正统六年冬十月乙亥"条。
〔3〕冯承均、陆峻岭:《西域地名》(增订本),中华书局 1980 年,第 66 页。
〔4〕《明英宗实录》卷 210《废帝郕戾王附录第二十八》,"景泰二年十一月癸亥"条。
〔5〕〔明〕周晖:《金陵琐事 续金陵琐事 二续金陵琐事》,南京出版社 2007 年,第 104 页。

166

以酒食,久之因求其石。沈妪感其殷勤,令出银二两办棺木,以石与之。马喜不自胜,觉石稍干,因市羊脂一片里之,暴于烈日中。从旁坐守,方筹算得利时,如何经营,如何受用,忽饥鹰飞下爪去。马遂怨恨,染病几死。"第三则是说索姓回回看出了由蜘蛛结网而形成的天然日晷的秘密,却因卖主不识,磨洗标志,得而复失。《金陵琐事》的记载是:索姓回回,避雨人家。见佛几净水碗中一石,遂问卖否?主人漫答之曰:"有价即卖。"回回次日携银往来两三遍,辄添其价。主人谓,石久尘埋,回回尚与高价,因磨洗一新。数日,回回又至,见石磨过,大惊长叹曰:"如何毁却至宝?此石列十二孔,按十二时辰,每到一时有红色蜘蛛结网其上。后网成,前网即消,天然日晷也。今已磨损蜘蛛,乃一片死石矣。"不顾而去。[1] 谢肇淛(1567—1624年)《五杂组》亦记载了回回与"应主薄祖母绿"和"沈氏猫精石"的故事。并称"今时俗相传回回人善别宝,时游闽、广、金陵间"[2]。周晖、谢肇淛在记载回回具有过硬的识宝水平的同时,都认为回回欲得宝贝的过程是可笑之事。这是因为明代回回的经济现状极大地决定了他们在故事中的形象定位。[3]金陵回回并不是一掷千金的大商人,而是处处算计、苦心经营的中小商人。

那种不计千金、识宝水平又很高的回回故事是发生在明朝中期回回在山西得水宝的事例。此事见于明人陈洪谟(1476—1527年)《治世余闻》下篇卷2:弘治中有回回入贡,道山西某地,经行山下,见居民男女,竞汲山下一池。回回往行,谓伴者:"吾欲买此泉,可往与居人商评。"伴者漫往语,民言:"焉有此!买水何用?且何以携去?"回回言:"汝毋计我事,第请言价。"民笑,漫言须千金。回回曰:"诺。"即与之。民曰:"戏耳,焉有卖理?"回回怒,将相击。民惧,乃闻于县。县令亦绐之曰:"是须三千金。"回回曰:"诺。"即益之。令又反复言之,以至五

---

〔1〕上述三则事例均见〔明〕周晖:《金陵琐事 续金陵琐事 二续金陵琐事》,南京出版社2007年,第105页。

〔2〕〔明〕谢肇淛:《五杂组》卷12《物部四》,上海书店出版社2001年,第248页。

〔3〕钟焓:《"回回识宝"型故事试析——"他者"视角下回回形象的透视》,载《西域研究》,2009年第2期。

千。回回亦益之。令亦惧,以白于府守。守、令语之曰:"此直戏耳!"回回大怒,言:"此岂戏事! 汝官府皆许我,我以此逗留数日。今悉以贡物充价,汝尚拒我。我当与决战。"即挺兵相向,守不得已,许之。回回即取斧凿,循泉破山入深冗("冗"似为"穴"),得泉源,乃天生一石,池水从中出。即舁出将去,守、令问:"事既成,无番变。试问此何物耶?"回回言:"若等知天下宝有几?"众曰:"不知。"回回曰:"今具珠玉万宝皆虚,天下惟二宝耳,水火是也。假令无二宝,人能活耶? 二宝自有之,火宝犹易,惟水宝不可得,此是也。凡用汲者,竭而复盈,虽三军万众、城邑国都,只用以给,终无竭时。"语毕,欣持以往。[1] 清人张怡《玉光剑气集》亦录此事,其中"汝尚拒我,我当与决战"改为"如尚拒我,有以身狥耳"。[2] 这件回回得水宝的故事具有很强的情节曲折性,而真实性难以证明。比如,对使臣进贡及其进贡之物,明廷有严格的管理规定,《明会典》载:"成化间题准:迤北小王子来贡,礼部差该司官一员,前往大同,会同镇巡等官,将差来使臣逐一译审,分豁使臣若干,随来男妇若干,赴京若干,存留若干。使臣自进并带进某头目下马骡方物皮张数目,俱要辨别毛齿等第,编成字号,填写勘合,用印钤盖,给付各使臣收照。仍着落山西行都司备造黄册奏缴,青册先行送部,以凭给赏。其在彼茶饭,并沿途供应及榆河驿汤饭,一听本官提督。"[3] "各处地方,如遇夷人入贡,经过驿递即便查照勘合应付,不许容令买卖,连日支应,违者重治。若街市铺行人等,私与夷人交通买卖者,货物入官,犯人问罪,枷号一个月发落。"[4] 因为贡物均登记,这个识宝回回以贡物充价,地方军民如接受贡物是违法的。贡使许诺的五千金未必在当时就能拿出来。因回回是贡使身份,沿途有军人附送,地方有保护之职,回回如与当地人决战或以身殉,地方官都会受到处罚,所以不得不答应回回的要求。而回回所说的水宝"竭而复盈",类似于中国古代民间的

---

〔1〕〔明〕陈洪谟:《治世余闻 继世纪闻》,中华书局1985年,第50页。

〔2〕〔清〕张怡:《玉光剑气集》(下)卷29《类物》,中华书局2006年,第1014页。

〔3〕《明会典》卷108《朝贡四》,中华书局1989年,第586页。

〔4〕《明会典》卷167《律例八》,中华书局1989年,第858页。

聚宝盆。

这些回回识宝的故事表明,在明代士大夫眼中,回回不仅具有超强的乃至特异的识宝能力,而且具有精心算计、工于策划的谋取宝贝的能力。但回回商人这些谋取利益的手段并不为士大夫所赞赏。

11.5　回回拜天敬孔

回回人信仰伊斯兰教,除非与回回有深入接触,一般汉族士大夫对回回信仰了解不多。即使有所了解,也多以儒家文化为中心来评价回回人的宗教。这里主要引述江南士大夫对回回教的记载和评议。明人陆容《菽园杂记》记载:"回回教门,异于中国者,不供佛,不祭神,不拜尸,所尊敬者惟一天字。天之外,最敬孔圣人。故其言云:'僧言佛子在西空,道说蓬莱住海东,惟有孔门真实事,眼前无日不春风。'见中国人修斋设醮,笑之。"[1]明人郎瑛(1487—1566 年)"尝读《菽园杂记》,言其教祖之诗曰:僧言佛子在西空,道说蓬莱在海东;惟有孔门真实事,眼前无日不春风"[2]郎瑛误认为这是回回教祖的诗。明人严从简《殊域周咨录》亦记回回"不供佛,不祭神,不拜尸。所尊敬者唯一天字,天之外敬先师孔子而已"。并说:"其谚有曰:僧言佛子在西空,道说蓬莱住海东。惟有孔门真实事,眼前无日不春风。此言亦颇可取。"[3]严氏认为这首诗是谚语。

陆容所引的这首回回诗,郎瑛、严从简都予以肯定。郎瑛评价尤高,他认为:"其教(指回回教,引者)有数种,吾儒亦有不如。富贵、贫贱、寿夭,一定也,惑于异端而信事鬼神矣,彼惟敬天事祖之外,一无所崇,富贵者亦不少焉。吾儒虽至亲友之贫者,多莫尚义,他人不问矣;彼于同郡人贫,月有给养之数,他方来者,亦有助仪。吾儒守圣人之教,或在或亡;彼之薄葬把斋,不食自杀,终身无改焉。道、释二教,又在吾道

---

〔1〕〔明〕陆容:《菽园杂记》卷 2,中华书局 1985 年,第 17 页。

〔2〕〔明〕郎瑛:《七修类稿》卷 18《义理类·回回教》,上海书店出版社 2001 年,第 182 页。

〔3〕〔明〕严从简:《殊域周咨录》卷 11《默德那》,中华书局 1993 年,第 391 页。

之下,不论也。"[1]在他看来,回回教高于儒家,更高于道、释二教。这种回回教高于儒家的思想明武宗已有之。正德十四年(1519),武宗对侍臣说:"儒者之学,虽可以开物成务,而不足以穷身知化;佛老之学,似类穷神知化,而不能复命皈真。然诸教之道,皆各执一偏,惟清真认主之教,深原于正理。此所以垂教万世,与天壤久也。"并御制诗云:"一教玄玄诸教迷,其中奥妙少人知。佛是人修人是佛,不尊真主却尊谁?"[2]此为正德十四年十月十二日沔国公八世孙北京后军都督府陈大策述梓。因陈大策是回回教门中人,其引述亦被认为是穆斯林士人的思想。当代学者杨怀中先生认为,这是明代汉族人眼中看出的回回人对佛道的拒否,对儒学文化的肯定。[3]杨晓春亦认为,此回回人能作汉文的诗句,亦当为穆斯林士人,其肯定儒家,否定佛教、道教的立场是非常清晰的。陆容卒于弘治九年(1496),则此诗之作必在弘治九年之前,这是现在知道的较早的反映穆斯林士人对三教看法的作品。[4]

对回回拜天、不供佛、不祭神,不拜尸的行为,明人叶盛(1420—1474年)《水东日记》举其例:都督喜信,回回人;两广游击将军、都督同知和勇,达达人,阿鲁台之孙也。两人不供佛,不礼神,不拜尸殡,曰:"吾回回俗皆然。"达达则间有之。佛本夷人,固宜神。则有当事者而吊祭之礼不知,则是其自异于华夏矣。[5]叶盛显然认为这是回回有意异于汉人的习俗。回回信教的坚定,严从简予以明确记载:"每岁斋戒一月,沐浴更衣,居必异常处。每日西向拜天。国人尊信其教,虽适殊域,传子孙,累世不敢易。今广东怀圣寺前有番塔,创自唐时。轮囷直上,凡十六丈有五尺,日于此礼拜其祖。浙江杭州亦有回回堂,崇峻严整,亦为礼拜之处焉。主其教者,或往来京师,随路各回,量力赉送,如

〔1〕〔明〕郎瑛:《七修类稿》卷18《义理类·回回教》,上海书店出版社2001年,第182页。
〔2〕〔明〕王岱舆:《正教真诠 清真大学 希真正答》,宁夏人民出版社1988年,第12页。
〔3〕杨怀中:《不背乎教亦不泥乎教——明代回族读书人对回儒文化交流的心态》,载《回族研究》,2002年第4期。
〔4〕杨晓春:《明代清真寺汉文碑刻所见穆斯林士人对汉文化的态度》,载《回族研究》,2005年第1期。
〔5〕〔明〕叶盛:《水东日记》卷6《喜信和勇》,中华书局1980年,第63页。

奉官府云。"[1]严从简所说的清真寺掌教往来京师,得到沿途回回护送,反映了明代各地回回有宗教事务往来。

然而,亦有一些汉族士大夫对回回的习俗看不惯,表示出某种不满情绪。周晖《续金陵琐事》中"回回戴孝"一节载:"回回有丧,戴白布帽,衣白布服,腰束一白布。凡送殡者,即官与秀才皆然。安远侯柳公心葵掌后府时,适有国母之丧,见一回回不从中国之服,痛责之,云:'汝一家有丧,白帽可也,今乃国母之丧,尚从夷俗,分明是不服王化矣!'人多快之。"[2]这里反映出汉族士大夫以儒家文化为根基,认为回回习俗是夷俗,回回需尊重儒家文化方愿认可其文化的心态。

明代士大夫所记载的回回形象是零碎的,将这些零碎的形象拼接在一起,大体可以看山明代士大夫眼中的回回形象是:作为外族入附人员或其后裔,回回人之间相遇亲厚、党护族类。作为教门中人,日常生活中回回坚守宗教礼俗,不食猪肉,宰牛亦是因为正礼。传统的穆斯林葬礼得到坚守,回回僧独特的修行方式亦为汉人所知。作为商人,回回有着特异的识宝和鉴宝能力,尤其是"能识宝气"、"能识之于未形之前"[3]的能力。然而,汉族士大夫又认为回回"激于义而蔽于愚",既有同类相亲,又有同恶相济,贤否不齐。他们惊讶于回回僧不御饮食,不喜回回有宰牛的职业。

明代士大夫对回回形象的描述反映了汉文化与回回文化之间的接触与碰撞的历史。在某种程度上它反映了农耕与游牧、农业与商业两种文化的关系。如宰牛,农耕民族对耕牛的爱护和禁杀或许已经远远超出了游牧民族对宰牛的理解。明末清初的顾炎武曾说:"天子无故不杀牛,而今回子终日杀牛为膳,宜先禁此,则夷风可以渐革。"[4]禁杀牛被上升到"夷风渐革"的程度,也就是上升到维护农耕文明的地步。记载回回事迹的多为江南士大夫。如,陆容是苏州府太仓人,叶盛是昆

---

〔1〕〔明〕严从简:《殊域周咨录》卷11《默德那》,中华书局1993年,第391页。

〔2〕〔明〕周晖:《金陵琐事 续金陵琐事 二续金陵琐事》,南京出版社2007年,第252页。

〔3〕〔明〕严从简:《殊域周咨录》卷9《佛郎机》,中华书局1993年,第325页。

〔4〕〔清〕顾炎武:《日知录》卷29《吐蕃回纥》,引自《日知录集释本》,岳麓书社1994年,第1045页。

山人,都穆是吴县人,周晖是上元人,顾起元是应天府江宁人,张怡是上元人,郎瑛是浙江仁和人,严从简是浙江嘉兴府人。他们中有不少人是生于商业繁华的南京或任职于南京。他们不仅对在都市经商的金陵回回识宝谋利的行为予以述评,也对回回的宗教习俗予以关注,这与明代中后期大批西域回回居住江南有关。在他们眼里,那些经商回回已经不再是唐宋元时期阔绰的巨商大贾,只是精于算计的中小商人。这在经济发达的江南地区已属平常。而回回识宝谋宝的行为也多是可恨可笑之事,成为他们茶余饭后的谈资。但郎瑛对回回教的推崇,对回回尚义和坚守的赞赏,则体现部分汉族士大夫对回回文化的肯定。所谓"人生异夷狄,所贵义与仁"[1],"义与仁"成了夷变夏的认识依据,也成了回回最终成为中华民族成员共同的思想基础。

---

〔1〕〔明〕刘侗、〔明〕于奕正:《帝京景物略》卷1,《文丞相祠·丰城李裕成化辛卯八月望日遣祀文信国因赋》,上海远东出版社1996年,第33页。

12 《中国回族金石录》中的
陈友与詹昇

　　20 世纪初以来,对回族碑记,国内外学术界已有不少人研究过,如白寿彝的《跋〈重建怀圣寺记〉》与《跋吴鉴〈清净寺记〉》,吴文良编撰的《泉州宗教石刻》,陈达生编撰的《泉州伊斯兰教石刻》,中元秀等人编撰的《广州伊斯兰教古迹研究》,答振益与安永汉编撰的《中国南方回族碑刻匾联选编》等。目前对回族碑记收集、编选较为完整的是余振贵、雷晓静主编的《中国回族金石录》(宁夏人民出版社,2001 年 7 月出版),此书作为"中国回族古籍丛书"之一种,收录了元代以来至中华人民共和国成立为止具有代表性的回族碑记 440 篇,内容涉及创建、重建、维修清真寺碑记,圣旨敕谕碑记,教义教旨教理教史碑记,功德纪念碑记,捐资助学碑记,禁约议约契约告示碑记,建立社团及述事抒怀碑记,人物碑记,族规教条教案碑记,回民墓地碑记等 10 个方面,另有一批回族匾额楹联作为附录。

　　笔者在研究明与中亚帖木儿王朝交往史的过程中,注意到明代西域回回人归附及其与伊斯兰教关系问题[1],并实地观看了北京牛街礼拜寺"敕赐礼拜寺记"碑,深感学界将明代碑记内容与历史事实联系起来进行考察还不够。余、雷二位先生主编的《中国回族金石录》激发了我们在这方面的研究。笔者在阅读该书的过程中,参考有关史料,对碑记中涉及的一些人物进行梳理,这里主要叙述陈友与詹昇。

---

　　[1] 参见拙文:《入附明朝的撒马儿罕回回》,载《西北民族研究》,2003 年第 3 期。

12.1 关于"敕赐(东四)清真寺兴造碑"记中的陈友

《中国回族金石录》(下文简称《金石录》)第10至11页提到"敕赐清真寺兴造碑"铭文中陈友的身世及其武功,碑记中有"府都督同知陈□友所建也"。因中间有空格,《金石录》未确定建寺人为陈友,笔者以为这中间空格似为"公",即建寺人为陈公友,公为尊称。其理由主要是因为碑记中所列史实可与《国榷》、《明史》,尤其是与《明实录》所记相印证。

碑记内称:"清真寺初名礼拜寺,在京城明照坊。厥位面震□后军都督滁州全□('椒')县人,大父敬宗父景通皆洪武□□骁骑□□□(似为'使亦力')把力哈密诸番,及收捕□(似为'虏')寇阿卜只安王等,功授百户,升千户指挥金事,遂得以其官品赠及父母,既而奉诏充游击将军,领兵自宁夏出境收捕虏寇(应为'寇')答罕卜速秃部众。□□□后军都督金事并赠及祖父皆骠骑将军都督金事(原文将金事断开,中有句号)。圣天子嗣位,□□(疑为'陈公')以都督同知充参将征剿苗冠(寇),追惟恩德如天如地莫效涓埃之报,乃捐俸赐,市材鸠工,此礼拜寺圣皇齐天之寿而下以遂臣子忠孝之情于无穷焉。寺成,蒙恩赐额曰'清真寺'。盖经始于正统十二年(1447)二月十九日而落成。

赵君孟仁率其子能以求为记其事。"(后略)[1]碑记所记陈友身世止于景泰初,《国榷》、《明史》,尤其是《明实录》所记则详。

《明英宗实录》天顺四年(1460)三月丙午:武平侯陈友卒。友,其先西域人,寓全椒县。由骁骑右卫军以使和宁王、亦力把里、哈密、瓦剌诸处。累功历升都指挥金事。正统九年充游击将军,往宁夏杀贼有功,升后军都督金事。并升都督同知,充左参将,往湖广、贵州等处剿贼。景泰三年(1452)升右都督,仍留镇守,天顺元年召还,封武平伯,命理后府事,赐诰券,并充游击将军往凉州剿贼,又佩征夷副将军印,充总兵官往宁夏剿贼,三年召还,加封侯,仍理后府事,至是卒。子能嗣伯爵。[2]

谈迁《国榷》卷33,英宗天顺四年三月丙午:武平侯陈友卒。友,其先西域人,寓全椒。永乐中,以骑卒从征虏。捕获忠勇王也先土干部。宣德初,授百户,复招降捕虏,进副千户。正统初,屡招虏降,累升都督同知,充左参将,征湖贵苗,克之,进后军右都督,留镇湖广,累剿铜鼓五开等苗。天顺初,封伯,与虏战镇番五十余,捕获千余,进流侯,卒。子能嗣伯爵,后赠沔国公,谥武僖。[3]

而《明史》卷166《列传第五十四·陈友传》载其事迹甚详:

陈友,其先西域人,家全椒。正统初,官千户,累迁都指挥金

〔1〕余振贵、雷晓静主编:《中国回族金石录》,宁夏人民出版社2001年,第11页。赵孟仁即该碑记中后面提到的"三山赵荣",《明宪宗实录》有其传:"成化十一年(1475)三月己未,工部尚书兼大理寺卿赵荣卒。荣,字孟仁。其先西域人,寓福建闽县,初姓王氏,其母舅萨琦为编修,荣从来京,以能书秀才,选任中书舍人。己巳之变,虏众奉上皇车驾至土城,邀大臣出迎,会官议遣官,众相视,无肯行者。荣毅然请行,遂升大理寺右少卿,充鸿胪寺,与右通政王复出城朝见,进羊酒等物,还改太常寺少卿。景泰初,升工部右侍郎,与都御史扬善同使瓦剌,奉迎圣驾回京。录功转左侍郎理部事。天顺初,升本部尚书。曹钦作乱,督军杀贼,降敕褒奖,命兼大理寺卿。英庙常与大学士李贤论及其事,称其忠。寻患风病,辞职。有旨令养病,至是卒。赐祭葬如例。荣体貌丰伟,有才干,能应变而不事纷扰。"(《明宪宗实录》卷139)又,明嘉靖二十八年(1549)福州清真寺"重建清真寺碑记"内有"国朝以来,本教如宗伯萨公琦、司空赵公荣、少卿赵公玹、同知马公庆、知县张公坚、教谕王公澧、马公成;莅兹土者,如都督马公澄、都阃张公勇、许公清、张公清、兰公镇、张公恒,按察使沙公鹏、辄加整饬,灿然壮观"(《中国回族金石录》第70-71页)。可知赵荣在福州亦是一位热心修缮清真寺的穆斯林。

〔2〕《明英宗实录》卷313"天顺四年三月丙午"条。

〔3〕谈迁:《国榷》卷33,中华书局1958年,第2102页。

事。频年使瓦剌有劳,寻复进都指挥使。九年充宁夏游击将军,与总兵官黄真击兀良哈。多获,进都督佥事。未几,出塞招答哈卜等四百人来归。

景帝即位,进都督同知,征湖广、贵州苗。寻充左参将,守备靖州。景泰二年偕王来等击贼香炉山,自万潮山入,大破之。留镇湖广。论功,进右都督。四年春奏斩苗五百余级,五年又奏斩苗三百余,而都指挥咸安等八人战死。兵部疑首功不实,指挥蔡升亦奏友欺妄。命总督石璞廉之,斩获仅三四十人,陷将士千四百人,宜罪。诏令杀贼自效。

天顺元年随瑛(指同传方瑛——引者)征天堂诸苗,大获。命充左副总兵,仍镇湖广。已,又偕瑛破蒙能余党。召封武平伯,予世券。孛来犯边,充游击将军,从安远侯柳溥等往御。率都指挥赵瑛等与战,敌败遁。再犯镇番,复击却之,俘百六十人。寻佩将军印,充总兵官,讨宁夏寇。先是,寇大入甘、凉,溥及总兵卫颖等不能御,惟友稍获。至是巡抚芮钊列诸将失事状,兵部请免友罪。诏并宥溥等。召还,进侯,卒。

传子至孙纲,弘治中,请友赠谥。诏赠沔国公,谥武僖。纲传子勋及熹。嘉靖中,吏部以友征苗功多冒滥,请停袭。帝不从。熹子大策复得嗣,至明亡乃绝[1]。

至于陈友之后人,《明史》卷107《功臣世表》第三"天顺朝"栏列有陈氏之世次。冯今源先生在《中国伊斯兰教碑文选注》[2]有注释,在此不再赘述。

陈友能够封伯,多因他南征苗北征虏立功之故,但他起家却与他累次充当使臣、顺利完成任务有关。《明实录》对此记载有:

(1)正统元年(1436)十一月,陈友随都指挥康能等出使瓦剌,时陈友为骁骑右卫千户,因谙晓夷情被礼部尚书胡濙奏请代替年老的达官

---

〔1〕《明史》卷166《列传第五十四·陈友传》,中华书局标点本,第4488—4489页。

〔2〕冯今源:《三元集——冯今源宗教学术论著文选》,上册,宗教文化出版社2002年,第317—318页。

千户阿老丁,由此开始使臣生涯。[1]

(2)正统二年十一月,行在骁骑右卫指挥同知陈友奉命往瓦剌顺宁王脱欢处。[2]

(3)正统三年正月,遣指挥陈友等赍敕同瓦剌使臣往谕顺宁王脱欢。……仍命友等以彩币表里赐脱欢及其丞相昂克等,并各以敕谕之。[3] 同年九月,行在骁骑右卫指挥同知陈友奏:"瓦剌顺宁王使臣朵南即沙撒答等朝贡回还,已至大同,今又欲带男妇驼马转往甘肃出境,恐为未便。"上赐敕谕友曰:"尔闻甘肃至哈密一路有警,道路阻塞,来往之人多被劫夺。宜令其仍从大同出境,拨军护送,毋致生事扰人。尔其慎之。"[4]《明实录》中对陈友出使亦力把里、哈密并无具体记载,陈友可能由此经过或返回亦力把里、哈密等处。

(4)正统五年,都指挥佥事陈友等出使瓦剌。[5]

(5)正统六年正月,都指挥陈友使瓦剌,英宗在致瓦剌太师也先敕书说:"闻都指挥陈友等言太师之诚心,深用嘉悦,兹因使回,遣陈友等赍敕礼物回赐。"[6]

(6)正统六年十月,行在锦衣卫都指挥佥事陈友言:"都指挥康能等蒙遣使瓦剌至金山地面,被贼劫去马二百余匹,访知是福余卫人。"[7]

(7)正统七年正月,明廷命都指挥佥事陈友、王政为正使,同瓦剌使臣脱木思哈等赍书赐达达可汗。[8] 同年十一月,英宗以陈友连年出使,让其休息。[9] 陈友的使臣生涯至此告一段落。

正统九年正月,明英宗命锦衣卫带俸都指挥佥事陈友充游击将军,

---

〔1〕《明英宗实录》卷24"正统元年十一月己未"条。

〔2〕《明英宗实录》卷36"正统二年十一月壬辰"条。

〔3〕《明英宗实录》卷38"正统三年正月丁未"条。

〔4〕《明英宗实录》卷46"正统三年九月戊申"条。

〔5〕《明英宗实录》卷63"正统五年正月丙辰"条;卷65"正统五年三月庚申"条。

〔6〕《明英宗实录》卷75"正统六年正月甲子"条。

〔7〕《明英宗实录》卷84"正统六年十月乙酉"条。

〔8〕《明英宗实录》卷88"正统七年正月癸未"条。

〔9〕《明英宗实录》卷98"正统七年壬午"条。

·欧·亚·历·史·文·化·文·库·

往宁夏出境巡哨。[1] 此与碑记所记陈友由都指挥佥事充游击将军领兵自宁夏出境同。陈友开始征战生涯。

另碑记中有"□陵陈循"空格似为"庐",陈循,江西泰和人,泰和古庐陵郡。《明史》有其传。[2]

陈友后人多修缮清真礼拜寺。回族学者金吉堂先生在《敕赐清真寺的五百年》一文中对陈友及其后人与教门之间的关系列了一个表,事迹有 11 项,涉及陈氏家族 6 人。[3]

12.2 詹昇与牛街"礼拜寺"题名

北京牛街礼拜寺"敕赐礼拜寺记"碑文中载:"唯成化十年春,都指挥詹昇题请名号,奉圣旨曰'礼拜寺',是尊奉天主者,天子未尝不兢兢。命寺以礼拜之,岂旁门虚无诸教敢埒云。"[4]詹昇,《中国回族金石录》写作詹界。2001 年 11 月笔者亲赴牛街礼拜寺,见立于礼拜寺庭院北厢房廊下这块石碑,无任何保护,但"詹昇"字迹清楚。詹昇对牛街礼拜寺的修复,尤其是得到皇帝对礼拜寺的题名,卓有功绩。这与他本人的业绩、身份和地位突出有关。

检索《明实录》,发现《明实录》中多次提到詹昇其人。依时间顺序,大体可以勾勒出詹昇的为官经历。

詹昇首次步入仕途,可能是充当明朝出使瓦剌的副使。《明英宗实录》正统十一年正月,瓦剌使臣皮儿马黑麻等陛辞,明英宗命马云、马青为正使,周洪、詹昇为副使,赍敕书、彩币等物,与之同往赐迤北可汗并太师也先等。[5] 自 1439 年瓦剌顺宁王脱欢死后,其子也先继为太师,势力强盛,对明有窥伺之心,与瓦剌往来对双方来说都很重要,于

---

[1]《明英宗实录》卷 112"正统九年正月己巳"条。

[2] 余振贵、雷晓静主编:《中国回族金石录》,第 11 页。《明史》卷 168《列传第五十六》,中华书局标点本,第 4513－4515 页。

[3] 详见冯今源:《三元集——冯今源宗教学术论著文选》,上册,第 318 页。

[4] 余振贵、雷晓静主编:《中国回族金石录》,第 3 页。

[5]《明英宗实录》卷 137"正统十一年正月癸巳"条。

是双方使臣往来频繁。不过明廷派遣的使臣官职并不高,此时充当正使的马云、马青不过是正、副千户。[1] 詹昇的官职应略低于他们。正统十二年正月,马云、马青、周洪再次出使瓦剌,《明实录》未明确提到詹昇。[2] 同年九月,马青、马云再使瓦剌。至年底,因马云等人连岁远使,出使瓦剌的正使均被置换,大概詹昇亦在替换人员之列。

此后以及景泰年间,《明实录》未载詹昇事迹。不过,景泰元年兵部查得马云、马青奉使瓦剌时,曾向也先许诺细乐使女,又许与中国结亲,却向朝廷隐瞒。为此马云等人受到锦衣卫鞫问。[3] 詹昇在景泰年间得不到任用大概与此事有关。

明英宗复辟后,急于向周邻各国诏告其复登大位之事,于是使臣四出,给赐有加。詹昇得到任用。天顺元年三月,明廷命都指挥佥事贺玉、指挥使金贵使哈密,指挥使马云、正千户詹昇使撒马儿罕,正千户于志敬、马亮使亦力把里,俱升一级。[4]

升为正千户的詹昇可能是第一次随指挥使马云出使撒马儿罕。马云使团至哈密时,畏于艰难未能西行,滞留哈密。天顺四年,英宗只好诏令马云由哈密回京。[5]

天顺五年秋,鞑靼部长孛来求款,英宗使詹昇赍敕往谕。孛来遣使随昇来贡,请改大同旧贡道,而由陕西兰县入,许之。[6]

天顺六年,明廷对中途逃跑的马云使团部分成员作了处理,马云受到了处分。不过作为副使的詹昇可能未受到处分。因为次年(天顺七年)二月,詹昇已升任指挥使,并以正使的身份出使撒马儿罕。

詹昇使团是否到达撒马儿罕,《明实录》未明确记载。若能成行,并抵达撒马儿罕,回来时已是明宪宗即位之后。

---

〔1〕《明英宗实录》卷158"正统十二年九月丁巳"条。
〔2〕《明英宗实录》卷149"正统十二年正月戊子"条。
〔3〕《明英宗实录》卷192《景泰附录十》,"景泰元年五月壬子"条。
〔4〕《明英宗实录》卷276"天顺元年三月辛巳"条。
〔5〕马云使团详见拙文:《明朝出使中亚帖木儿王朝的使臣》,载《元史及民族史研究集刊》,2002年第15辑。
〔6〕《明史·列传第二百五十五·外国八》,第8471页。

成化初年,撒马儿罕使臣是否来华未见《明实录》记载,所以,我们不能确定詹昇是否成功出使撒马儿罕。但詹昇显然得到成化帝的重用。成化九年(1473),土鲁番速檀阿力侵哈密,掳其城。兵部尚书白圭等以哈密为朝廷所封,世为藩属,非他夷比。今丧地失国,奔走控诉,安可置而不问,请命通事都指挥詹昇赍敕往谕速檀阿力,令其悔过自新,退还哈密境土。并敕赤斤蒙古等卫会兵并力,以相卫翼。仍敕甘肃总兵等官振扬武威,相机而行。此计划得到成化帝批准。[1] 20 天后,兵部又奏阿力僭拟大号,挟制邻境,不可不为之备。明宪宗由此认为出使赍敕省谕已无用,下令"詹昇且不必往,宜敕甘肃镇守等官悉心提备"[2]。

时土鲁番在西域强盛,若詹昇出使土鲁番,实在是吉凶难测。成化帝下令詹昇不必前往土鲁番是非常明智的。而詹昇本人可能亦知当时土鲁番的情势是不宜前往的。他是否通过某种手段使皇帝下令他不必前往,我们不得而知。但牛街礼拜寺中"敕赐礼拜寺记"碑文中这句"唯成化十年春,都指挥詹昇题请名号,奉圣旨曰'礼拜寺',是尊奉天主者,天子未尝不兢兢,命寺以礼拜之,岂旁门虚无诸教敢埒之",是否暗示詹昇、成化帝与穆斯林三者存在某种关系?

阿里·阿克巴尔的《中国纪行》曾提到成化帝曾秘密遵循伊斯兰教规,"甚至有些穆斯林宦官负责在皇帝面前每天唱诗 5 次,提醒他做祈祷,完全如同在伊斯兰国家一样。他们奉命以波斯方式(以'突厥方式')穿戴,在头的周围缠头巾,以使如同在清真寺中一样共同举行每日 5 次的祈祷,这一切都是在皇帝的眼皮下举行,而且皇帝在欣赏他们时表现出了强烈的兴趣"[3] 又说"皇帝用他的经费在北京为穆斯林

---

〔1〕《明宪宗实录》卷 115 "成化九年四月丙寅"条。

〔2〕《明宪宗实录》卷 115 "成化九年四月丙戌"条。

〔3〕〔法〕阿里·玛扎海里著:《丝绸之路:中国—波斯文化交流史》,耿昇译,中华书局 1993 年,第 160－161 页。并见阿里·阿克巴尔著:《中国纪行》,张至善编,三联书店 1988 年,第 45 页。

们修建了4座大清真寺"。[1] 皇帝不一定用他的经费修建清真寺,但他为清真寺题名则是有史实根据的。一般认为,明代御赐命名的北京4座清真寺为清真、礼拜、普寿、法明等[2]。詹昇是通事,与太监、皇帝可以直接接触,这或许是詹昇得到关照的原因之一。

成化十四年,明廷派遣马文升、都指挥詹昇等前来招抚建州、海西各部。马文升因此事得罪太监汪直,被下诏狱,谪戍重庆卫。詹昇此后之事不详。

其他清真寺碑记中亦曾提到詹昇。如,明天启二年(1622)立的山西大同清真寺"重修礼拜寺碑记"中有:"于是都督詹公升(应为昇,原文如此)、武伯陈[公]勋、掌教马公滋、马公骊,耆意海公源恩、荣审敬公元吉日、总镇麻公循谋,所以重新之更建南北厢各五,省心楼、碑亭、二经堂、书斋、阁楼莫不具。"[3]此都督詹升即前述都指挥詹昇。结合两通碑记及詹昇事迹,我们大体可以确定他是一位穆斯林。

明代回回遍于全国各地。《中国回族金石录》收录的明代修建或重修清真寺碑记有18方,大体分布于北京(2方),河北定州、张家口、保定(各1方),山西大同(1方),浙江杭州(1方)、嘉兴(1方),福建福州、泉州(各1方),山东济南(3方),陕西西安(4方),甘肃(1方),其他圣谕碑、教义碑等27方。从陈友及其后人以及詹昇、赵荣等人事迹看,明代回回之间相互之间往来较多。弘治年间,陈友之后裔陈勋道经河北定州,诣寺拜谒,见定州清真寺未粉饰,回京后不仅请敕赐普寿寺,且谒掌教之缙绅士大夫说:"予周流诸省阅寺多矣,未有若定之礼拜寺宏阔侈大与此仿佛,惜其粉饰未具,不得为完寺也。彼以经营有年而屡

〔1〕阿里·玛扎海里著:《丝绸之路:中国—波斯文化交流史》,耿昇译,第162页;阿里·阿克巴尔著:《中国纪行》,张至善编,第46页。

〔2〕北京市西城区政协第十届五次会议党派提案第23号提到:锦什坊街清真普寿寺,始建于元代,明宣德四年(1429)至明正德四年(1509)进行扩建,明崇祯乙亥春又进行重修。清真普寿寺是北京四大明寺之一(现只存有东四清真寺、牛街礼拜寺、清真普寿寺,法明寺已在"文化大革命"中被拆毁)(www1.bjxch.gov.cn/xczx/hp/2003/15tann/023.doc19K2003-1-22)。北京花市清真寺建于永乐十三年(1415),锦什坊普寿寺和安内二条法明寺建于明朝初期,东四清真寺正统十二年(1447)敕修。李兴华等合著:《中国伊斯兰教史》,中国社会科学出版社1998年,第378页。

〔3〕余振贵、雷晓静主编:《中国回族金石录》,第32页。

以材窭坐废,予欲助之恐不能胜,试与诸公议焉。"陈勋先捐俸金,京城诸士大夫争先施与,数百金之资一时而集,乃命使赍至定州付当事者,令其增修。[1] 此表明弘治年间回回在京城已有相当大的势力。研究明代回回在各地相互关系仍是今后值得研究的课题,陈友及其后裔以及詹昇之事迹只是为我们提供了两个典型事例。

---

〔1〕余振贵、雷晓静主编:《中国回族金石录》,第17页。

结　语

　　朝贡制度作为古代中国处理民族关系、对外关系的制度,其特征,李云泉先生将其概括为 4 点:和平主义性质、互利性、不平等性、封闭自守性。[1] 明朝的朝贡制度具有这 4 种特性,只是明朝朝贡政策是洪武、永乐皇帝在严厉的海禁政策下制定的,明朝政府对朝贡活动的种种规范和规定,使朝贡制度较前代更加完备。[2]

　　分析明代西域人来华、明朝朝贡制度的特征还有事大主义性质和贸易使臣的家族性。

　　"事大之诚"或事大主义是儒家的一种外交理念,它要求以小事大,小国对大国北面称臣、恭行臣服之礼。而大国接受小国的事大,则对小国采"字小"之策。不干涉小国的事务,接受小国的朝贡,并保护小国的利益不受外来侵犯。[3] 明太祖致别失八里王黑的儿火者敕谕中明确指出:"友邦远国顺天事大,以保国安民",并遣使嘉劳黑的儿火者"坚事大之诚,通好往来,使命不绝"的做法。[4] 明左春坊大学士曾棨在给明朝出使西域使臣傅安汇编的《西游胜览》一书的序中指出:"洪武中,西域撒马儿罕遣使进贡马驼骡衣甲之属,礼意甚恭,既而西

　　〔1〕李云泉:《朝贡制度史论——中国古代对外关系体制研究》,新华出版社 2004 年,第314 - 318 页。王冬青博士认为,除 4 种特性外,朝贡体系还包含了威慑性,和平主义体现的是皇权中"德"的怀柔,而威慑体现的是皇权中"礼"的森严。见王冬青博士论文《明朝朝贡体系与十六世纪西人入华策略》,导师樊树志教授,复旦大学博士论文 2005 年 4 月,序言第 11 页。

　　〔2〕李云泉:《朝贡制度史论——中国古代对外关系体制研究》,新华出版社 2004 年,第 64 页。

　　〔3〕孙卫国:《论事大主义与朝鲜王朝对明关系》,载《南开学报》(哲学社会科学版),2002 年第 4 期。

　　〔4〕《明太祖实录》卷 212"洪武二十四年九月乙酉"条。

·欧·亚·历·史·文·化·文·库·

北诸蕃往往倾向中国,欲尽事大之诚而弗可得。"[1]

事大主义是以实力或宣示实力为后盾的。为维护西域贡路畅通,明朝皇帝多次下令出兵征讨或以武力威胁那些阻碍西域贡路的部落或国家。如,宣德五年(1430)六月,明宣宗根据明朝自西域还使以及西域贡使的报告,得知曲先卫都指挥散即思数率所部邀劫往来使臣,梗塞道路,命都督金事史昭充副总兵率兵征之[2]。散即思后畏惧逃跑。正统十一年(1446)五月,明英宗敕谕哈密忠顺王倒瓦答失里及头目人等曰:"果有归慕朝廷欲来进贡使臣,审实起送入境。尔部属中若有奸诈小人,通同外夷生事害众者,即会众挐送甘肃总兵处惩治,庶不为良善之累。如尔等党恶纵容不问,及不念国恩,故违朝命,必命将统军,直抵尔境,捕剿不宥。"[3]正统十三年二月,又敕谕哈密忠顺王等:"若尔等悖逆朝命,仍私通夷虏,贻患生灵,必调大军剿捕。"[4]

事大主义对大国的责任和义务亦有要求,即明朝皇帝作为万邦华夷之主,有调解西域诸国纷争、维护各国内部稳定、保护弱小之义务。如,宣德七年十月,明宣宗以亦力把里歪思王母能敬朝廷、修职贡,而歪思与其子撒秃不睦,遣使敕谕王母要求各顺天道,体念祖宗一气之亲,和睦如初。约束所部,保境恤民,使命往来,道路无壅。又赐王母及王、王子撒秃彩币、表里等[5]。劝和且对各方均送礼物,这是明朝履行大国之职、维护丝路安定的常规。

事大主义还体现在明朝要求朝贡国对明朝出使西域的使臣予以保护。天顺元年(1457)九月,明英宗在给撒马儿罕速鲁檀母撒亦敕书中说:"惟尔世处西域,敬奉朝廷,朕复登大位,嘉念尔诚,特遣正使都指挥马云等往彼公干,颁赐尔等彩缎、表里。尔其体此恩意,益尽忠诚,善待使臣,护送往回,毋致失礼。"[6]又赐赤斤蒙古等卫都督阿速等彩缎

---

〔1〕〔明〕安都纂集:《太康县志》,《天一阁明代地方志选刊续编》,上海书店影印本。

〔2〕《明宣宗实录》卷67"宣德五年六月甲申"条。

〔3〕《明英宗实录》卷141"正统十一年五月庚辰"条。

〔4〕《明英宗实录》卷163"正统十三年二月丁巳"条。

〔5〕《明宣宗实录》卷96"宣德七年冬十月庚子"条。

〔6〕《明英宗实录》卷282"天顺元年九月戊辰"条。

表里,令其遣人护送马云等到撒马儿罕。因此,要求西域诸国向明朝称臣纳贡、行事大之诚是明与西域诸国往来的政治基础。

西域贸易使臣的家族性特征是由于丝绸之路贸易属于长途、大宗贸易,费用昂贵,常年从事进贡贸易的世家家族熟悉路况和各种朝贡规则。哈密写亦虎仙家族便是依靠与明朝长期的朝贡关系,积累了大量财富。滨下武志说:"朝贡的根本特征,在于它是以商业贸易行为进行的活动,也就是说,因朝贡关系而使得以朝贡贸易关系为基础的贸易网络得以形成。"[1]这种贸易网络,在西域表现为贸易家族与明朝政府、西域地方政权盘根错节的复杂关系。例如,写亦虎仙是哈密卫故都督金事赛亦撒隆之侄,也是哈密人火辛哈即的女婿。他将女儿嫁给了土鲁番速檀阿黑麻的使臣火者马黑木。其岳父火辛哈即将另一女儿嫁给了土鲁番速檀阿黑麻的亲信牙木兰。牙木兰又以妹嫁火辛哈即侄亦思马因。这种亲戚复亲戚的关系形成了一个家族网络。

西域人来华政治上的动因主要有两个方面,一是来自掌管明朝外交的最高统治者皇帝对远国部落使臣的招徕。明朝皇帝为达到外国、外族统治者认可其高高在上的权威目的,积极招徕使臣,遣使劝诱远国使臣来贡。此所谓"宣德化、柔远人"。哈菲佐娃说:"外国统治者的贡品能增加中国皇帝的统治所需的权威,换言之,外国统治者的臣服使其合法化。"[2]合法化主要是针对非法篡位者如明成祖而言,大多数明朝皇帝不存在合法化问题,而是要显示更高的权威。西域贡狮受到不少大臣的反对,却得到皇帝的青睐,根源就在于这是皇帝喜欢的权威象征。弘治年间撒马儿罕使臣怕六湾贡狮就是摸准了中国皇帝喜爱之物,因此不断地要求增加赏赐。

二是西域国王为巩固地位遣使来华,西域使臣为提高自身政治身份累充使臣。明廷主要是在哈密等地封王授爵。这种封王授爵须向明

〔1〕〔日〕滨下武志:《近代中国的国际契机:朝贡贸易体系与近代亚洲经济圈》,中国社会科学出版社 1999 年,第 38 页。

〔2〕〔美〕何伟亚:《怀柔远人:马嘎尔尼使华的中英礼仪冲突》,社会科学文献出版社 2002年,第 10－11 页。

·欧·亚·历·史·文·化·文·库·

朝皇帝请求。"所谓向中国提出请求也要在明政府预先采取外交步骤之后,方能加以实施,以保证问题得以顺利解决。在许多场合下之所以出现这种情况,是外国统治者希望中国在他们国内争权夺利的斗争中提供支持。"[1]西域使臣请求授予明朝武职更是常见。明朝官员根据西域国王或使臣的授职申请,参照使臣原有身份,计算使臣服务朝贡事务的年限,提出授职或晋职建议,报经皇帝批准,而后实施。其中西域使臣是否勤劳朝贡是其能否授职的重要依据。

经济上谋取高额利益应是西域人来华的根本动力。对西域人来华朝贡,明朝统治者看重的是称臣纳贡,至于贡品多少,倒在其次。明太祖说:"宁使物薄而情厚,勿使物厚而情薄。"[2]"厚往薄来,柔远人之道",成为明朝历代皇帝的基本国策。

具体分析朝贡贸易过程,并非是只"厚"不"薄"。有些贡物价值低,回赐厚,有些贡物虽然回赐不多,但利润高。明朝历代给予西域使臣给赐趋势是逐渐变"薄",即不断减少。

李金明先生以海外贸易为例,认为当时海外诸国的朝贡物品系由3个部分组成,即进贡方物、国王附进物和使臣自进、附进物。对于进贡方物来说,虽然明朝统治者考虑的政治成分比较多,在赏赐物上的亏损确实比较大,但是其数量在朝贡物品中仅占极小部分。国王随进物和使臣自进、附进物在朝贡物品中占绝大多数,往往超过进贡方物的数十倍。朝贡贸易中的附进物贸易是一种国与国之间的长途贩运贸易,它具有不等价交换、贱买贵卖的特点,朝贡国既可把海外奇珍当作奢侈品运到中国来,又可把中国的一般商品运回本国而转化为奢侈品,因此不管是明政府或者是海外朝贡国家均可从中获得高额利润。这是朝贡贸易体制得以长期维持的根本原因所在。[3]

明代西域来华使臣分成进贡到京使臣、奏事到京使臣、寄住使臣等

---

〔1〕〔哈〕克拉拉·哈菲佐娃:《十四—十九世纪中国在中央亚细亚的外交》,杨恕、王尚达译,兰州大学出版社2002年,第122页。

〔2〕《明太祖实录》卷89"洪武七年五月壬申"条。

〔3〕李金明:《明代海外朝贡贸易实质初探》,载《中国社会经济史研究》,1988年第2期。

3种类型。其中进贡到京使臣分5等,奏事到京使臣不分等第,寄住使臣分5等。各地面使臣除正进方物给赏外,其自进、带进物,边官不能阻回,使臣要行复进者,礼部验拣堪用者,量与进收。所进方物原无赏例者,礼部验估价值,斟酌给赏。各地面使臣求讨织金等物,需边镇巡等官转奏题请,于每名下量点一二给与。[1] 西域来华使臣的自进、带进物有不少不堪使用的廉价玉石、瘦损驼马等物,但仍获得较高回报。李金明先生认为附进物贸易可获得高额利润,在西域陆路贸易方面,也是如此。

尽管如此,明朝给予西域使臣的给赐,主要是正进方物的给赐,有逐渐由“厚”变“薄”的过程。永乐、宣德年间给赐贡使较厚。正统年间,因赐例过厚,礼部请求少损之。景泰年间,礼部以撒马儿罕使臣旧时一二等赏例太重,难以给予,请以三等例给赐正副使。成化元年(1465),明廷又对给赐优厚政策作了调整。“哈密使臣岁一入朝,不得过二百人,乩加思兰五十人,其土鲁番、亦力把力等或三年五年入贡,经哈密者依期同来不得过十人。”[2]这种限定贡期、贡使人数的做法得到皇帝批准后实施。到了成化十九年,撒马儿罕贡使怕六湾贡狮,不接受明朝现有赏例,却请求以永乐年间赏例给赐,礼部认为过重,后以正统年间赏例赐之,怕六湾仍不依,再加赏。弘治年间,请求加赐成为西域贡使常用手法。正德年间,一些土鲁番等地使臣沿途迁延,甚至寄住结亲,或将明廷赏赐糜弗,留住不还国,以至于土鲁番索求贡使,明廷只好遣人抚令还国。嘉靖时期,土鲁番、撒马儿罕、天方国等地贡使冒滥王号、诡立名色,以增赏赐。其时,“西域夷使多贾胡,每入辄挟重赀与中国市。边吏利其贿,侵索多端类,取偿于朝,一或不当其直,则咆烋不止”。[3] 因此,西域使臣将贡品高价求值于明,而明朝限贡期、人数,薄减其偿。明朝前期的厚赐赏例成为明朝后期的负担。丝绸之路上“厚往薄来”的贡赐贸易逐渐难以维持,最终走向衰落。

〔1〕(明)申时行等修:《明会典》卷112《给赐三》,中华书局1989年,第595页。
〔2〕《明宪宗实录》卷22“成化元年冬十月丙戌”条。
〔3〕《明世宗实录》卷147“嘉靖十二年二月癸巳”条。

对西域贡品,美国学者拉铁摩尔分析认为,贡赐贸易与西域绿洲居民无关,只是加强了西域统治者与中国的联系。他说:"多数绿洲的产品是完全相同的,尽管有些地方产金,有些地方出玉,但对必需品贸易的需求却很少。长期贸易主要是奢侈品的交换,丝(后来又有茶和瓷器)是中国的输出品。金、玉、良马,喀什以西的五金、葡萄干一类的珍味,奴隶、歌女、乐工等都输入中国。这种贸易与绿洲的居民没有什么关系,这是他们的统治者的事。但它却适合于中国的政策,因为它有利于绿洲统治者与中国的政治联系。"[1]拉铁摩尔的意思是,中国通过丝绸等输出品,加强了中国与西域绿洲统治者的联系,使绿洲统治者倾向于中国而不是北方的草原。因此,笔者认为,明与西域贡赐贸易的兴衰,不仅仅在于西域输出品数量的增减和品种的多寡,也不是依赖于明朝皇帝对奢侈品和珍禽异兽的追求,而是明朝能否从西域那里获得更大的政治利益。成化以后,土鲁番兴起,仍与北方草原蒙古人保持某种联系,哈密衰落,甚至为瓦剌所控制,明在西域的政治利益受损。加之明朝中后期财力紧张,明朝对维护丝路贡赐的愿望和能力下降,明朝出使西域的人数减少乃至没有,双方往来成为单方面的西域人往来,朝贡贸易衰落也是必然的。

明代西域人来华是否受到中国文化的影响,由于这方面的资料非常零散,我们还缺少系统分析。不过有些方面还可以深入讨论,如儒家文化的影响。美国学者费正清说:"朝贡制度是儒家主张用于对外事务的一种办法,根据他们的主张,中国君王行使政治权力是有伦理依据的。正如仁君之能以德感召中国人民一样,他也必然会吸引化外的夷狄到中国的朝廷上来。""一旦外国人承认了天子独一无二的地位,仁慈皇恩和俯首恭顺之间的相互关系就必然要在礼仪的形式上表现出来,分别表现为正式的赏赐和献礼。于是献礼朝贡就为中国朝廷的一项礼节。它象征着接纳夷狄来沐受中华文化。"[2]朝贡礼仪的过程也

---

〔1〕〔美〕拉铁摩尔:《中国的亚洲内陆边疆》,唐晓峰译,江苏人民出版社2010年7月第2版,第120页。

〔2〕〔美〕费正清:《美国与中国》(第四版),张理京译,世界知识出版社2006年,第147页。

是中国文化展示的过程。在西域,儒家学说还通过明朝统治者给予西域国王的国书而得到传播。如,洪武三十年(1397)正月,明太祖致书别失八里王黑的儿火者,要求其放归明朝使臣宽彻,其敕书中就以儒家思想劝黑的儿火者放人。"是以近年回回入边地者且留中国互市,待宽彻归,然后遣还。及回回久不得还,称有父母妻子,朕以人思父母妻子,乃其至情,逆人至情,仁者不为,遂不待宽彻归而遣之。是用复遣使赍书往谕,使知朝廷恩意,毋使道路闭塞而启兵端也。书曰:'怨不在大,亦不在小,惠不惠,懋不懋。'尔其惠且懋哉。"[1]永乐八年(1410)二月,明太宗致沙哈鲁国书中,劝其与侄哈里休兵,其理由也是儒家学说:"夫一家之亲,恩爱相厚,足制外侮,亲者尚形乖戾,疏者何得和同,自今宜休兵息保全骨肉,共享和平之福。"[2]正统九年十二月,明英宗敕谕哈密忠顺王倒瓦答失里曰:"迨尔父卜答失里及尔承袭王爵,世受朝廷大恩,下及头目俱受重职恩赏,愈久愈厚。尔当体念国家厚恩,勉竭忠诚一心无二,庶不负尔先世之志,若或昧于大理罔知顺逆,岂臣子忠孝之道,已往之事悉置不问,自今尔益宜敬顺天道忠事朝廷,坚秉臣节,恪修职贡,用图保全于长久,严禁部属头目人等各怀忠诚,毋为小人所诱,自作不靖以取灭亡,敢有奸诈之徒生事启衅者,尔即严加惩治毋累良善,其有强横凶恶构怨生灵不听尔惩治者即据实奏来调大军剿杀。盖天道以福善祸淫为心,国家以赏善诛恶为治,一于至公远迩无间尔其钦承之。"[3]以儒教经典教义为核心,以指导社会关系的榜样为外在表现的德,共同"构成了向全人类(包括夷狄)行使政治权利的道德基础"。这种理论是使边疆地区"夷狄"对可以教化自己的皇帝之"德"倾慕不已,成为"德化"边疆的教义。[4]

来自中亚的使臣对中国也是赞赏不已。如,约1500年到过中国的中亚穆斯林商人赛义德·阿里·阿克巴尔在其《中国纪行》中充满了

〔1〕《明太祖实录》卷249"洪武三十年春正月丁丑"条。
〔2〕《明太宗实录》卷101"永乐八年二月丙午"条。
〔3〕《明英宗实录》卷124"正统九年十二月癸亥"条。
〔4〕许建英:《"中国世界秩序"观之影响及其与中国古代边疆研究——费正清〈中国世界秩序:中国传统的对外关系〉读后》,载《中国边疆史地研究》,2006年第1期。

对中国的赞颂:"他们喜欢与全世界和睦相处,唯有在他们不可能以金钱换取和平时才使用战争手段。""全体国民,无论是文还是武,都登录在国家的户籍中并应为国家而工作。除了皇帝之外的任何人都不能在那里拥有臣民。(以下用诗写成)'多么得人心的政权啊! 多么稳定的社会秩序啊! 多么高的办事效率啊! 如果你不累啊! 睿智者们,那就前来欣赏它吧!'"[1]

明朝对来华朝贡或归附人员管理严格,来华西域人一旦进入明朝境内,无论是朝贡、入附,还是寄居、游览,明朝都予以监管。因为西域人在华游览不易管理,明廷对其申请一般都不予批准。如成化二十三年,天方国回回阿力因其兄纳的在中国游方40余年,借进贡之机欲至云南访求,皇帝未批准。[2] 嘉靖十七年(1538),天方国使臣写亦陕西丁入贡,请游览中国,亦未准。[3] 尽管如此,仍然有一些西域回回会得到批准,生活在内地。来华贡使往往利用其政治身份,不服或逃避伴送人员的管理。正德三年,哈密使臣写亦虎仙自持边镇文移进京,伴送通事皮俊未跟到,结果,相关御史、通事以失察罪处分。进贡使臣在华的实际生活情形包括一些细节还需探讨。归附的西域人虽受到优待,但大多都被明朝安插在卫所中,作为一种相对封闭的环境,除个别人因军功得到升赏进入上层统治者行列外,大多还处于社会中下层,他们在华的社会生活及其影响还需进一步深入研究。

---

〔1〕〔法〕阿里·玛扎海里著:《丝绸之路:中国—波斯文化交流史》,耿昇译,中华书局1993年,第188－189页。

〔2〕《明宪宗实录》卷288"成化二十三年三月丁卯"条。

〔3〕《明世宗实录》卷208"嘉靖十七年正月庚寅"条。

附录

1 明朝西域使臣陈诚"累官右通政"的问题

王继光先生在《陈诚家世生平考述》(载《西域研究》2005 年第 1 期。下文不注明出处均引自该文)认为:天顺元年(1457),92 岁高龄的陈诚,被再次起复任用,命为光禄寺右通政。次年,即卒于任。陈诚于天顺元年的最后一次起用,书于宣德八年(1433)的陈诚《历官事迹》自然失载。仅见于《陈氏家谱》及《国榷》天顺二年八月乙丑"署光禄寺事右通政"陈诚卒的记载。应是可靠的。

近读《明实录》,发现"署光禄寺事右通政"的陈诚并非就是出使西域的明朝使臣陈诚。其原因在于下列材料:

(1)正统十四年(1449)六月,升鸿胪寺序班陈诚为本寺(南京光禄寺)寺丞。[1]

(2)正统十四年十二月,调南京光禄寺寺丞陈诚于光禄寺。[2]

(3)景泰元年(1450)十二月,升光禄寺寺丞陈诚为本寺少卿,以署官厨役合词奏保也。[3]

(4)景泰四年九月,光禄寺少卿陈诚奏,臣本山东靖海卫军籍,见今缺役,止臣一身,无人可代,乞恩开豁。从之。[4]

(5)天顺元年正月,升太仆寺寺丞孙弘为工部左侍郎,光禄寺少卿陈诚为通政司右通政,仍管光禄寺少卿事,吏部验封司郎中刘文为右通政,尚宝司司丞兼翰林院编修黄谏为尚宝司卿兼翰林院

---

〔1〕《明英宗实录》卷179"正统十四年六月丙寅"条。
〔2〕《明英宗实录》卷186"正统十四年十二月辛未"条。
〔3〕《明英宗实录》卷199"景泰元年十二月己亥"条。
〔4〕《明英宗实录》卷233"景泰四年九月辛未"条。

侍讲,中书舍人金铭为光禄寺寺丞,从忠国公石亨言,其曾同议大事也。[1]

(6)天顺二年八月,管光禄寺事右通政陈诚卒,遣官致祭。[2]

以上材料可以看出:景泰元年任光禄寺少卿的陈诚与天顺二年八月去世的陈诚应是同一人。光禄寺少卿正五品,右通政正四品。此陈诚得到提升的原因是,根据忠国公石亨推荐,其曾同议"南宫复辟"大事。然英宗复辟后,石亨尽揽大权,干预政事,久之,明英宗不能忍受,天顺三年秋罢其职。与其有关人员受到处理,或降或罢。天顺三年九月,降吏部左侍郎孙弘为云南大理府通判,通政司右通政刘文为云南临安府同知,翰林院学士黄谏为广东广州府通判,光禄寺寺丞金铭为广州右卫经历。弘等先附石亨,冒夺门迎驾之功,得升秩至,是以亨败露,故有是命。[3]因石亨之故升职的右通政陈诚没有涉及,概因其已病故。然任右通政刘文降职,若陈诚在世,其降职亦难免。

靖海卫属山东都司,根据明朝的军籍制度,有靖海卫军籍的陈诚是要服兵役的。明朝卫所军士别立户籍,称军籍。卫所军士不受普通行政官吏的管辖,在身份、法律和经济地位上都与民不同,军和民截然分开。民户有一丁被垛为军,他的一家便永远充军,住在被指定的卫所。在卫军士除本身为正军外,其子弟称为余丁或军余,将校的子弟称为舍人。壮丁死亡或老病,便由次丁或余丁替代。如果卫所军士一家已全部死亡,那就必须到原籍勾取族人顶丁。[4]《明会典》载:"洪武二十六年(1393)定,凡内外卫所军人,或征进工作伤残,或患痼疾及年老不甚征操者,须要保勘,相验是实,许令户下壮丁代役。若无少壮,止有幼小人丁,许令该卫纪录操练。仍令老疾随营。如果户绝无人,揭籍查勘明白,具奏除豁。"[5]靖海卫的陈诚只有其本人一人(男丁),无人可

〔1〕《明英宗实录》卷274"天顺元年正月庚寅"条。

〔2〕《明英宗实录》卷294"天顺二年八月乙丑"条。

〔3〕《明英宗实录》卷307"天顺三年九月戊戌"条。

〔4〕白寿彝总主编:《中国通史》(15)第9卷《中古时代·明时期》,上册,上海人民出版社1999年,第318-319页。垛,即垛集,指征兵。

〔5〕〔明〕申时行等修:《明会典》卷137《兵部二十》,中华书局1989年,第701页。

代,所以请求皇帝开恩免其军役。

明朝出使西域的陈诚显然与山东靖海卫的陈诚不同。《陈诚家世生平考述》引(顺治)《吉安府志·列传》：

> 陈诚,字子鲁,吉水人。洪武甲戌进士,授行人,诏往北平求贤、山东蠲租、安南谕夷,皆能不辱命。还升翰林检讨,署院事。永乐初,除吏部验封主事,寻升员外郎,扈从北征。升广东参议。时西域撒马儿罕诸番国皆遣使入贡,诏诚报之。跋涉险阻,期年乃至,宣布朝廷威德。还,以《西域志》进,赐予甚厚,擢广东参政,遂乞致仕。诚居官畏慎守职,不妄与人交。居闲三十余年,绝口不挂外事,徜徉泉石,超然世外,时人高之。

此陈诚列传,对明朝使臣陈诚的生平叙述条理清楚,尤其是对陈诚的官品、人品评价甚高。一个"居官畏慎守职,不妄与人交",且已经在家居闲30余年的陈诚,去参加"南宫复辟"这种很可能掉脑袋的大事恐不太符合情理。即使事成,也只是升官一级,这对于已是广东右参政(从三品)的陈诚得到的只是正四品的右通政,却为此去巴结石亨这样的人,也不符合累次出使西域的陈诚的性格。出使西域的陈诚与山东靖海卫的陈诚应是出身不同、性格不同、为官不同的两个人!

将出使西域的陈诚与靖海卫的陈诚二人混淆为一人主要是因为二人去世时间相近,万斯同《明史·陈诚传》误认为西域使臣陈诚累官右通政,王鸿绪《明史稿》继之,后来者沿袭的缘故。

据王继光先生研究,明朝西域使臣陈诚生于元至正乙巳年(1365)六月十七日吉时,卒于天顺戊寅年(1458)九月十七日吉时。又引崇祯十六年(1643)七月翰林修撰承务郎、同邑刘同升为陈诚《竹山文集》所写的《序》中说："先生(指陈诚)以名进士历国朝之久,享年九十有三。"则陈诚卒年应为明英宗天顺二年。

而管光禄寺事右通政的陈诚则卒于天顺二年八月乙丑。王继光先生也认为:其月日与家谱资料略有出入。光禄寺少卿陈诚声称自己具有山东靖海卫军籍,此出身完全不同于出身于"世代业儒而又非风望显达的家庭"(王继光先生语)的使臣陈诚,在卒于同一年,月份又很近、名字又相同的情况下,我们很容易将他们视为同一人。

万斯同《明史·陈诚传》就将此两人视为同一人。

> 诚,字子实,吉水人,洪武中举进士,以行人使沙里畏兀儿,立安定、曲先、阿端五卫。又使塔滩里招谕夷人。寻偕同官吕让使安南,命还所侵思明地,却其赆。还,擢翰林检讨,历吏部员外郎。永乐十一年(1413),哈烈入贡,诏诚偕中官李达、户部主事李暹等送其使臣还,遂颁赐西域诸国。诚等乃遍历哈烈、撒马儿罕、俺都淮、八答商、送里迷、沙鹿海牙、达失干、卜花儿、赛蓝、渴石、养夷、别失八里、火州、柳城、土鲁番、盐泽、哈密,凡十七国,谕以天子神圣,中国广大,所以招怀之意。其君长欣然咸欲自达于天子。于是各遣使者随诚等入朝贡文豹、名马、珍宝之属。诚所过辄图其山川城郭,志其风俗物产,为《西域记》以献。天子大悦,所以褒赉甚渥,擢诚郎中,余进秩有差。十四年,哈烈、撒马儿罕、俺都淮与失剌思诸国复遣使入贡。天子嘉其诚,诏诚偕中官鲁安等送使者归。所过州郡置宴,并颁赐俺的干、亦思弗罕诸部。其明年,诸国复各遣使随诚入贡。天子以诚奉使劳,擢广东参议。十八年,哈烈、撒马儿罕、八答商及于阗复遣使贡名马。诏进诚右参政,偕中官郭敬等往诸国报聘。使还,累官右通政,卒。诚数奉使,辙迹遍西土,所至酋长服其威信。由是麒麟、狮、象诸异兽岁进尚方,殊方异域之宝充轫内府。天子心益侈,益发使招徕旁午于道,而中国所费亦不赀,西鄙之民力疲焉。[1]

其中"累官右通政",便是万氏陈诚传的误写。

王鸿绪的《明史稿》只是把万氏的《明史》进行了改编,于康熙末年和雍正初年两次向皇帝进呈。其列传二十三《陈诚传》只是在一些字句上作了修改,也继承了万氏的陈诚"累官右通政"的说法。

美国哥伦比亚大学教授富路特(L. C. Goodrich)等写的《明人传记

---

〔1〕〔清〕万斯同:《明史》,北京图书馆藏清抄本;《续修四库全书》,第327册,史部别史类,上海古籍出版社2002年,第392－393页。

辞典》(*Dictionary of Ming Biography*)中的"陈诚"传,错误采用了《明实录》天顺元年和天顺二年"陈诚"的两次记载,称出使西域的陈诚最后的官职为"associate transmission commissioner"(意为"通政侍郎"),由五品升为四品。[1] 哥伦比亚大学教授莫里斯·罗沙比《明朝到内亚的两位使臣》一文称陈诚最后的官职是"right transmission commissioner"(右通政)。[2] 与富路特的说法一样,只是译得更准确些。

我国学者杨富学、曾采堂调查到《陈氏家谱》中有几首陈诚《竹山文集》失载逸诗,中有一首《到任有作》:"到此英雄虽白头,衣冠参拜也风流。西河席没圣人慰,东鲁堂开君子游。群望春风送缕絮,均沿化雨换轻裘。胡州小效今朝用,他日还期布政游。"王继光先生大概认为此诗中的"到任"指的是陈诚在92岁高龄时被重新起用。认为,由"英雄白头"而"衣冠参拜",陈诚显然不是一个虚衔。由江西再赴北京,"他日还期布政游",仍想外放走一走。笔者以为,此《到任有作》或许是永乐十六年五月陈诚被任命为广东布政司右参议时所作。"群望春风送缕絮,均沿化雨换轻裘。"大概指的是这一时间。永乐十六年,陈诚已经54岁了,陈诚若在此时写此诗,称"到此英雄虽白头"应是实景。由于长年奔波,陈诚50岁时头发已白,其《西域纪行诗》中《至哈烈城》有"白首青衫一腐儒"可佐证。至于"他日还期布政游"这一想法还是很实际的,因为他这一年龄段还是有希望升任布政使的。若此,王继光先生的解读尚需推敲。

笔者此前认为,光禄寺少卿正五品,右通政正四品。而据陈诚《历官事迹》,永乐十八年任右参政的陈诚是从三品。从官品看,出使西域的陈诚与天顺元年任右通政的陈诚是否是同一人值得怀疑。[3] 这种怀疑正是笔者努力寻找新史料的缘故。随着新材料的发现,有些问题

〔1〕L. C. Goodrich and ChaoYing Fang ,*Dictionary of Ming Biography*, Columbia University press, 1976, p. 145.

〔2〕莫里斯·罗沙比:《明代到内亚的两位使者》(Morris Rossabi, *Two Ming Envoy to Inner A-sia*, T'oung Pao , Vol. LXⅡ ,1 – 3 ,Leiden,1976.),汉译《明代到亚洲腹地的两位使者》,载《中国史研究动态》,1982 年第 2 期。

〔3〕拙著:《明与帖木儿王朝关系史研究》,中华书局 2006 年,第 81 页。

还可以继续研究,如《陈氏家谱》修撰时间对陈诚传的影响等。对此研究有助于我们更好地了解西域使臣陈诚的历史。

（原题《明朝西域使臣陈诚"累官右通政"?》,载《西域研究》2010年第2期,略有增改）

2 从《明实录》看中亚帖木儿 王朝的政治制度

中亚帖木儿王朝(1370—1507)是中世纪亚欧大陆著名的军事帝国之一,其疆域强盛时除中亚河中和花刺子模外,还有里海周围地区、伊朗、伊拉克、高加索南部和今阿富汗的领土以及印度北部。其存在的100多年间,大体上与明朝保持着长期的政治与经贸往来。《明实录》是一部明代历朝官修的编年体史书。它依据诏谕、章疏、邸报、档案和收集到的史迹剪裁、润色而成,是研究明代政治、经济、军事、文化、对外关系等方面的最基本的史料。《明实录》大体上记载了帖木儿王朝与明朝双方往来的历史。研究《明实录》对帖木儿王朝的记载,尤其是研究帖木儿王朝来华使臣的政治身份,可以从一个侧面了解帖木儿王朝的政治制度,同时也可以了解帖木儿王朝与明朝交往的密切程度。

2.1 中亚帖木儿王朝的王位更替

帖木儿王朝建立者帖木儿"自发迹以来,曾用种种称号,首先自称古烈干(Kourekan)。古烈干者,犹言君主之戚属,或君主之女婿。后又历号曰异密(Emir),曰大异密(El-Emir El-Kebir),曰星宿幸会之主(Saheb Kiran),末后则自称沙勒坛(Sultan),他在回历771年(1369至1370)决用这个称号"[1]这些称号在帖木儿王朝与明朝建立外交关系后,也有一些称号传入中国,并在《明实录》中有所反映。明朝除称帖木儿驸马外,对帖木儿王朝君主称"锁鲁檀"(Sultan)或速檀。王室

---

[1]布哇:《帖木儿帝国》,冯承钧译,载冯承钧译《西域南海史地考证译丛》,第3卷,商务印书馆1999年,第454页。

·欧·亚·历·史·文·化·文·库·

王公贵族多称"米儿咱"[1]。这是随从帖木儿王朝的称号。1405 年 2 月帖木儿死后,明朝对帖木儿王朝的王位继承顺序总体上还是了解的。由于明宪宗(1465—1487)之后,几乎没有汉使到达中亚,明朝对帖木儿朝的内乱及其王位继承的了解主要依据来华使臣。

根据《明实录》的记载,并结合相关资料,帖木儿王朝的王位更替情况如下:

帖木儿生前将其土地分封给他的子孙,并传位长孙皮儿摩诃末只罕杰儿。三子米兰沙之子哈里(Khalil)与皮儿摩诃末争位,1405 年 3 月抢先进入首都撒马儿罕。皮儿摩诃末兵败被杀。哈里上台后,放回被帖木儿拘留多年的明朝使臣傅安等人。傅安向明廷报告说:元帖木儿驸马已卒,哈里嗣之,乃帖木儿之孙。明成祖遂命遣指挥白阿儿忻台等往祭帖木儿。[2] 时为永乐五年(1407)。明朝明确承认哈里为王,承认驻守在哈烈的帖木儿四子沙哈鲁(Shāh Rokh)为头目。不久,沙哈鲁与哈里争位,永乐八年,沙哈鲁派遣的来华使臣返回,明成祖遣都指挥白阿儿忻台等赍敕往谕之,劝沙哈鲁:"尔从子哈里锁鲁檀,实尔懿亲,当务敦睦。"[3] 1411 年哈里死,1413 年白阿儿忻台自撒马儿罕返回。沙哈鲁以哈烈为都,明朝承认其为国主,承认其君主"锁鲁檀"(Sultan)的尊号。沙哈鲁尽管是帖木儿王朝君主,但其王朝仍是分地而治。除王之外,帖木儿王朝各个地面首领,明朝一般称其为头目。如撒马儿罕头目兀鲁伯(沙哈鲁长子)、失剌思头目亦不剌金(沙哈鲁次子)等。哈烈只是帖木儿王朝的一个地面。所以,《明宣宗实录》称沙

---

〔1〕亦称"迷儿咱",Mirza,刘迎胜老师认为是 Amirzada 之略音,意为"官宦之子"、"公子"。参见刘迎胜《白阿儿忻台及其出使》,收入叶奕良主编《伊朗学在中国论文集》,第二集,北京大学出版社 1998 年,第 69 页注 7。陈诚在《西域番国志》中释曰:哈烈国主之子称米儿咱,"犹华言舍人也"。周连宽先生认为米儿咱是波斯语 Meer-Za,是对王子的尊称,后转为对王族、学者的尊称。舍人为宋元以贵显子弟之俗称,意义太泛。参见周连宽校注本《西域行程记 西域番国志》,中华书局 1991 年,第 66、78 页。又据《巴布尔回忆录》,我们可以发现"米儿咱"还是一种封号,帖木儿的直系男性后裔可当政速檀封为"米儿咱"。《明实录》中对"米儿咱"称号的使用显得较为谨慎,或许是此反映。

〔2〕《明太宗实录》卷 68"永乐五年六月癸卯"条。

〔3〕《明太宗实录》卷 101"永乐八年二月丙午"条。

哈鲁除了锁鲁檀外，有时还称其为哈烈头目。但在诸国使并至的情况下，"皆序哈烈于首"[1]。

1447年3月沙哈鲁死，其子兀鲁伯继位。兀鲁伯在其父生前已镇守撒马儿罕38年，其间，多次派使臣访问中国，以至于沙哈鲁还在世时，明廷就称他为撒马儿罕地面王。例如：正统十年（1445），撒马儿罕的使臣伯颜答巴失来贡辞归时，英宗特书谕兀鲁伯，曰："王远处西陲，恪修职贡，今复遣使臣伯颜答八失等以方物来贡。眷以勤诚，良足嘉尚。使回，特赐王并妻及王子阿不都剌·阿即思·巴哈都儿等彩币、表里，以示朕优待之，至可领之。"[2]阿不都剌·阿即思·巴哈都儿是兀鲁伯幼子。1449年10月兀鲁伯长子奥都剌迪甫杀父自立。但他在位仅6个月便为人所杀。此后是沙哈鲁之孙、亦不剌金之子奥都剌米儿咱（1450—1451）继位。奥都剌米儿咱以及其后的沙哈鲁之孙、拜宋豁儿之子巴八儿米儿咱（1452—1457）等与米兰沙之孙卜撒因争位。卜撒因是兀鲁伯养子、女婿。奥都剌迪甫杀父自立时，卜撒因在布哈拉继位（1449），在乌兹别克人首领阿布海儿汗帮助下，1451年杀奥都剌米儿咱，又与巴八儿米儿咱及其子等争夺哈烈。在沙哈鲁统治后期及其死后诸帖木儿朝米儿咱争位过程中，不少来自帖木儿朝撒马儿罕的回回纷纷入附明朝。根据《明实录》记载，正统至景泰年间，尤其是正统十一年至景泰五年（1454）9年间，撒马儿罕回回入附明朝有9批。这些人的入附与这一时期帖木儿朝内乱有关。卜撒因在《明实录》中又有母撒亦、母塞亦的译法。景泰七年，帖木儿朝国主撒马儿罕地面卜撒因王遣使来贡。天顺元年（1457）九月，明英宗命指挥使马云等出使撒马儿罕，并命携致卜撒因王敕谕一份，敕曰："惟尔世处西域，敬奉朝廷。朕复登大位，嘉令尔诚，特遣正使都指挥马云往彼公干，颁赐尔等彩缎、表里。尔其体此恩意，益尽忠诚，善待使臣，护送往回，毋致失礼。"[3]在争夺势力范围的斗争中，1469年2月卜撒因被杀。

---

〔1〕《明史》卷332《西域四》，中华书局1974年，第8610页。
〔2〕《明英宗实录》卷134"正统十年十月癸卯"条。
〔3〕《明英宗实录》卷282"天顺元年九月戊辰"条。

卜撒因之后，在《明实录》出现的帖木儿朝君王是速檀马黑麻（Mahmoud，亦译马合谋）王。成化十四年（1478）二月，撒马儿罕速檀马黑麻王遣使臣写亦·马速儿等来朝贡马[1]。马黑麻之后是阿黑麻（Ahmed）王。成化十九年，阿黑麻（阿哈麻、阿合麻）遣使臣怕六湾入明贡狮。弘治二年（1489）、弘治三年，阿黑麻接连遣使从海上、陆上向明廷贡狮子等。这种王位继承顺序与实际情况略有出入。卜撒因有11子，除米儿咱封号外，皆受有速檀称号[2]。阿黑麻是卜撒因长子，在其父死后即位。先后与其兄弟乌马儿舍黑（Omar Cheikh）、马黑麻争斗。1494年7月阿黑麻病死后，马黑麻被撒马儿罕贵族拥立即位。6个多月后得病死。其长子速檀麻速忽继位，主其国至1499年。巴布尔在其《回忆录》说：卜撒因在世时已将撒马儿罕赐给了长子速檀阿合麻。速檀阿合麻（于回历899年，1494年）死后，速檀马合谋（马黑麻）登上了撒马儿罕的王位。速檀马合谋（于回历900年，1495年）死后，伯升豁儿米儿咱（Baisonkor Mirza，即前述拜宋豁儿）继位，而我（巴布尔本人）又（于回历903年，1497年）从伯升豁儿米儿咱手中夺得了王位[3]。《明实录》将马黑麻、阿黑麻两位速檀继承撒马儿罕的王位顺序搞颠倒了。但也不排斥速檀马黑麻在撒马儿罕王阿黑麻之前派使臣到中国来。

阿黑麻之后，《明实录》提到撒马儿罕地面头目是苦力干。弘治十二年八月，撒马儿罕地面头目苦力干等遣使臣宰纳阿必丁等来贡[4]。苦力干可能不是名字，是头衔。如，早在正统十年（1445）七月，撒马儿罕等处兀鲁伯苦列干王等遣使臣伯颜答巴失来朝贡马驼、金钱豹、玉石等物[5]。"苦列干"（Gurgan，源于突厥语，意为驸马、女婿）是兀鲁伯的头衔。弘治十二年，撒马儿罕的苦力干或许是撒马儿罕帖木儿朝的某

---

〔1〕《明宪宗实录》卷175"成化十四年二月辛丑"条。
〔2〕布哇：《帖木儿帝国》，冯承钧译，载冯承钧译《西域南海史地考证译丛》，第3卷，商务印书馆1999年，第586页。
〔3〕巴布尔：《巴布尔回忆录》，王治来译，商务印书馆1997年，第83页。
〔4〕《明孝宗实录》卷153"弘治十二年八月辛卯"条。
〔5〕《明英宗实录》卷131"正统十年七月戊子"条。

一个速檀或米儿咱。此时,撒马儿罕在动乱中改朝换代。《明武宗实录》对此有反映。正德三年(1508)十一月癸卯,撒马儿罕番王沙亦癿王(Shahi Begkhan,月即别部首领,或称昔班尼汗)等各遣使马黑麻火者等贡马驼及方物。[1]"番王"的称号意味着是另一王朝了。

附表 2-1　帖木儿朝世系表[2]

任次	人名	在位年代
1	帖木儿(Temür)	1370—1405
2	哈里(Khalil)	1405—1409
3	沙哈鲁(Shāh Rugh)	1405—1447
4	兀鲁伯(Ulugh Beg)	1447—1449
5	奥都剌迪甫('Abd-al-latif)	1449
6	奥都剌·米儿咱('Abdallāh Mirzā)	1450—1451
7	卜撒因(Abū- Saʿīd)	1451—1469
8	阿黑麻(Ahmad)	1469—1494
9	忽辛·拜哈剌(Husayn Bayqara)	1469—1506
10	巴的斡思咱蛮(Badioz Zernan)	1506—1507

2.2　中亚帖木儿王朝来华使臣的政治身份

为维护统治,帖木儿在政治上"分社会阶级为十二级。他既然表示信教(伊斯兰教)的热诚,所以将赛夷族(Seyyed,即预言人的后裔)同传道士(Cheikh)、律士(Ulemas)等列在第一级。次为有经验的人、贤明的人、信心苦行昭著的人。再次为军将、大臣同君主的朋友。又次为学者、医师、文士、史家、神学家、宗教职员、保存兵器的技术家。又次为旅行诸国的人,帖木儿想通悉世界事情,所以对于旅行的人表示优

---

〔1〕《明武宗实录》卷44"正德三年十一月癸卯"条。
〔2〕世系表主要依据 C. E. Bosworth, *The Islamic Dynasties*, Edinburgh at the University Press, 1967, p.165.

待"。[1] 这些不同等级的社会成员,充当了帖木儿王朝派往明朝的使臣。

首先,作为一种政治身份的象征,帖木儿朝派遣至明朝的使臣有不少是宗教界人士。主要有:满剌、捨黑、迭力必失(回回僧)等。

2.2.1 满剌

根据《明太祖实录》的记载,帖木儿王朝派往明朝的第一位官方使臣是洪武二十年(1387)帖木儿派遣的回回满剌哈非思(Maulla Hafiz)。洪武二十年九月,"撒马儿罕驸马帖木儿遣回回满剌哈非思等来朝贡马十五匹、驼二只。诏赐白金一十八锭"。[2] 帖木儿的使臣此次来访可能是一种试探性访问。洪武二十二年,回回满剌哈非思第二次来朝,贡马 205 匹。"满剌"是哈非思的称号,阿拉伯语 Mallā 音译,波斯语 Mowla 对音。伊斯兰教学者、神学家之尊称,又称毛拉。陈诚的《西域行程记》、《西域番国志》:哈烈国中"有通回回本教经义者,众皆敬之,名曰'满剌'。坐立列于众人之右,虽国主亦皆尊之。凡有祠祭,惟满剌诵经而已"。[3] 洪武之后,帖木儿王朝来华的满剌还有:(1)永乐七年(1409)六月,哈烈等处使臣麽赍等贡西马。[4] 麽赍可能是满剌的另一种译写。(2)宣德元年十二月丙戌(1427 年 1 月 24 日),撒蓝回回满剌阿力等贡驼、马及羊。[5] (3)成化十六年(1480)十一月,撒马儿罕等处使臣满剌马黑麻母的等来朝贡马。[6]

2.2.2 捨黑

"捨黑",系阿拉伯文 Shaikh 的音译,又译作"舍赫"、"筛海"或"夏依赫",原意为长者,是穆斯林对教中有威望、有地位者的尊称。宣德六年(1431)八月,讨来思万户亦思马因遣使臣打剌罕捨黑马黑麻·闽

---

〔1〕布哇:《帖木儿帝国》,冯承钧译,载冯承钧译《西域南海史地考证译丛》,第 3 卷,商务印书馆 1999 年,第 504 页。

〔2〕《明太祖实录》卷185"洪武二十年九月壬辰"条。

〔3〕陈诚:《西域行程记 西域番国志》,中华书局 1991 年,第 69 页。

〔4〕《明太宗实录》卷93"永乐七年六月己巳"条。

〔5〕《明宣宗实录》卷23"宣德元年十二月丙戌"条。

〔6〕《明宪宗实录》卷209"成化十六年十一月戊戌"条。

哈秃等来朝贡方物。[1] 该使团成员有 147 人。马黑麻·闽哈秃除了谢赫称号外,同时还具有打剌罕的称号。十月,明廷遣内官李信、都指挥喜剌丁等赍敕回赐。正统二年七月,撒马儿罕头目遣使马黑麻·秃敏秃等来朝贡马驼、方物。正统十三年六月,明朝"命撒马儿罕地面使臣捨黑马黑麻·秃买秃等三人为副千户"[2]。此捨黑马黑麻·秃买秃与正统二年的马黑麻·秃敏秃疑似一人。此外,正统十二年十一月,撒马儿罕使臣捨黑马黑麻等贡驼、马、玉石等物。[3]

2.2.3 迭力必失

帖木儿王朝来华使臣不少人称迭力必失或迭里迷失。迭力必失、迭里威失,是波斯文、阿拉伯文 Dervish 的译音,意为"贫穷者",是伊斯兰教苏非派中的苦修者。亦称托钵僧。陈诚《西域番国志》:"有等弃家业,去生理,蓬头跣足,衣弊衣,披羊皮,手持拐杖,身挂牛羊骨节,多为异状,不避寒暑,行乞于途,遇人则口语喃喃,似可怜悯,若甚难立身者。或聚处人家坟墓,或居岩穴,名为修行,名曰迭里迷失。"陈诚见到的是出家修行的"迭里迷失"。迭力必失其实不止于此,当时的帖木儿王朝实际上已经出现了一个迭力必失阶层或集团,这就是 14 世纪后期兴起的苏非派中的纳合西班底教团[4]。纳合西班底教团的乡村低级教士——迭力必失是王权的"最佳盟友和最佳支持者"[5]。它的入世态度,它对财富的追求,使这个阶层的人非常重视商业活动。来华的帖木儿王朝贸易使团中不少人姓名中有迭力必失或类似译音。例如:(1)洪武二十七年九月,撒马儿罕遣酋长迭力必失等奉表来朝贡马。[6] (2)洪武二十八年七月,撒马儿罕遣回回迭力必失等贡马。[7] (3)永

---

〔1〕《明宣宗实录》卷 82"宣德六年八月戊午"条。

〔2〕《明英宗实录》卷 167"正统十三年六月癸酉"条。

〔3〕《明英宗实录》卷 16"正统十二年十一月癸丑"条。

〔4〕张文德:《论伊斯兰教对中亚帖木儿王朝的影响》,载《贵州师范大学学报》,1995 年第 2 期。

〔5〕〔法〕阿里·玛扎海里著:《丝绸之路:中国—波斯文化交流史》,耿昇译,中华书局 1993 年,第 122 页。

〔6〕《明太祖实录》卷 234"洪武二十七年九月丙午"条。

〔7〕《明太祖实录》卷 239"洪武二十八年七月戊午"条。

205

·欧·亚·历·史·文·化·文·库·

乐七年四月,撒马儿罕等处回回僧人马黑麻·迭里迷失等来朝贡马。[1] (4)永乐十七年十月,撒马儿罕僧人迭力迷失等贡物及文物。[2] (5)永乐二十二年正月,撒马儿罕回回迭力迷贡羊马。[3] (6)宣德二年(1427)正月,撒马儿罕回回打刺罕·马黑麻·迭力迷失来朝贡马。[4] (7)正统二年三月,黑娄等处使臣马黑麻·迭力迷失来朝贡马、驼、方物。[5] 上述帖木儿王朝来华使臣中,有些"迭力必失"仅是使臣名字,但值得注意的是永乐七年、永乐十七年撒马儿罕回回僧人马黑麻·迭里迷失和僧人迭力迷失。他们已被明廷明确为回回僧。回回僧从事丝路贸易元代就有。据陈得芝先生《元代回回人史事杂识》一文介绍,至元八年(1271年)颁布的《户口条画》所列诸色户计中有:答失蛮,迭里威失户,若在回回寺内住坐,并无事产,合行开除外,据有营运事产户数,依回回户体例收差。陈得芝先生认为,元朝政府按僧、道例把答失蛮、迭里威失户与一般回回人分别开来。这些人中据"有营运事者",依回回户体例收差的原因是他们毕竟不同于住坐寺观、有明确其身份的度牒的僧道,答失蛮是学者阶级,类似儒人,他们虽作为教士免差,但营运事产,便与一般回回人无别。[6] 笔者由此推想,上述明代来华的"迭力必失",尤其是回回僧,有可能是类似元代营运事产的迭里威失户世家,是明代从事丝路贸易的回回僧。

其次,帖木儿朝使臣中也有一些人来华时已具有较高的政治地位,主要有:伯克、写亦(赛夷)、火者等。

(1)伯克。"伯克"是突厥语(Beg)的译音。《高昌馆杂字》人物门将汉语中的"官"译为回鹘语"伯"。有首领、头目、统治者、官吏以及老爷、先生等多种意思。伯克因管理事务大小繁杂而有大小之分。

---

〔1〕《明太宗实录》卷90"永乐七年四月丁亥"条。

〔2〕《明太宗实录》卷217"永乐十七年十月己丑"条。

〔3〕《明太宗实录》卷267"永乐二十二年正月丁亥"条。

〔4〕《明宣宗实录》卷24"宣德二年正月乙未"条。

〔5〕《明英宗实录》卷28"正统二年三月丁未"条。

〔6〕陈得芝:《元代回回人史事杂识》,收入《中国回族研究》第1辑,宁夏人民出版社1991年,第20页。

帖木儿王朝的伯克多为君主的近臣和内侍。巴布尔夸赞他的一个伯克说:"穆罕默德·瓦利·伯克是瓦利·伯克的儿子,他在晚年成了米儿咱御前的大伯克,尽管如此,他从未放下对米儿咱的效忠。他日夜守在宫门,甚至于他的便餐和宴会都是在宫门附近举行。"[1]永乐十三年,沙哈鲁派到明朝的使臣乩不花[2],就是明成祖至沙哈鲁国书的波斯文本中的 Beg Bukha。他的名字前有伯克(Beg,即"乩")的称号。在中亚帖木儿王朝,一个"伯克"可能同时拥有"埃米尔"(阿拉伯语 Emir,异密)或"米尔咱"(波斯语,Mirza)的称号。

(2)写亦。写亦(Sa'id),亦作赛夷,即"赛义德"。《克拉维约东使记》载:"赛夷族人,因系至对穆罕默德后裔,帖木儿对之,异常敬重。"[3]成化十四年(1478)二月辛丑,撒马儿罕速檀马黑麻工遣使臣写亦·马速儿等来朝贡马。[4]

(3)火者。据《沙哈鲁遣使中国记》的记载,永乐十九年至明朝的沙哈鲁使团首领是沙的·火者,波斯文写作 Shadi Khwaja。"火者"系波斯文 khwaja 或 khoja 的音译,又译作"和加"、"和卓"或"霍札"。原意为显贵或富有者。最初是对穆罕默德圣裔和宗教学者的尊称。在帖木儿王朝,伊斯兰教苏非派上层人士多以此自称。

此外,邵循正先生翻译的沙哈鲁致大明皇帝的国书中提到的沙哈鲁使臣穆罕默德·巴黑失(Muhammad Bakhši)[5],即永乐十一年入明的马哈麻。明初在哈烈沙哈鲁的宫廷中,有一些巴哈石(Bakhshi)执掌畏兀文书。这位随同白阿儿忻台出使明朝的 Muhammad Bakhshi 想必是这一类人物。[6] 又据魏良弢先生研究,巴赫什(Bakhshi),该词来自梵文,意为"书写员"、"录事"。当回鹘文在突厥语各部族通行时,巴赫

---

〔1〕《巴布尔回忆录》,王治来译,商务印书馆 1997 年,第 275 页。

〔2〕《明太宗实录》卷 170 "永乐十三年十月丁酉"条。

〔3〕《克拉维约东使记》,〔土耳其〕奥玛李查译,杨兆钧汉译,商务印书馆 1957 年,第 153 页。

〔4〕《明宪宗实录》卷 175 "成化十四年二月辛丑"条。

〔5〕邵循正:《有明初叶与帖木儿帝国之关系》,《邵循正历史论文集》,北京大学出版社 1985 年,第 90 - 91 页。

〔6〕刘迎胜:《白阿儿忻台及其出使》,收入叶奕良主编《伊朗学在中国论文集》,第二集,北京大学出版社 1998 年,第 72 页。

什会用来称呼通晓回鹘文的录事。叶尔羌汗国时期巴赫什是汗的私人秘书、近臣。[1] 永乐十六年入华的阿儿都沙在阿卜答儿·剌札黑的《两颗福星之升起》一书中曾被提到,他的波斯语名字是 Ardasir Tuaci。叶尔羌汗国中有塔瓦赤(Tavachi)一职,在国家军政机关中起着副官的职能,特别是通知军队集合和外出狩猎。叶尔羌汗国阿黑麻汗时期喀什噶尔总督帖木儿速檀麾下有这一官职。[2]

通过《明实录》对帖木儿王朝的有关记载,大体可以看出,明朝对帖木儿王朝记载的准确程度与双方关系的密切程度成正比。大体上哈里、沙哈鲁、兀鲁伯、卜撒因等速檀时双方关系密切,明朝对帖木儿王朝也更了解。宗教界人士充当使臣与其说是宗教原因,不如说是与这一时期苏非派纳合西班底教团等苏非教团对商业的重视有关。至于享受免税特权"打剌罕"充当使臣,更进一步说明帖木儿王朝来华使臣大多是《明会典》所明确提到的"贸易使臣"。帖木儿王朝不同阶层纷纷来华也反映了帖木儿王朝与明朝的接触是多方面的,这和明朝将与帖木儿王朝关系控制官方朝贡贸易体制下是有区别的。

(原载《历史档案》2009 年第 3 期,略有删改)

---

〔1〕魏良弢:《叶尔羌汗国史纲》,黑龙江教育出版社 1994 年,第 165 页。
〔2〕魏良弢:《叶尔羌汗国史纲》,第 164 页。

3 王宗载及其《四夷馆考》

有明一代,记述"四夷"的史籍不少。中华书局列出的《中外交通史籍丛刊》已出书目 21 种中,明代就占 10 种;《中外关系史名著译丛》已出书目 17 种中与明代有关的就占 9 种。没有被中华书局收入上述系列丛书的明代"四夷"方面的书则更多,不下数十种。尽管数量众多,然明代的这类著作多系抄录前人著作而成,尤其是成书于嘉靖、万历年间的著作。这固然有益于历史的传播,然对史学研究者来说,梳理各书的源流,澄清史实,则为深入研究必越门槛。在明人这些著作中,值得一提的是明王宗载编撰的《四夷馆考》。该书分上下两卷,是研究明朝对外关系史的重要资料。然因此书流传不广,研究者知之甚少。1924 年,上虞罗振玉据旧本付铅印,此即现今流传的东方学会铅印本,因是明抄本,内容有缺损,无目录序跋,亦无撰人姓氏。罗氏据《明史·艺文志》史部职官类有汪俊《四夷馆则例》20 卷、《四夷馆考》2 卷,猜测可能是汪俊所撰。1937 年,向达先生在巴黎发现法国东方语言学校所藏的旧抄本《四夷馆考》,其书首尾完善,作者王宗载自序不缺。[1]由此,此书作者不言而喻。向达先生将此发现撰文为《瀛涯琐志——记巴黎本王宗载〈四夷馆考〉》,发表在《图书季刊》新第 2 卷第 2 期(1940 年 6 月)上,对此书作了一些必要的考证,列举了一些缺损部分。[2] 半个世纪以来,虽有人提到或引用王宗载的《四夷馆考》,然对

---

〔1〕1999 年刘迎胜老师在巴黎出席会议期间,曾试图找到该书,唯因时间短暂,未能成功。

〔2〕向达:《瀛涯琐志——记巴黎本王宗载〈四夷馆考〉》,载《图书季刊》新第 2 卷第 2 期,1940 年 6 月。向达先生在该文中称他曾抄录了巴黎本,笔者没有见到此抄本。巴黎东方语言学校现已不存。因此,向达先生此论文十分重要。东方学会本缺女直馆,巴黎本女直馆全文 1273字。查《皇明四夷考》女直条全文 1195 字,两者相差 78 字,可参阅。

·欧·亚·历·史·文·化·文库·

此书加以进一步研究的不多。笔者不揣浅陋,在向达先生研究的基础上,对王宗载及其《四夷馆考》作进一步考证。

3.1　王宗载的生平与《四夷馆考》的编撰

3.1.1　王宗载的生平

关于作者王宗载,向达先生查据光绪八年(1882)续修《京山县志》卷 11《宦绩列传·王宗载传》得知:王宗载,字时厚,号又池,湖广京山人,嘉靖壬戌(1562)进士,授海盐县令,有政声,行取广西道监察御史,其《兴都事宜疏》抗陈五事,不畏权贵,为世所称。继按闽中,已而视京营,万历六年(1578),以大理寺少卿提督四夷馆事,未几以佥都御史巡江西,转左佥都御史,罢归,年 82 卒。向达先生所节述的《京山县志》中的王宗载生平毕竟是依据前人记载所撰。实际上,明人吕维祺在《增定馆则》卷 6 中就曾提到明四夷馆提督少卿王宗载:"王宗载,时厚,湖广京山县人,嘉靖壬戌进士,万历六年任,升大理寺右少卿,历巡抚江西右佥都御史。"[1]至于向达先生提到的"万历六年,以大理寺少卿提督四夷馆事",《京山县志》中并无此记载,原文在"已而视京营"之后是:"晋大理寺右少卿。隆庆中,王宗载请停免上供加派银两,未行,神宗立,诏免之(本《明史·食货志》'上供采造'条)。万历四年以佥都御史抚江西,转左佥都御史,罢归,年八十二卒。"

《京山县志》对王宗载历任职事的记载需加以考证。向达先生可能依据的是巴黎本《四夷馆考》中王宗载写的自序:"上(指明神宗)嗣历之六年,余承乏提督"(下引王宗载自序,均见向达先生论文),而补充进去的。东方学会印本《四夷馆考》下《暹罗馆》亦有:"[万历]五年八月差通字握文源同夷使握闷辣、握文铁、握文贴赍原奉本朝勘合赴京请印,并留教习番字,各赐冠带衣服有差。六年十月该内阁大学士张等题据提督少卿萧禀呈请于本馆添设暹罗一馆,考选世业子弟马应坤等

---

〔1〕《四译馆则》,日本京都帝国大学文学部东洋史研究室重刊,昭和二年(1927)十二月。

十名送馆教习,时宗载承乏提督,课业之暇,因令通事握文源且述彼国之土风物产如左。"[1]此段不仅表明了王宗载时任四夷馆提督,而且也反映了当时添设暹罗馆,聘任夷使做教师的情况。将此与吕维祺《增定馆则》卷6、卷7进行对照,可知吕维祺提供的一些内容是与宗载的记载相吻合的。如《增定馆则》卷7《暹罗馆》属官中有握闷辣、握文贴、握文铁、握文源4人。这4人与《四夷馆考》所提4人名字相同。然《四夷馆考》中握文源是通事,即四夷馆属官,其他3人则是夷使。吕维祺的记载则反映这些夷使曾一度成为四夷馆的属官。王宗载在自序中说:"会暹罗使者来庭,始辟馆授译。课业少间,辄进夷使而询之,具述彼国之山川道里食货谣俗,始在掌股间。"又说:"方今明良交泰,四夷咸宾。象胥之所译者非请求职事,则表献方物也。"因此,夷使充当四夷馆的教师,成为四夷馆的属官在当时是可能的。王宗载提到的内阁大学士张,指的是张居正吗?提督少卿萧禀在《增定馆则》卷6提督少卿名单中,排在王宗载之前,称:"萧禀,可发,江西万安县人,嘉靖乙丑进士,万历六年任,升南京太仆寺卿,历陕西巡抚右金都御史。"《增定馆则》卷13《内阁题添设暹罗馆稿》全文援引提督四夷馆太常寺少卿萧禀所呈条议。《四夷馆考》与《增定馆则》在这方面内容的巧合,说明两书是可以相互补充的。

3.1.2　王宗载编撰《四夷馆考》的时间

向达先生认为:"《四夷馆考》二卷,则宗载提督四夷馆时之所编辑者也。"此说并不确。《四夷馆考》的编撰过程应是王宗载任少卿职时,发现各馆对夷情不能详闻,于是"搜辑往牒,参稽国朝故实",将"各馆所译诸夷,建置沿革,山川严易,食货便滞,谣俗庞漓,与夫叛服之始末,战守之得失,略诠次成编,并于各馆译语之首"(见王宗载自序)。王宗载任四夷馆提督不到一年(接替王宗载的臧惟一,字守中,山东诸城县人,万历七年任四夷馆提督少卿),由于任职时间短,没有足够的时间

---

〔1〕《四夷馆考》,罗振玉光绪戊申(1908)点勘(东方学会印本,甲子夏六月)。本文引自《四夷馆考》的内容,均为此点勘本。

在任内编好《四夷馆考》。其自序中已明言："顾余不敏,无能为役,过不自量,创为此编。未及脱稿,辄已得代。"只是到了万历八年孟冬任江西巡抚、右佥都御史时才完成。

3.1.3 写作目的

王宗载编写《四夷馆考》的主要目的是满足四夷馆译字生的学习需要。当时四夷馆内对外国、外族语言精通的人才已不多见,夷情更不能详闻,四夷馆的各馆译字生迫切需要学习外语。在学习夷语的同时,了解所译诸夷的历史地理、风土人情以及与明朝的历史关系是非常必要的。这会使初学之士,时有所考,以"知夫彼国之委悉",对译学不无小补。因此,《四夷馆考》是一部教学参考书,类似于今天英语专业的大学生学习"英美概况"、"中英中美关系史"之类课程,是学习语言必备的指导书。

3.1.4 《四夷馆考》的流传

也许是教学用书的缘故,《四夷馆考》留传不广。向达先生说:"民国十三年(1924),上虞罗叔言氏始据旧本付之铅印。宗载书埋沉三百余年,至是复显于世。"向达先生可能是以《千顷堂书目》提及《四夷馆考》为时间依据,推测王宗载书埋沉 300 余年的。黄虞稷《千顷堂书目》成书于清初。[1] 清初另一著名藏书家钱曾在《也是园藏书目》中也提到《四夷馆考》2 卷。[2] 此后就很少有人提到《四夷馆考》一书,不过,这并不表示此书就一直埋沉下去。向达先生在论文中说巴黎本《四夷馆考》"目录后有'子桂氏'白文印一,'李梦虞印'白文印一,'时雍'朱文印一,卷首复有朱文'李攀之印'白文'子桂氏'印各一,皆用笔

---

[1]《千顷堂书目》,清初黄虞稷辑,32 卷。黄氏在康熙中曾举博学鸿辞,旋充《明史》纂修官。其千顷堂藏书 6 万余卷,辑成书目。注录多宋、辽、金、元、明人著作,以明代为主。清修《明史》,其艺文志即以此书目中明人著作为蓝本,加以补缀而成。参见《中国历史大辞典·明史卷》"千顷堂书目"条。详见《四库全书总目提要》卷 85《史部 41·目录类一》,千顷堂书目。

[2]《也是园藏书目》为清初著名藏书家钱曾(1629—1701)所编。在其《读书敏求记·别志》(章钰校证本)称:"王宗载《四夷馆考》2 卷。明初,以遐陬裔壤,声教隔阂,设四夷馆以通达夷情,拔子弟之幼颖者,授译课业。于彼国之来使,凡山川道里,食货谣俗,了然如观掌果。迨后肄习既废,籍记无征,此馆几为马肆。万历庚辰(万历八年,1580 年),王宗载提督四夷馆,搜辑往牒,创为此书,于柔远之道,不无小补云耳。"

摹成,并非原本。目录有'八百馆李攀子桂氏录于有'二行。不知何人从李攀抄本过录此本,连印章亦为摹绘。今按李攀为清四译馆八百馆序班。日本京都印本《四夷馆则》卷21页8,八百馆教师序斑冯志达、李攀二人。此李攀即字子桂而录《四夷馆考》者。《四夷馆则》之原本约刊于康熙二十七年(1688)左右,李攀之为八百馆教师,当亦在康熙时。"向达先生的考证反映了《四夷馆考》一书是通过四夷馆(清四译馆)内部职员抄录流传于世的。这种抄录在四夷馆内部可能是代代相传。后人过录于李攀,而李攀则可能是抄录于李梦虞。向达先生没有注意到李梦虞、时雍其人。在《四夷馆则·增定馆则》卷7页21暹罗馆属官名单中有"李梦虞,时雍,顺天府大兴县人,顺治十一年(1654)进,授鸿胪寺序班教师"。从李梦虞、李攀两人均是四译馆序班教师的身份来看,《四夷馆考》一书在清初四译馆内部仍在流传。

然而,这种流传至康熙三十四年发生了变化。这一年,清翰林院提督四译馆太常寺少卿江蘩写成了《四译馆考》一书。[1]《四库全书总目提要》卷83史部39(03646)评江蘩此书是"恭载列祖敕谕及赐予物数,皆《实录》、《会典》之所有,其国俗土风,则捃摭前代史传为之,多不确实"。此评价甚为得当。除了清朝四译馆的有关材料外,江蘩所记的明朝各馆的内容,基本上照录了王宗载的《四夷馆考》。若将江蘩所记的七馆与王宗载的七馆一一对比,其西番馆、暹罗馆、高昌馆、西天馆、八百馆、缅甸馆这6馆基本上相同,不同的是百夷馆,江蘩将之改成"百译馆",并称:"附孟养、孟定、南甸、干崖、陇川、威远、湾甸、镇康、大候、芒市、者乐甸,旧有景东、鹤庆久隶版图,故不录。"而王宗载所记的百夷馆包拓木邦、南甸、干崖、陇川、孟养、孟密、孟琏、孟罗、孟楞、孟定、定艮、芒市、景东、鹤庆、大候、威远、镇康、甸湾、者乐甸等。景东、鹤庆等久隶版图而不录,表明江蘩已注意到历史变迁问题。这种"注意"最突出的表现是江蘩虽然抄录了《四夷馆考》大部分内容,以至于今天我

---

〔1〕〔清〕江蘩:《四译馆考》10卷,华东师范大学图书馆藏清康熙刻本,见《四库存目丛书》史272。

们可以用这部分内容来点校王宗载的书,但他却删去了明朝四夷馆中极为重要的两馆:鞑靼馆和女直馆(据向达先生介绍的巴黎本)。这是真正适应了时代需要!

这里需要注意的是江蘩所写《四译馆考》的时间与向达先生所见的巴黎本《四夷馆考》抄录的时间。若李攀为康熙二十七年以前的八百馆教师可信的话,江蘩在康熙三十四年写成《四译馆考》距此时并不长,却出现了后者缺两馆的情况。除了江蘩作为政府官员注重现实外,可能与当时的文字狱有关。如康熙初年出现了庄廷鑨明史案。庄氏史案的重惩,使士人重视起"文字贾祸"的问题。[1] 现在我们所见的罗振玉先生加以铅印的《四夷馆考》东方学会本,据向达先生介绍,是依据陈士可所藏抄本,而陈氏所藏抄本借自京师曹君直,曹又抄自王文敏家。从上述《四夷馆考》的流传过程看,《四夷馆考》一书并非埋沉300年,而由罗振玉一日发现。实际上,它作为学习夷语的必备参考书,以抄本的形式一直在悄悄地流传,只不过通过罗振玉,它第一次在社会上公开出版。从巴黎本《四夷馆考》所盖的印章主人是顺治、康熙年间人士以及有女直一馆全文来看,此书可能在乾隆禁毁书以前已流传到海外,当然也不能排斥在此之后流传境外的可能。在国内流传的陈士可本缺女直馆的内容,很可能是收藏者为避祸而有意将其删去的。在清朝,尤其是乾隆时期,有关女直的内容是忌讳的,明代学者记载下来的有关女直方面的书籍在清代几乎无一例外地遭到禁或毁。查一查乾隆时期的禁毁书目,大凡涉及边疆、四夷等方面的书如《九边考》、《吾学编》、《殊域周咨录》、《咸宾录》、《山中闻见录》、《四夷考》、《边略》等书都列在其上。[2] 对此,吴丰培先生指出:"清初,文禁极严,乾隆时多次颁布禁毁书目。正如吴晗同志在《影印明经世文编》序中所说:'主要目的是要掩饰清代先世和明朝的关系,说成建州部族从来是一个独立

---

[1] 姜胜利:《清人明史学探研》,南开大学出版社 1997 年,第 9 页。

[2] 参见雷梦辰:《清代各省禁书汇考》,书目文献出版社 1989 年。补记:乌云高娃《明四夷馆"鞑靼馆"研究》(载《中央民族大学学报》2002 年第 4 期)认为,江蘩《四译馆考》未记鞑靼馆、女直馆是清朝设四译馆之初,八馆中并无女直馆和鞑靼馆。

民族,没有受到明朝册封等等,替祖先脸上抹金。由于禁毁遗失或秘藏,使大量有价值的史书,难以见到。"[1]

3.2 《四夷馆考》的资料来源

　　罗振玉先生在《四夷馆考》题记中说:"校以《明史·外国传》,每有异同,不能据以勘定。"罗先生注意到《四夷馆考》的珍贵性,并用以为《明史·外国传》互校。校书并无成例,目的不同,选取用书亦不同。向达先生已经注意到清江蘩的《四译馆考》与王宗载《四夷馆考》之间的关系,并认为江蘩书可以与之互校。上述二位先生所依据的均是《四夷馆考》以后的书籍,尚未涉及《四夷馆考》的"源"。陈士可本的题记中把《四夷馆考》的作者认定为叶向高。明叶向高虽著有《四夷考》,但比较两书,内容明显不同,陈氏失记,向达先生没有提到明朝天顺年间成书的李贤等人的《大明一统志》和成书于嘉靖年间郑晓的《吾学编》。从资料来源看,《四夷馆考》多取材于郑晓《吾学编》中的《皇明四夷考》和《皇明北虏考》[2],以及李贤等《大明一统志》[3],部分内容则来源于四夷馆等保存的往来文件和作者任提督四夷馆少卿时询问夷使所得,还有一部分内容可能源自严从简《殊域周咨录》。[4]

3.2.1　郑晓著作与《四夷馆考》的关系

　　郑晓书的内容占了《四夷馆考》一书相当大的篇幅。因此,郑晓与王宗载之间的关系,值得关注。由于没有史书明确记载他们之间的关系,笔者只能据有关记载作一些推测。郑晓《皇明四夷考》成于嘉靖甲子(嘉靖四十三年,1564 年)三月。两年后,即嘉靖四十五年郑晓便去世了。王宗载是嘉靖壬戌(嘉靖四十一年,1562 年)进士,随后授海盐县令,若考虑中进士后的候任期,大体上也就是郑晓《皇明四夷考》成

　　〔1〕马大正等整理:《吴丰培边事题跋集》,新疆人民出版社 1998 年,第 3 页。
　　〔2〕郑晓:《吾学编》,明万历二十七年郑心材刻本,《四库禁毁书丛刊》史部 45、46。
　　〔3〕李贤等:《大明一统志》,前金陵大学馆藏善本。
　　〔4〕严从简:《殊域周咨录》,余思黎点校,中华书局 1993 年。

215

书时期,王宗载时任海盐县令,而郑晓正是海盐人。当时已落职在乡的郑晓,名望很高,时任海盐令的王宗载可能拜访过他。即使没有拜访,作为地方官的王宗载也能知道郑晓著书的情况。十几年后王宗载编撰《四夷馆考》时,主要依据的正是郑晓的书。还有一种可能,即郑晓的《吾学编》当时在社会上已经流传,如略早于《四夷馆考》的《殊域周咨录》就曾引用《吾学编》的内容。笔者初步考证,其书源于《皇明四夷考》的有:(1)回回馆中的撒马儿罕、天方、占城、爪哇、满剌加、土鲁番;(2)鞑靼馆中的兀良哈(郑晓只写到嘉靖二十六年,王宗载补记嘉靖二十九年以后事,其部分内容略有删减);(3)高昌馆中火州、哈密、安定阿端、曲先、罕东、鲁陈、亦力把力、黑娄。需指出的是回回馆中的日本也是源于郑晓《皇明四夷考》,然郑晓的记载因郑晓本人曾有御倭的经历,较为详尽,王宗载作了不少删减。较为复杂的是鞑靼馆。它主要取材于郑晓的《皇明北虏考》,同时也涉及《皇明四夷考》中的鞑靼及《大明一统志》卷90的鞑靼,作者还补充了嘉靖三十年和隆庆年间的重要历史。

3.2.2 《大明一统志》与《四夷馆考》的关系

《四夷馆考》的其他部分,百夷馆大部分内容同于《大明一统志》卷87:木邦军民宣慰使司,孟养军民宣慰使司,孟定府,南甸宣抚司,干崖宣抚司,陇川宣抚司,威远州,湾甸州,镇康州,大候州,芒市长官司,景东府,鹤庆军民府,者乐甸长官司;缅甸馆洪武二十九年以前的内容均同于《大明一统志》卷87:缅甸军民宣慰使司;八百馆亦见于该书同卷的八百大甸军民宣慰使司,老挝军民宣慰使司,车里军民宣慰使司,孟艮府;回回馆中的天方国、满剌加、真腊(个别内容不同)、回回(默德那)见《大明一统志》卷90;西番馆可参见该书卷89的西番[1]暹罗馆中的大部分内容可参见《殊域周咨录》卷8《暹罗》。这些相同的内容可以用来比勘《四夷馆考》中的相关部分,这是罗振玉、向达二位先

---

〔1〕郑晓《皇明四夷考》中的西番与《大明一统志》中的西番大体相同,其他如罕东、亦力把力等也有部分内容相同,这表明郑晓曾参阅过《大明一统志》,王宗载对上述两书都曾参考,在此仅列其一。

生未曾注意到的。暹罗馆中的万历年间及暹罗的部分风俗的资料来源，主要是王宗载任提督四夷馆少卿时根据夷使提供的资料写成的，是本书最有价值的部分。罗曰褧《咸宾录》中的引用诸书目录有《吾学编》、《殊域周咨录》、《四夷馆考》等书名。该书"暹罗"条关于暹罗风俗的记载，有取自于《四夷馆考》中的内容。如《咸宾录》称："王死，水银灌腹，以帛缠之，同片脑纳棺中，停置一年，仍用火化，拾骨葬于塔下。贵人亦然。"[1]《四夷馆考》原是："葬礼，王水银灌腹以制缠之，同片脑数十斤纳棺中，停置于家，一年后出棺于空地，火焚之，拾其骨葬于塔下，塔高三丈，饰以金，官民富者亦建塔，惟不用金，此名火葬。"其他书如《殊域周咨录》、《皇明四夷考》均无此记载。《明史·外国五·暹罗》仅记"富贵者死，用水银灌其口而葬之"。此记载显然源于马欢《瀛涯胜览》暹罗国中"凡富贵人死，则用水银灌于腹内而葬之"。修明史者可能未见王宗载的《四夷馆考》，否则，就不会如此简略而不全面。王宗载关于暹罗的记载仍有不少内容可弥补《明史·暹罗传》之不足，后文将作进一步分析。

3.2.3 《殊域周咨录》与《四夷馆考》的关系

仔细比较王宗载所记暹罗馆的内容与严从简《殊域周咨录》卷 8 "暹罗"条中的内容，除严氏的评议外，万历以前的内容大多吻合。严氏书写成于万历甲戌（万历二年，1574 年），对万历年间的事则未书写。尽管严清于万历癸未（万历十一年，1583 年）才为严从简书写序，成书于万历八年的《四夷馆考》中的暹罗内容很可能来自严从简的书，或者两人均源于同一本书。万历年间的事当然属王宗载所写。

明末清初修明史外国传者多取材于郑晓《皇明四夷考》，如傅维麟《明书·四国传》、查继佐《罪惟录·外国列传》、尤侗《明史·外国传》等[2]《皇明四夷考》许多内容略详于《四夷馆考》，且是后者所据的

---

〔1〕罗曰褧：《咸宾录》，余思黎点校，中华书局 1993 年，第 149 页。
〔2〕傅维麟：《明书》，丛书集成初编，商务印书馆 1936 年。查继佐：《罪惟录》，《四部丛刊三编史部》，上海涵芬楼影印吴兴刘氏嘉业堂藏手稿本。尤侗：《明史·外国传》，台湾学生书局，1977 年。

来源之一,由于这些原因,也由于《四夷馆考》本身作用的限制,后世往往只知《皇明四夷考》,而很少知晓《四夷馆考》,即使知道,若不细加分析,也不能恰当地评判它的价值。

3.3 《四夷馆考》的史料价值

《四夷馆考》毕竟是由熟悉四夷馆事务的人编撰的,它保存了不少有价值的史料,具体表现如次。

3.3.1 有关四夷馆的职能及其活动

3.3.1.1 验放进贡夷人

四夷馆一项重要职能是差官到边关验放进贡夷人。如鞑靼馆经常差官赴阳和、喜峰口译审。《四夷馆考》提供了这方面的资料。鞑靼馆:隆庆四年(1570)后,明与俺答互市,"每年许于各镇互市段、绢、布、锅等物,其进贡表文、马匹俱附各镇总督类收。每岁本馆差官一员赴阳和译审毕,总督差官转进"。至于兀良哈,隆庆、万历以来,"正旦朝贡改于冬至,每贡卫各百人,马各百匹,本馆例差官一员赴喜峰口译审,率三年一代贡使入京"。王宗载的这些记载,《增定馆则》卷3《典制》亦有《差官喜峰》和《阳和差遣》这两条:"大喜峰口差官一员验放进贡夷人,三年一更,每遇期满,彼中巡抚官据呈申请,兵部移咨,由礼部本院转行本馆拣选行止端慎,年深老成谙番字官一员。""宣大总督尚书王[崇古]题差译字官业文辉差往阳和备验番文。"

3.3.1.2 四夷馆的代译

各馆一般负责各自的地区,但也有为其他地区代译的。如,回回馆:回回(默德那国)"附近诸国如土鲁番、天方、撒马儿罕,旧隶本馆译审。此外,如占城、日本、真腊、爪哇、满剌加诸国皆习回回教,遇有进贡番文,亦属本馆代译"。高昌馆:"哈密地近高昌,本属高昌馆译审,但其中多回回人,入贡时,亦有用回回字者,故又属回回馆。"这种代译的原因,刘迎胜老师作了较好的分析:"由于明朝译馆为数有限,而天下之大,语言各异。难免会出现使臣表文字无人可识,回赐表文亦无法撰写的情况。于是明政府规定,在这种场合下,必须使用双方都通晓的第三种文字,'以通华夷之情'。所以回回馆并不限于与穆斯林诸国打交道。"[1]

3.3.1.3　夷人充当教师

据《增定馆则》卷 2 载:各馆缺人教译,具呈内阁行礼部请敕各边访取谙晓番译人员赴部考验,授以官职,送馆教译。王宗载书对此亦有反映。如,缅甸馆:"弘治十七年(1504),因本馆译学失传,行云南镇巡官取人教习。缅甸宣慰卜剌浪差酋陶孟思完通事李瓒等进贡并送人孟香、的酒、香中三名,留本馆教授,俱授序班职事。"陶孟,缅语意为头目。《增定馆则》卷 7《缅甸馆》载有:"孟香,德馨,缅甸土夷,弘治十七年取光禄寺署丞,教师。""的洒(王宗载书作的酒,疑有误),靖之,缅甸土夷,弘治十七年取进历光禄寺署丞,教师。"又如,暹罗馆:"正德十年(1515),遣使贡方物,进金叶表,下回回馆译写。该大学士梁(指梁储——笔者)疏:据提督少卿沈冬魁呈准回回馆主簿王祥等呈,窃照本馆专一译写回回字,凡遇海中诸国如占城、暹罗等处进贡来文,亦附本馆带译,但各国言语文字与回回不同,审译之际,全凭通事讲说,及降敕回赐等项,俱用回回字。今次有暹罗王进贡金叶表文,无人认识,节次审译不便。及查得近八百大甸等处夷字失传。该内容具题暂由差来头目篮者歌(又为蓝者哥)在馆教习,合无比照篮者歌事例。于暹罗国来夷人内选留二三名在馆,并选各馆世业子弟数名送馆,令其教习,待有成之日,将本夷照例送回彼国。"明武宗采纳了梁的建议。但到了万历三年,暹罗国奉金叶表时,表字译学失传,明朝只好又请暹罗派精通番字人员赴京教习。"万历五年八月,差通字握文源同夷使握闷辣、握文铁、握文贴赍原奉本朝勘合赴京请印,并留教习番字,各赐冠带衣服有差。六年十月,该内阁大学士张等题据提督少卿萧禀呈请于本馆添设暹罗一馆,考选世业子弟马应坤等十名送馆教习。"王宗载的上述记

---

〔1〕刘迎胜:《古代中原与内陆亚洲地区的语言交往》,引自王元化主编《学术集林》卷7,上海远东出版社 1996 年,第 192 页。

载,尤其是有关万历年间的内容,为我们提供了明朝四夷馆活动的第一手材料。

3.3.2 增加了以往明人著作没有的资料,弥补或可以订正一些明史著作的不足,但也有一些讹误

王宗载记载了隆庆四年鞑靼俺答封贡之事。谈到俺答孙把汗那吉时,他说:"把汗那吉有妇二,又聘兀慎家取兔金的之女为三妇有日矣,会俺答有外孙女者已许聘袄儿都司。俺答闻其美,强纳之。袄儿都司恚甚欲叛。俺答自惭,乃夺把汗那吉所聘兀慎女与之,把汗那吉有怨言,欲归南朝。阿力哥惧祸及趣之行。把汗那吉偕其妇比吉率十数骑扣关请降。"此内容郑晓书没有,严从简也未记载隆庆时鞑靼事。傅维麟《明书》过简,张廷玉等《明史·外国八·鞑靼》对此事记载是:"[隆庆四年]冬,俺答有孙曰把汉那吉者,俺答第三子铁背台吉子也,幼孤,育于俺答妻所。既长,娶妇比吉。把汉复聘袄儿都司女,即俺答外孙女,貌美,俺答夺之。把汉恚,遂率其属阿力哥等十人来降。"[1]《明史》记载的俺答外孙女是袄儿都司女,这种关系与王宗载的记载完全不同。罗曰褧《咸宾录》采纳了王宗载的说法。[2]

对兀良哈条,王宗载还指出:"[嘉靖]二十九年,俺答越三卫入犯京城,兀良哈阴为乡道。隆庆万历以来,朝廷加意武备,边臣渐次修守,渔阳以北,台堡相望,虏稍知敛避,间要结东虏,窥犯辽寨,亦不能为大害。"此段记载,有其他记载参证。如,《明世宗实录》卷364"嘉靖二十九年八月己卯"条,俺答营白河东,去京20里。壬午,薄都城,大掠,明廷震惊。然《明实录》没有谈到兀良哈阴为乡道事。而王士琦《三云筹俎考》卷1《安攘考》称:"咸宁侯仇鸾时任宣大总兵,重贿结俺答,令别寇宣府或蓟州,无犯大同,虏遂东去,由朵颜三卫入。虏之东也,鸾实使

---

〔1〕《明史》卷327《鞑靼传》,中华书局1974年点校本,第8485页。

〔2〕此外,〔日〕和田清《明代蒙古史论集》(下册,商务印书馆1984年,第606页)略述此经过,大体与王宗载所述相同,并认为《明史·鞑靼传》在这方面多少有些错误。王士琦《三云筹俎考·封贡考》(明万历刻本)对此事记载与王宗载所记一致。

之。"〔1〕又叶向高《四夷考》卷2《朵颜三卫考》称:"迄隆庆,三卫奉职稍谨。虏亦无大举,边恃少安。"〔2〕王宗载的记载基本上反映了当时的实际情况。

对日本,王宗载在郑晓《皇明四夷考》"日本"条的基础上,补充了下列内容:"[嘉靖]四十年,[倭]贼破兴化、政和、寿宁、平海、铜山、宁德等郡县。巡抚谭纶、总兵戚继光募浙兵剿平。自是,始更置政府,弦辙一新,中外文武大吏悉心经略,武卫稍振,虽贼时肆寇掠,多创少利,治海郡邑,始免倭患矣。"此内容为罗曰褧《咸宾录》所采用。严从简《殊域周咨录》对这段历史记载较详。王宗载的"始免倭患"与叶向高的"倭患遂息"的结论是一致的。

《四夷馆考》关于隆庆、万历初的暹罗的历史可与《明史·暹罗传》相印证。《明史·暹罗传》:"隆庆中,其邻国东蛮牛求婚不得,懋怒,大发兵攻破其国。王自经,掳其世子及天朝所赐印以归。次子嗣位,奉表请印,予之。自是为东蛮牛所制,嗣王励志复仇。万历间,敌兵复至,王整兵奋击,大破之,杀其子,余众宵遁,暹罗由是雄海上。"〔3〕《四夷馆考》对此事记载是:"万历三年九月,暹罗国王招华宋顷遣使握坤哪朵思湾等奉金叶表贡方物。先是有东牛国与暹罗邻,因求婚王女,不谐,遂拥众攻暹罗国,陷其城,王普喇照普哑先自尽,掳其长子哪浡喇照为质,时隆庆三年七月也。其次子昭华宋顷嗣为王,以钦赐印信被兵焚无存,因奏请另给。礼部议称,印文颁赐年久无凭查给,且表字译学失传,难以辨验,复题行彼国查取印篆字样,并取精通番字人员赴京教习。五年八月,差通字握文源同夷使握闷辣、握文铁、握文贴赍原奉本期勘合

---

〔1〕王士琦:《三云筹俎考》,明万历刻本,国立北平图书馆善本丛书第1集。

〔2〕叶向高:《四夷考》,收入《宝颜堂秘笈》续集,民国11年(1922)文明局印行。

〔3〕《明史》此段记载见于张燮《东西洋考》卷2《暹罗》:隆庆初年,东蛮牛(俗名放沙)求婚暹罗,暹罗拒之峻。东蛮牛羞甚,统沙外兵围暹罗,破之。王自经死,虏其世子及中朝所赐印以归。次子摄国,奉表请印。上命给予。暹罗既败,其后颇为东蛮牛所制。万历间,东蛮牛复来寇,嗣王引兵迎击之,杀世子,东蛮牛宵遁,不敢复窥暹罗。东蛮牛,谢方点校本所附《地名会释》称今缅甸。具体说,指今缅甸中部的东吁(Taungu,Toungoo)。(张燮:《东西洋考》,谢方点校,中华书局1981年,第33-34页,第275页。)

221

赴京请印,并留教习番字,各赐冠带衣服有差。"[1]王宗载距此时较近且询问过暹罗使者,其记载应较《明史》暹罗传可信。王宗载在自序中说:"近者……暹罗失篆乎东牛,其文移奏请皆曩所未有者。"对此段历史加以强调。《咸宾录》亦照录了王宗载的此段内容。

《明史》暹罗传与宗载书,和严从简书不同之处甚多,遗憾的是,王宗载书中的这些不同,有不少是错误的。如,《明史·暹罗传》:"洪武三年(1370),命使臣吕宗俊等赍诏谕其国。"(谈迁《国榷》卷4载:洪武三年八月辛酉,遣吕宗俊等诏谕暹罗国。)《四夷馆考》是:"洪武初,遣大理寺少卿闻良辅往谕之。"[2]《明史》暹罗传:"[洪武]十年,昭禄群膺承其父命来朝。"

《四夷馆考》作洪武九年。[3]《四夷馆考》:"[永乐]四年,复贡方物,且乞量衡为式,诏赐古今烈女传,给与量衡。"《明史·暹罗传》为永乐二年。[4]《四夷馆考》对暹国制度风俗记载,因出自贡使之口,当为可信。制度方面,他书记载不详或没有记载。王宗载指出暹罗境内有9大库司,每一大库司类似于明朝的布政司;14府、72县,并列出了大库司和府的名称。官制有9等,依次是握哑往、握步喇、握口莽、握坤、握闷、握文、握板、握郎、握救(由此可知,前面提到的握闷辣、握文铁当

---

〔1〕王宗载的此段记载是非常重要的。据中山大学东南亚研究所:《泰国史》(广东人民出版社1987年),此时的暹罗是泰国历史上的阿瑜陀耶王国(1349—1767年)。其王叫摩诃·查克腊帕特(1548—1569年,即普喇照普哑)。1568年,缅甸东牛王朝莽应龙(1551—1581年在位)入侵暹罗,次年城破,暹罗王死。摩诃县摩罗被缅甸扶为暹罗王,其长子纳黎萱(哪照)在东牛做人质,其女儿献给了莽应龙。1571年(万历五年),纳黎萱回国,约1590年继位为王。英人哈威《缅甸史》等著作都详细论述了这段历史,可惜都没有注意到王宗载的这段记载。

〔2〕《明太祖实录》卷55"洪武三年八月辛酉"条,遣吕宗俊等诏谕暹罗国。卷68"洪武四年辛未"条,吕宗俊还自暹罗国。王宗载错把永乐初的闻良辅出使当成是在洪武初事。据《明成祖实录》卷37"永乐三年(1405)九月戊午"条,以闻良辅为广东按察使。良辅尝为湖广按察使副,坐事降行人。至是奉使西南诸番国还京,奏事称旨,故升用之。

〔3〕《明太祖实录》洪武十年九月:"乙酉,暹罗斛国王遣其子昭禄群膺奉金叶表贡象牙胡椒苏木之属。"可知,《四夷馆考》对此记载年代有误。《明史》对明初历史多以《明实录》为主。因此,其记载应比王宗载记载更可靠。王宗载引用他人书,可能没有用《明实录》来核。在此仅备其一说。

〔4〕据《明成祖实录》卷31永乐二年:"九月辛亥,命礼部装印《列女传》万本,给赐诸番。"暹罗王获《古今烈女传》200本。王使"奈必复乞赐度量衡,俾国人永遵法。从之"。

是暹罗的五等、六等官）。"握"是官姓（民上者称奈某，最下者称隘某）。[1]"其选举由乡邻举于大库司，大库司审其堪用，以文达于王所，王为定期面试。至期，大库司引至王前，咨以民事应对，称旨即授冠服候用，否则逐出考课，亦以三年为期。""每日旦升殿，各官于台下设毡，以次盘膝而坐，合掌于顶，献花数朵，有事则具文书朗诵上呈，候王定夺乃退。遇春日冬节喜庆事亦有赏赐。遇天朝颁赐敕谕勘合，王则用原封冠服，呼万岁，行五拜三叩头礼，如中国云。"至于暹罗的婚礼、丧礼，王宗载均有详细记载，可补其他史书之不足。火葬前文已述。官民均可火葬，不同的是富贵者火焚后拾其骨葬于塔，而民则弃骨水中，谓之水葬。王宗载没有提到《明史·暹罗传》所载的贫民死后鸟葬习俗。《殊域周咨录》、《咸宾录》均未提到鸟葬事。鸟葬俗最初见于马欢《瀛涯胜览》，巩珍《西洋番国志》。不过，马欢和巩珍指的是在海边生活的人的习俗[2]，《明史·暹罗传》称"交易用海䖝"。此说不确切，《四夷馆考》称："市物少则用海䖝，多则用银。官民有银，不得移用，皆送王所委官倾泻成珠，用钱印印纹于上，生百两入税六钱，如无印纹，即私银也，初犯断左指，再犯断右指，三犯者死。"可见银钱是其国的主要货币。[3] 当年马欢等人航行海上，多记载海边事，修《明史》者，以偏概全，故文字有误。

3.4　王宗载的历史贡献

明代担任四夷馆少卿的人很多，其中任职时间比王宗载长、进升职位和社会声望都比王宗载高的人比比皆是。然而，这些人中不少是把四夷馆少卿这种官职作为一种过渡，以便以后担任更高的官职或转到有实权的部门任职。王宗载虽然任四夷馆少卿时间较短，却比其他人

---

〔1〕刘迎胜老师认为，今缅甸有身份的人称"吴"，可能与此有关。缅甸语中"吴"原有叔伯之意，现有先生之意。吴与握音近，两者均有尊贵的意义。

〔2〕马欢：《瀛涯胜览》，丛书集成初编，商务印书馆 1937 年，第 31 页。巩珍：《西洋番国志》，中华书局 1961 年，第 14 页。

〔3〕马欢：《瀛涯胜览·暹罗国》："海䖝当钱使用，不拘金银铜钱俱使。"记述无王宗载详。

更能真正关心四夷馆的事务。王宗载编《四夷馆考》时,明朝已进入后期,阶级矛盾、民族矛盾和统治阶级内部矛盾日益激烈。尤其是万历初年,军政败坏,财政破产,农民起义此伏彼起,社会危机严重。也就是在他担任少卿的万历六年,时任内阁首辅的张居正始推行改革。作为地主阶级有识之士中的一员,王宗载对时局尤为关心。他编撰《四夷馆考》的目的除了供初学夷语者使用外,也是为了当时的时政需要。他在自述中说:"盖陆敬舆(陆贽)有言,中夏之盛衰异势,夷狄之强弱异时,事机之利害异情,措置之安危异形。形变不同,胡可专一。则夫辨方纪事,随事考文,以备卒然之应者。"[1]这表明他编书是为应急之用。作为四夷馆少卿,其职责理应关心四夷事务。而当时边疆诸夷情正发生变化:"近者俺酋请经于西竺,暹罗失篆乎东牛,其文移奏请皆曩所未有者,非多识何以应之乎!"[2]此时,明朝对四夷事务已力不从心。深知此点的王宗载希望在其职责之内,能"以尺牍而当三军"。为此,他搜辑诸夷建置沿革,风土人情,及其与明朝的交往历史,以做到知彼知己,尤其是熟悉彼国之委悉,倘若彼不知我知,诸夷定会"怀且詟哉"!故而,他提出"典象胥者不有专业,何以宣盛德而达夷情"。

王宗载编撰的《四夷馆考》,尽管大多汇集的是前人成果,但他在编辑过程中,也体现了他个人的一些政治思想。例如,对鞑靼,他认为俺答封贡后,虏酋利于互市,不复为边患。虏使免其入京,可保无内忧,且奉表称臣,中国之体常尊,罢兵息民,各边之修守易集。这与明政府的思想是一致的。不过,他认为,当事者应当为国远虑,防微杜渐,闲暇修战守之具,以待敌人之变。对兀良哈厚往薄来,特示羁縻而已,不可恃为藩篱。对倭寇,有了谭纶、戚继光这样的文武大吏悉心经略,沿海郡县始免倭患矣。对西夷,王宗载基本上沿用了郑晓的书,实际上也是

---

〔1〕王宗载的引文见《旧唐书》卷139《陆贽传》。原文是:"盖以中夏之盛衰异势,夷狄之强弱异时,事机之利害异情,措置之安危异便。知其事而不度其时则败,附其时而不失其称则成,形变不同,胡可专一。"

〔2〕"暹罗失篆乎东牛"指前述东牛入侵暹罗事。"俺酋请经于西竺",指的是明代蒙古右翼土默特部领主俺答汗(1508—1582)于万历六年在青海建仰华寺,亲临该地迎接格鲁派领袖索南嘉措召开盛大法会,正式入教。

采纳了郑晓的观点,尽管哈密为土鲁番所据,但"北虏盘窟海西,瓦剌结巢北山,河西守臣防御羌胡不暇,哈密亦与否,不足为中国患"。应当说,王宗载对四夷的态度,是一种以天朝大国自居的乐观态度。以这样的态度形成的文字置于各馆译语之首,对各馆译字生是一种鼓舞。

《四夷馆考》对研究明代对外关系史的价值在于它提供了隆庆、万历初期明朝对外关系的一些重要材料,而各馆的译员活动、附译国或族名多是其他书没有的。比较王宗载汇编的内容与其他书的异同,不难发现,王宗载时代的四夷事务实际上是以鞑靼、暹罗为主,西域诸国的事务已微乎其微了。百夷和缅甸等南夷也失去了昔日之辉煌。四夷馆内人才凋敝,"曩之遗老尽矣"。尽管这一时期出现了《殊域周咨录》、《咸宾录》等有关四夷之书,但这些书远不如明初陈诚《西域番国志》、马欢《瀛涯胜览》、费信《星槎胜览》等这些由作者根据自己亲身经历写成的书富有价值。万历年间的四夷书多是汇集了前人的著作而成,利用这些著作,往往要了解其史料来源,以免讹误。

(原载《中国边疆史地研究》2000 年第 3 期,订正了个别错误)

4 明朝后期与暹罗的文化交流

万历七年(1579),明设暹罗馆作为四夷馆中的第十馆,这是明与暹罗交往中的一件大事。暹罗馆的创立及其之后的活动不仅反映了明朝后期与暹罗官方往来的实际状况,而且也大大有利于这一时期两国的文化交流。对明暹罗馆的研究,南京大学特木勒博士曾于 2001 年在《万历起居注》中查找到张居正等人的三条奏疏,并发表了《明暹罗馆设置考》一文[1],本文以特木勒等人的研究为基础,主要从暹罗馆设立及其之后的活动探讨明朝后期与暹罗的文化交流。

4.1 暹罗馆设立

永乐五年(1407),明朝因四夷朝贡、言语文字不通,始设鞑靼、女直、西番、西天、回回、百夷、高昌、缅甸八馆,以"宣圣德而达夷情"。正德六年(1511),又增八百馆。万历七年,又增暹罗馆。凡十馆。由太常寺卿、少卿各一员提督。嘉靖二十五年(1546)以后,裁革卿,止存少卿。暹罗馆设立后,均为太常寺少卿提督四夷馆,管理四夷馆日常事务。明代的四夷馆主要是一个语言、文字的翻译机关和教习机构。[2]其稽考听内阁,公移呈翰林院转行。而译字官生则在鸿胪寺带衔。

在暹罗馆设立之前,暹罗与明朝的文书往来,在京城主要由回回馆译审。回回馆负责土鲁番、天方、撒马儿罕、默德那国等国文书译审,此外,如占城、暹罗、真腊、爪哇、满剌加诸国皆习回回教,遇有进贡番文,

---

[1]特木勒:《明暹罗馆设置考》,收入南京大学民族研究所、暨南大学中国文化史研究所、香港教育学院社会科学系编《元史及民族史研究集刊》,第 14 辑,南方出版社 2001 年。

[2]刘迎胜:《宋元至清初我国外语教学史研究》,载《江海学刊》,1998 年第 3 期。

亦属回回馆代译。"由于明朝译馆为数有限，而天下之大，语言各异。难免会出现使臣表文字无人可识，回赐表文亦无法撰写的情况。于是明政府规定，在这种场合下，必须使用双方都通晓的第三种文字，'以通华夷之情'。所以回回馆并不限于与穆斯林诸国打交道。"[1]回回馆负责翻译的文字是回回字即波斯文，波斯文实际上是明与暹罗双方都通晓的第三种文字。波斯语是郑和船队在海外时所使用的主要的外交语言。[2] 明朝前期暹罗来华的金叶表文因为有回回馆的审译并没有影响双方的文化交流。

但到了成化二十三年(1487)情况有了变化。据《明实录》记载，该年九月庚戌，暹罗国王国隆勃剌略坤息利尤地亚遣使臣坤江悦等赍金叶表义入贡，谢恩，且言："旧例，本国番字与回回字互用。近者，请封金叶表文及勘合咨文间有同异，国王疑国人书写番字者之弊，乞赐查辨。"而表文番字难于辨识，乃命本国自行究治，仍令今后只许用回回字样，不得写难识番字，以绝弊端。[3]

暹罗国使臣坤江悦等于成化二十三年七月捧金叶表文来朝，九月谢恩时谈到金叶表文使用文字问题即本国番字(暹罗文)与回回字互用问题，暹罗的金叶表文(暹罗文)与明廷勘合咨文(回回文、汉文)使用文字不同，词意存在差异，暹罗国王怀疑国人书写番字者不能正确表达本意，希望明廷查辨，确认本国番字是否正确。这可能是一种很巧妙的说法，一方面是暹罗希望明廷承认暹罗文为双方往来的语言，以便两国国王能准确确认表文的意思，另一方面明朝不认识表文番字，但碍于天朝大国形象，仍要求沿用原有的回回字。对于表文翻译问题，150年之后即1638年，暹罗巴塞铜王(Prasat Thong，1629年即位)给奥伦治(Oronge)亲王的一封信中写道："在古时，中国和大城的国王常互相送

〔1〕刘迎胜：《古代中原与内陆亚洲地区的语言交往》，引自王元化主编《学术集林》卷7，上海远东出版社1996年，第192页。

〔2〕刘迎胜：《明初中国与亚洲中西部地区交往的外交语言问题》，收入《传承文明走向世界和平发展——纪念郑和下西洋600周年国际学术论坛论文集》，社会科学文献出版社2005年，第104页。

〔3〕《明孝宗实录》卷2"成化二十三年九月庚戌"条。

金叶书以巩固他们的友谊,但由于中国皇帝不能了解它的中心意思(因为缺乏有经验的翻译员),就派了四位有学问的人到暹罗来担任暹王的常驻服务员。从此以后,所有金叶书就都能得到良好而完全的翻译了,而这种金叶书乃是维系这一持久友谊的最有效手段"[1]。我们不清楚巴塞铜王所说的"古时"指的是何时。但两国往来表文若不能正确翻译会对双方往来带来不便,这应是双方共识。

1487 年九月,刚刚即位的明孝宗认为这种难识番字应由暹罗国自行究治,双方往来只用回回字。此后暹罗国在弘治四年(1491)八月、弘治六年八月两次来贡,《明实录》均没有提到表文的文字问题,看来回回字作为表文书写文字仍旧使用。

弘治十年九月乙卯,暹罗王国隆勃剌略坤息利尤地亚遣正副使坤明斋等来贡,其进金叶表文,用的是暹罗文,而四夷馆未有专设暹罗国译字官,表文无人能译辨。为此,大学士徐溥等以此请示皇帝,明孝宗说:"既无晓译通事,礼部其行文广东布政司,访取谙通本国言语文字者一二人,起送听用。"[2]明孝宗只是根据内阁会同礼部的请求,命广东布政司起送通暹罗语的通事赴京听用,解决的只是通晓暹罗语的通事问题。通事的职责主要是口译,行走于鸿胪寺、会同馆等地。至于正式的国家文书,由四夷馆负责笔译。

到了正德十年,暹罗国王遣使贡方物,进金叶表文。明武宗下诏译其文字,却无有识者。提督四夷馆太常寺卿沈冬魁以及具体承担翻译任务的回回馆教习主簿王祥等报告说:切照本馆专一译写回回字,凡遇海中诸国,如占城、暹罗等处进贡来文亦附本馆带译。但各国土语土字与回回不同,审译之际,全凭通事讲说。及至降敕回赐等项,俱用回回字。今次有暹罗国王差人来京进贡金叶表文,无人识认,节次审译不便。暹罗国王进贡的金叶表文使用的不是回回字,回回馆自然无法翻

---

[1](美)G. 威廉·史金纳(G. William Skinner):《古代的暹罗华侨》,译文见《南洋问题资料译丛》1962 年第 2 期,第 115 页。

[2]《明孝宗实录》卷 129"弘治十年九月壬子"条。谈迁:《国榷》卷 43"弘治十年九月壬子"条:"暹罗国王国隆勃剌略坤息利尤地亚入贡,表不能译,征广东人,增暹罗馆通事"。古籍出版社 1958 年,第 2709 页。

译。报告呈礼部,礼部呈内阁,内阁由大学士梁储上疏皇帝。梁储的疏题为"暂留远人教习以便审译事",除陈述上述沈冬魁、王祥等报告外,还引用他们提出的建议:"及查得近年八百、大甸等处夷字失传,该内阁具题暂留差来头目蓝者哥在馆教习成效。合无比照蓝者哥事例,于暹罗国来夷人内选一二名在馆,并选各馆官下世业子弟数名送馆,令其教习。待有成之日,将本夷照例送回本王等因,实为便益。""据此,臣等看得习译夷字,以通朝贡,系是重事。今暹罗夷字委的缺人教习,相应处置,合无着礼部行令大通事并主簿王祥等,将本国差来通晓夷字人再加审译,暂留一二在馆教习。待教有成效,奏请照便送回。庶日后审译不致差误。缘系暂留远人教习事理,未敢擅便,谨题请旨。"[1]明武宗从之。[2] 回回馆主簿王祥,字廷瑞,陕西长安县人,弘治三年进回回馆,历光禄寺署正,是回回馆教师。他与大通事一起负责审查暹罗国来贡夷人,并从中选一二名进馆充当教习,学生选自四夷馆各馆官下世业子弟。这项工作可能是四夷馆原有的工作程序。根据四夷馆馆则,各馆缺人教译,具呈内阁行礼部请敕各边访取谙晓番译人员赴部考验,授以官职,送馆教译。[3]

然正德十年之后,暹罗多年没来进贡。嘉靖五年十二月,暹罗国坤思悦喇者来的利等来朝贡方物。[4] 此时回回馆刚刚遭遇嘉靖四年天方国使臣进贡玉石,礼部验查过严而面临一场惊动朝野的官司,回回馆序班龚良臣、马良传因译字欠明被罚俸 3 个月。[5] 对明孝宗时期选暹罗人教习之事,回回馆几乎无能为力。此后到嘉靖朝后期,暹罗接连朝贡,暹罗与明朝的关系密切起来。如,嘉靖三十二年,暹罗国王遣使坤

<hr>

〔1〕〔明〕梁储:《鬱洲遗稿》,四库明人文集丛刊《归田稿震泽集鬱洲遗稿》,上海古籍出版社1991年,第535页。

〔2〕梁储之疏并见〔明〕严从简:《殊域周咨录》,余思黎点校,中华书局1993年,第282-283页,及〔明〕王宗载:《四夷馆考》卷之下《暹罗馆》,东方学会印本,1924年。

〔3〕〔明〕吕维祺:《增定馆则》卷2《访取补译》,载《四译馆则》(上),京都帝国大学文学部东洋史研究室重刊,1927年。

〔4〕《明世宗实录》卷71"嘉靖五年十二月戊辰"条。

〔5〕详见〔明〕严从简:《殊域周咨录》卷11《天方国》,余思黎点校,中华书局1993年,第393-409页。

·欧·亚·历·史·文·化·文·库·

随离等贡白象及方物。[1] 嘉靖三十三年、三十七年、三十八年暹罗国王勃略坤息利尤池呀遣使赍金叶表文及方物朝贡。[2] 嘉靖三十九年暹罗入贡。[3]

隆庆初年,东蛮牛(俗名放沙)求婚暹罗,暹罗拒之峻。东蛮牛恚甚,统沙外兵围暹罗,破之。王自经死,虏其世子及中朝所赐印以归。[4] 因而,隆庆年间暹罗未入贡。万历元年暹罗来贡。[5] 据《国榷》记载,这一年三月甲申,暹罗国王华招宋入贡,云旧印为东牛国破毁,乞补给。下礼部。[6] 万历三年六月己巳,暹罗入贡。六月甲午,暹罗国乞补印修贡,许之。[7] 张燮《东西洋考》提到万历元年和三年请贡的原因:"次子摄国,奉表请印,曰:'暹罗部领数十国,非天朝印不能调兵。'"[8]此可说明中国颁赐的印信在东南亚地区有很大的权威。这是暹罗国请求补印的重要原因。

万历六年十一月任太常寺少卿提督四夷馆的王宗载对万历三年至万历六年暹罗来华作了如下记载:

> 万历三年九月,暹罗国王招华宋顷遣使握坤哪朵思湾等奉金叶表贡方物。先是有东牛国与暹罗邻,因求婚王女不谐,遂拥众攻暹罗国,陷其城,王普喇照普哑先自尽,掳其长子哪渟喇照为质,时隆庆三年七月也。其次子昭华宋顷嗣为王,以钦赐印信被兵焚无存,因奏请另给。礼部议称,印文颁赐年久无凭查给,且表字译学

---

〔1〕〔明〕严从简:《殊域周咨录》卷8《暹罗》,余思黎点校,中华书局1993年,第285页。暹罗进贡白象已毙,遣象牙1支,长8尺。牙首镶金石榴子10颗、中镶珍珠10颗,宝石4颗,尾置金刚锥1根,又金盒内贮白象尾为证。

〔2〕《明世宗实录》卷414"嘉靖三十三年九月壬戌"条;卷462"嘉靖三十七年闰七月丁酉"条;卷476"嘉靖三十八年九月乙酉"条。

〔3〕《明史》卷18《世宗本纪》,中华书局1974年标点本,第247页。

〔4〕〔明〕张燮:《东西洋考》,谢方点校,中华书局1981年,第33－34页。东蛮牛,谢方点校本所附《地名今释》称今缅甸,同书第275页。具体说,指今缅甸中部的东吁(Taungu,Toungoo)。

〔5〕〔清〕张廷玉等:《明史》卷20《神宗本纪》,中华书局1974年标点本,第262页。

〔6〕谈迁:《国榷》卷68,张宗祥校点,中华书局1958年,第4221页。

〔7〕谈迁:《国榷》卷69,第4269页、4271页。

〔8〕〔明〕张燮:《东西洋考》,谢方点校,中华书局1981年,第33－34页。郑汝璧,字邦章,浙江缙云县人,隆庆戊辰进士,万历六年任太常寺少卿提督四夷馆。

失传,难以辨验,复题行彼国查取印篆字样,并取精通番字人员赴京教习。五年八月,差通字握文源同夷使握闷辣、握文铁、握文贴赍原奉本期勘合赴京请印,并留教习番字,各赐冠带衣服有差。六年十月,该内阁大学士张等题据提督少卿萧廪呈请于本馆添设暹罗一馆,考选世业子弟马应坤等十名送馆教习。[1]

万历三年,暹罗来贡很重要的事是请求明朝另行颁赐印信,这是继万历元年之后的第二次请求。因事关国王更替,礼部可能对万历元年的请求没能满足。但万历三年再次请求时,明廷答应了。礼部提出两个条件,一是暹罗提供原颁印篆字样,以便重做,另一件事便是派精通暹罗文字人员赴京教习。万历五年暹罗差通事握文源同使臣握闷辣、握文铁、握文贴赍原奉本期勘合赴京请印,并留教习暹罗义。这应是顺应了礼部要求。

至于印信之事,时礼部郎中郑汝璧向内阁报告说不知印文云何。阁臣曰:“第铸暹罗国王印予之可耳。”郑曰:“国初受封,未必即称王。且篆文尺寸或有未合,於彼不便。彼所存公移旧印文固在也,宜檄粤东抚臣往取,循以给之。”内阁曰:“然。”嗣取印文至,则都统使印也。[2]据《明史·暹罗传》载,洪武十年(1377),明太祖命礼部员外郎王恒等赍诏及印往赐暹罗王,印文曰“暹罗国王之印”。自是,其国尊朝命,始称暹罗。[3] 万历时明廷所见的印为何是都统使印,张燮也说不清楚。

万历五年八月暹罗使臣赴京请印,万历六年十一月内阁题请设暹罗馆,这中间有一年多时间。这可能与提督四夷馆少卿更替频繁有关。《国榷》载:万历五年四月辛未,太仆寺少卿温纯为太常寺少卿提督四夷馆,御史萧廪为太仆寺少卿。[4] 十月壬子,温纯任大理寺左少卿。同年杨俊民接任。万历六年三月庚申,提督四夷馆太常寺少卿杨俊民

〔1〕王宗载:《四夷馆考》下《暹罗馆》,东方学会印本,1924年。
〔2〕〔明〕张燮:《东西洋考》,谢方点校,中华书局1981年,第34页。万历六年三月郑汝璧由吏部文选司郎中升任太常寺少卿提督四夷馆,四月,遭言官论劾降任福建左参议。(《明神宗实录》卷73“万历六年三月壬戌”条;卷74“万历六年四月乙酉”条)
〔3〕《明史》卷324《外国传》,中华书局1974年标点本,第8397页。
〔4〕谈迁:《国榷》卷70,第4310页。

为大理寺少卿,[1] 郑汝璧继任;四月甲申,贾三近接任;八月辛卯,萧廪继任;十一月戊申,萧廪转任南京太仆寺卿。[2] 十一月庚戌,任太仆寺少卿王宗载为太常寺少卿,提督四夷馆。从万历五年十月至万历六年十一月先后有杨俊民、郑汝璧、贾三近、萧廪、王宗载5人提督四夷馆,官员更替如此频繁,四夷馆的事务难免不受影响。王宗载上任伊始最主要的工作是在四夷馆中增设暹罗馆一事,此事他的前任萧廪已向内阁呈报。《万历起居注》记载了辅臣张居正等人根据萧廪的报告题写的增设暹罗馆的奏稿。这份奏稿亦见于明朝吕维祺编辑的《增定馆则》卷13《文史·题奏类》。根据这份奏稿:万历六年十一月丁巳,辅臣张居正、张四维、申时行题,据提督四夷馆太常寺少卿萧廪呈奉内阁发下礼部手本为进贡事,内闻暹罗国王近年屡差进贡,所有金叶表文无从审译。看得翰林院四夷馆原未设有暹罗一馆,已经题奉,钦依行令该国起送通晓番字人员前来教习。今据广东布政司查取夷使握闷辣等三员起送到部,随该本部题准将握闷辣等三员送翰林院开馆教习译字等因到馆,窃照暹罗远在海南,是古越裳之地,由周室而后久为正朔不加之区,惟我朝声教远暨,时一来王,兹者圣明治化隆洽,乃数入贡,所据专差夷使来学恳愿同文增设译馆教习,诚为盛典。[3] 该题奏随之提出三项建设暹罗馆的措施:建馆舍;备馆生;益馆资。得圣旨是“礼部知道,钦此”。但《明实录》记载是:“[十一月]丁巳,诏以暹罗开馆事系创始,凡选择生徒、建修馆舍等项宜酌定成规,以便遵守。”[4] 似乎明神宗对建馆提出了具体要求。

经过一番准备,暹罗馆正式开馆。其开馆的时间是万历七年正月初四,特木勒博士查证该日为公历1579年1月30日。几天后即正月

---

〔1〕谈迁:《国榷》卷70,第4325页,第4334页。

〔2〕《明神宗实录》卷81“万历六年十一月戊申”条。

〔3〕《万历起居注》,第1册,北京大学出版社影印本,1988年,第693—694页。并见吕维祺编《增定馆则》卷1《建设》:“万历六年因暹罗国王委差进贡,所有金叶表文无从审译,礼部题奉,钦依令该国起送通晓番字人员据广东布政司查取夷使握闷辣等三员,该大学士张居正等题添设暹罗国一馆,收世业子弟教习,仍增笔墨公费。奉钦依下部覆行。连前共十馆矣。”

〔4〕《万历起居注》,第1册,北京大学出版社影印本,1988年,第741页。并见《明神宗实录》卷81“万历六年十一月丁巳”条。

十一日丁巳,明神宗因考选译字生,命将诸国番文各写一本进览,至是,辅臣传令四夷馆写完《华夷译语》十册进呈,上留览。[1] 明神宗其时不到 17 岁,尚须张居正等人辅政,但对四夷之事显得较为关注。

4.2　暹罗馆的教学与翻译活动

暹罗馆开馆后其教师教学、译字生学习情况,《万历起居注》的两条奏疏为我们保存了这方面的记载:

其一:万历八年五月三日辛未,辅臣张居正等题:"该提督四夷馆太常寺少卿蒋遵箴呈,据暹罗国差官握文源等呈称,源等万历三年进贡到京,蒙题准回国,行取精通番字人员赴京译字。五年五月,本国工仍差源与握闷辣、握文铁、握文贴等四人由广东布政司起送来京。七年正月初四日,考选译字生马应坤等十名到馆教译。源等将本国大字母二十五个生出杂字三千五百五十字,又生切音一万有余,仍将杂字类成十八门与诸生讲解。今皆能默诵意义了然,面试俱有成效,但源等原有正副十八员名到京除病故三名外尚存十五员名,见今日给口粮十一分均食十五人,衣食不敷,饥寒困苦。伏乞俯照馆则款载夷使授职及弘治、正德等年取进缅甸、八百土夷孟香、的洒、蓝者哥等先授官职后方送馆事例,授职给俸以便供役等情,具呈内阁,蒙批:该馆查报。奉此,查得先广东布政使司起送暹罗国通晓译字夷官三员握闷辣、握文铁、握文贴,通事一员握文源到京,该礼部具题考选译字生马应坤等十名令其教习。比先握闷辣等并从人共十八员名来京,前后病故三名,内握文铁自到馆之后一向患病,其握闷辣等三名俱各在馆教译。又查得馆则所载正德八年十月初三日该礼部题为暂留远人寄馆教习事,内开八百等国夷字失传缺人教习暂留该国差来进贡头目蓝者哥在京选择子弟教译番字,比照弘治十七年二月内钦依行取缅甸国教师孟香、的洒来京除授鸿胪寺序班翰林院带俸给与官房住坐事例节,奉圣旨:蓝者哥准照例与做

---

[1]《明神宗实录》卷 83 "万历七年正月丁巳"条。

鸿胪寺序班带俸,给与官房住坐,钦此。今照握文源等在馆教译一年有余,其译字各生已蒙内阁面试所习本业,颇有进益,所据比照蓝者哥授职事例似应俯从等因到阁,据此,臣等看得前项夷使先经礼部题准选取各生开馆教译已踰一年节,该各夷诉称远客贫苦,欲乞比例授职给俸以资衣食。臣等恐其教习无功,虚糜廪饩,随唤集生徒李宪等到阁就其所习,出题面试,委各译学粗通,渐有进益,据其羁旅贫困之状,深可矜怜。今该提督四夷馆太常寺少卿蒋遵箴查报前来,又于先年蓝者哥事例相合,委应俯恤,但其中劳勚亦有不同,除握文铁到馆即病,原未效劳,难以概授候另行外,访得握闷辣一员译学精通,教习勤谨,似应优处。通事握文源原系中国人,于彼国译业未能精晓,然其通达言语诱进各生,劳亦难泯,似应与握文贴一体授职,以励将来。合无敕下礼部咨行吏部查照前例,将握闷辣、握文源俱量授一官,其握闷辣仍加俸一级,以示优异,俱令照旧在馆教习,候有成效,另行题请回国,庶以彰各夷勤事之劝,亦以广圣朝怀远之仁。得旨:是,礼部知道。"[1]

其二:万历十年五月二十四日辛巳,大学士张居正等题为教习已成乞赐送回本国以隆恩泽事,"该提督四夷馆太常寺少卿孙惟清呈据暹罗馆序班握闷辣等为前事呈称:闷辣等于万历六年九月内蒙行取到京教译本国番字。七年正月初四日开馆,闷辣等尽将本国字母、杂字、来文等项教习译字生马应坤等十名,至九年十二月初四日三年已满。于十年四月二十六日廷试,各生俱无差谬,准令食粮肄业。切思闷辣等自万历五年五月自本国泛海抵广东,蒙广东抚按起送到京,今经六载,督令各生译习,不敢少怠。先于万历八年五月内,蒙念微劳,除授今职,受此殊恩,岂敢言归,但本国距京万里,夷使从人因水土不服,数年之间死亡将半。且又过违本国限期,有此苦情,伏望怜念远夷,大施洪造,乞将差使转送广东造船送回本国,闷辣等得以生还等情具呈内阁。蒙批提督官督同教师将该馆生徒严加考试、定夺等因到馆,奉此随将该馆译字生督同序班握闷辣等当堂严试,得李怀珙等九名来文、杂字、字母俱无

---

〔1〕《万历起居注》,第2册,北京大学出版社影印本,1988年,第56-60页。

差讹,本业已皆通晓,原来夷使握闷辣等似应俯从所请,容令回还。其病故夷使握文铁等并加优恤等因呈覆到阁,查得先因暹罗进贡日久,未经设馆教习番文表章无人辨译,该臣等具题礼部覆咨行本国选取精通夷字人役来京设馆教习官生,候其译业通晓之日,仍将夷人重加赏赉发回。随该本国将握闷辣等起送前来教习生徒,至万历八年各授以序班职衔,近蒙廷试该馆教习生徒俱准食粮。今据各夷呈送回本国,臣等复行本馆提督官将各生徒严加考试,委有成效。看得初取各夷题开,俟其教习有成发回本国。既经提督少卿查呈前来相应依拟。合无敕下该部查照原题事例,将握闷辣等重加赏赉并从人咨送广东抚按衙门转送本国,其病故夷使握文铁等应加恩恤,一并查例,议拟上请,用弘无外之仁,益坚远人归化之愿"。[1]

根据这两份奏疏可知:

（1）暹罗馆的教师主要是使臣握闷辣、握文铁、握文贴及通事握文源。握文源是汉人,暹罗文不精,但口语通达。握文铁到馆即病,未能效劳,万历十年病故。译学精通的主要是握闷辣,教习勤谨,其次是握文贴。万历七年正月初四开馆,至万历八年五月三日已有一年多。根据嘉靖元年选补各国通事法,四夷馆译字生接受邻邦通晓者教习一年之后,教师和译字生均要考核。四夷馆教授必番字番语与汉字文义俱通,方能称职。四夷馆提督官从公考试,优等送内阁复试,照缺委用,量授官职。[2] 内阁会同礼部考核的结果是:译字生译学粗通,渐有进益,教师握文源等原有正副18人,到京病故3人,今日给口粮11份,均食15人,衣食不敷,饥寒困苦,委应俯恤,为此,握闷辣等授以序班职衔,另加握闷辣俸一级。

（2）握闷辣等人教习满3年后请求回国。为此,内阁会同礼部、四夷馆对译字生进行严格考核,考查握闷辣等人教习是否有成效。当堂考试的结果是10名译字生中李怀珍等9名来文、杂字、字母俱无差讹,

〔1〕《万历起居注》,第2册,北京大学出版社影印本,1988年,第218－221页。
〔2〕〔明〕俞汝楫编:《礼部志稿》卷92《朝贡备考》。《景印文渊阁四库全书》史部,第598册,第684－685页。

本业已皆通晓。考核优秀,应重赏握闷辣等人,并转送广东造船送回本国。严格的考核,为暹罗馆以后的译学发展培养了一批优秀教师。根据《四译馆则》,崇祯三年(1630)三月,四夷馆进行考试,结果考取一等教师暹罗馆教师鸿胪寺主簿李荣春,一等译字生暹罗馆李正芳、李作衡、袁宗德。这在十馆中是比较好的。明末暹罗馆尚有教师主簿李荣春、李宜;译字官李蔚起、李正茂,译字生郑景伯、袁宗德、李天泽、王养民、马尔翀、李正芳、李作衡、卢永立、李必选、李梦琦。清初暹罗馆有教师序班李梦虞、序班李佳胤,译字生王堡、张永祚、高炳、张永禄。教师序班张永禄、张铸,译字生李懋、蒋于渭、陈峻、丘民成。候补教师序班李琳,继业生余司晷李方爕、陈逶经。其中李梦虞,字时雍,顺天府大兴县人,顺治十一年(1654)进,授鸿胪寺序班教师。这些后继人才应是握闷辣等人教习打下的基础。

(3)暹罗馆初设,教材缺乏。为此,握文源等将本国大字母 25 个生出杂字 3550 字,又生切音 1 万有余,并将杂字类成 18 门。今天我们见到的清抄本《暹罗馆译语》分类正是 18 门,即:天文、地理、时令、花木、鸟兽、宫室、器用、人物、人事、身体、饮食、文史、方隅、珍宝、衣服、声色、数目、通用。[1] 这种分门别类的做法可能是参照四夷馆其他馆译语的做法。比如,《回回馆译语》杂字部分分为 18 门,各门名称与《暹罗馆译语》完全相同。清抄本《暹罗馆译语》收杂字 594 个词汇。可能在握文源等 3550 字基础上删改而成。

万历十年六月戊申,明廷颁暹罗国王印信,赏其使握闷辣等有差。[2] 明神宗采纳了张居正等人建议。握闷辣等人很可能被送回国。

万历十年以后,暹罗国仍不时来贡。如,万历二十年九月癸未,宴暹罗国进贡陪臣,命侍郎范谦待。[3] 同年冬十月己亥,暹罗国夷使 27 员赴京进贡,给赏冠带如例。[4] 万历三十九年十二月戊子,宴暹罗国

---

〔1〕《暹罗馆译语》1 卷,载北京图书馆古籍珍本丛刊(6),书目文献出版社据清抄本影印,1998 年。

〔2〕《明神宗实录》卷 125"万历十年六月戊申"条;《国榷》卷 71,第 4415 页。

〔3〕《明神宗实录》卷 252"万历二十年九月癸未"条;《国榷》卷 76,第 4685 页。

〔4〕《明神宗实录》卷 253"万历二十年冬十月己亥"条。

贡使握坤喇奈迈低鳌等 26 员,暹罗国王普埃表文发四夷馆译之。[1]
万历四十五年冬十月己未,暹罗国进贡金叶表文 1 通,方物 14800 斤,
孔雀 3 对。[2] 万历四十七年八月戊午,暹罗入贡。[3] 此后,天启二年
(1622)、三年,崇祯七年、八年、九年、十六年,暹罗仍奉贡不替。总体
上,明朝后期,暹罗与中国保持着较为友好的关系。

4.3 暹罗馆在明与暹罗交往中的作用

明设暹罗馆,专门培养暹罗语翻译人员,这对明朝与暹罗的交往以
及两国文化交流无疑起了积极的促进作用。

首先,暹罗使臣常驻四夷馆,为明朝进一步了解暹罗的社会文化提
供了重要机会。万历六年十一月至万历七年二月乙巳任太常寺少卿提
督四夷馆的王宗载不仅积极创建暹罗馆,而且留心明朝的四夷事务,
"搜辑往牒,参稽国朝故实。于是本馆(四夷馆)所译诸夷,建置沿革,
山川岩易,食货便滞,谣俗庞漓,与夫叛服之始末,战守之得失,略诠次
成编,并于各馆译语之首"。此即万历八年成书的《四夷馆考》。"会暹
罗使者来庭,始辟馆授译。课业少间,辄进夷使而询之,具述彼国之山
川道里食货谣俗,如在掌股间。"《四夷馆考》对暹罗国的制度、风俗记
载,因出自贡使之口,较为可信。如,官制有九等,依次是握哑往、握步
喇、握蟒、握坤、握闷、握文、握板、握郎、握救。暹罗使臣握闷辣、握文铁
暹罗的五等、六等官。[4] 清抄本《暹罗馆译语》还保留其中的握哑往、
握蟒、握坤、握闷、握文、握板、握郎等词汇。通过暹罗使臣,明朝得知,
暹罗王遇明朝颁赐救谕勘合时,用原封冠服,呼万岁,行五拜三叩头礼,
如中国。其服饰唯王以受封天朝,故留发。官及庶民俱剪发。其所用
瓷器、缎、绢皆贸自中国者,不通汉字,唯诵佛经,字皆横书横诵。不难

〔1〕《明神宗实录》卷 490"万历三十九年十二月戊子"条;《国榷》卷 81,第 5040 页。
〔2〕《明神宗实录》卷 562"万历四十五年冬十月己未"条;《国榷》卷 83,第 5112 页。
〔3〕《明神宗实录》卷 585"万历四十七年八月戊午"条;《国榷》卷 83,第 5140 页。
〔4〕详见拙文:《王宗载及其〈四夷馆考〉》,载《中国边疆史地研究》,2000 年第 3 期。

发现中国文化对暹罗的影响。

其次,暹罗馆是明与暹罗文化交流的重要平台。暹罗使臣将本国杂字分类成 18 门,便于中国译字生学习,并在很短的时间内汇编成册,万历皇帝浏览的《华夷译语》10 册,其中应有《暹罗馆译语》。通过暹罗馆译语,两国之间的文化是相互渗透的。从词汇表中,我们发现暹罗贡船职务华语、暹语的不同表达。如,正使,辣捌兔;副使,恶哼兔;三使,朵礼兔;大总管,宗合娃握;二总管,虎宗合娃。也能看到暹语中使用汉语。如,皇帝、圣旨、敕书、勘合、广东布政司、茶、砚、罗、纱、银等音如汉语,或者是汉语方言如干事,敢细;办事,板细;十,习;十一,习一;十三,习三;十四,习细。或者是汉暹合成。如,大通事,通细握。握,暹语中是"大"的意思。[1]

第三,暹罗馆所译的表文是维持两国关系最重要的凭证和手段,其程式化的表述体现了双方往来的政治传统。万历四十五年冬十月己未,暹罗国进贡金叶表文一通。据明朝广东巡按御史田生金《报暹罗国进贡疏》所记,此次暹罗国王所进金叶表文有两份,分别用汉字和番字书写,都盖有明廷钦赐的印信,且在包装上各有一套固定的程序。其表文的开头是:"暹罗国臣森烈怕腊照果伦怕腊陆悃西哑卒替鸦菩埃谨具表启奏大明皇帝陛下:伏以圣天子尊居九重,统驭万邦,中国乐雍熙之盛,外夷戴抚绥之仁,一君致洽,六合皆春。卑国凤受褒封,世荷胼蠓之德。微臣新嗣禄立,宜修贡献之诚,谨颛正贡使臣浮哪申实替喇迈低鳌、副贡使臣闷喇申哩哈、三贡使臣昭提他提喇、正通事臣许胜等乘正贡船一只、护送船一只,代赍金叶表文译书唐字一幅,装载后项土仪,照依旧制,由广东布政司给文起送,诣阙贡献,用伸拜舞之诚,恪尽臣子之职。"[2]谈迁的《枣林杂俎》保存了该王在天启六年(1626)的进贡表文一份,中曰:"暹罗国王森烈帕腊照采伦帕腊陆悃西亚卒赞鸦普埃,

---

〔1〕《暹罗馆译语》,载北京图书馆古籍珍本丛刊(6),书目文献出版社据清抄本影印,1998年,第 740 – 780 页。

〔2〕汤开建、田渝:《万历四十五年田生金〈报暹罗国进贡疏〉研究——明代中暹关系史上的一份重要的中文文献》,载《暨南学报》(哲学社会科学版),2007 年第 4 期。

诚惶诚恐,稽首顿首,谨译书奏启大明皇帝陛下:伏以圣明新登宝位,万国胥庆。微臣经差使臣坤皮叭具沙等,捧赍金叶表文、方物,诣阙庆贺外,钦奉敕谕厚赐回还。开读拜受,恭询圣躬祚祉,国治政平,拜舞山呼,无任灌怿。追思世沐恩宠,自古及今,地隔天涯,心驰帝阙,虽华夷两地,实同一国之忠也。兹当贡期,循例修贡。谨差正贡使臣郎勃查缉、副贡使臣坤加离颜那茶迈低厘、臣乃实填朴里、办事臣乃纳统、通事臣曹汉等,乘船一只,捧赍金叶表文,装载方物、译书,用罗字五号勘合,从广东省送诣阙下贡献。恭候万福,伏乞圣鉴微衷,用伸臣子之职,庶存怀远之义,并祈往来不断,使获绅蠓永久。事竣,乞早遣使回归,臣无任瞻天仰圣激切屏营之至。谨具表以闻。"[1]这些表文中"宜修贡献之诚"、"恪尽臣子之职"、"世荷绅蠓之德"、"伏乞圣鉴微衷"之诰,充分体现暹罗国王的诚惶诚恐的感恩心理。这些话语未必是暹罗国王的真实写照,却是维持朝贡贸易关系顺利发展的重要保证。这种表述需要汉文水平较高且精通表文程式的人方能写出,当时暹罗的华人华侨中具有学问渊博的知识分子,有些甚至担当暹罗官员。16 世纪初葡萄牙派往中国的使臣皮列士说,暹罗的外国人中大多是中国人,因为暹罗和中国进行大量贸易。他们和中国皇帝友好。[2] 这使得暹罗不乏精通汉文的翻译人才。握文源是汉人,既是通事,又是暹罗使臣,就是一例。《暹罗馆译语》中"进贡"、"归顺"、"赏赐"、"叩头"、"谢恩"这些词汇也是表文中体现双方政治关系的关键词。某种程度上,它也反映了暹罗馆翻译人员需要具备的政治理念。

明朝后期士大夫对暹罗称赞有加,张燮(1574—1640)称暹罗"国人视华人甚挚,倍于他夷,真慕义之国也"[3]。沈德符(1578—1642)称"暹罗为入贡恭顺之国"。[4] 清查继佐(1601—1676)评论说:"好礼守

〔1〕谈迁:《枣林杂俎》,罗仲辉等点校,中华书局 2006 年,第 69 – 70 页。
〔2〕〔葡〕多默·皮列士:《东方志——从红海到中国》,何高济译,江苏教育出版社 2005 年,第 78 – 79 页。
〔3〕〔明〕张燮:《东西洋考》,中华书局 1981 年,第 40 页。
〔4〕〔明〕沈德符:《万历野获编》卷 17《兵部》,中华书局 1959 年,第 438 页。

德,以教暹世世也。"[1]这些暹罗观与暹罗馆设立之后暹罗的风俗习惯得到传播、暹罗与明朝持续友好的朝贡关系以及到暹罗的中国人乐于服务暹罗等都有一定的关系。

（原载《东南亚纵横》2009 年第 11 期）

---

[1]〔清〕查继佐:《罪惟录·列传》卷36,浙江古籍出版社 1986 年,第 2855 页。

参考文献

一、史料

阿里·阿克巴尔.中国纪行.张至善,等,编译.北京:三联书店,1988.

〔法〕阿里·玛扎,海里.丝绸之路:中国—波斯文化交流史.耿昇,译,北京:中华书局,1993.

〔明〕安都.太康县志//天一阁明代地方志选刊续编.上海:上海书店影印本.

〔意〕艾儒略.职方外纪校释.谢方,校释.北京:中华书局,1996.

〔土耳其〕奥玛李查.克拉维约东使记.北京:商务印书馆,1957.

〔印度〕巴布尔.巴布尔回忆录.王治来,译.北京:商务印书馆,1997.

薄音湖,王雄.明代蒙古汉籍史料汇编(第二辑).呼和浩特:内蒙古大学出版社,2000.

〔清〕查继佐.罪惟录.杭州:浙江古籍出版社,1986.

〔明〕陈诚.陈竹山先生文集//四库全书存目丛书:集部26.江西省图书馆藏清雍正七年(1729)刻本.济南:齐鲁书社,1997.

〔明〕陈诚.西域行程记 西域番国志.周连宽,校注.北京:中华书局,1991.

陈高华.明代哈密吐鲁番资料汇编.乌鲁木齐:新疆人民出版社,1984.

〔明〕陈继儒.眉公杂著·见闻录.宝颜堂秘笈.

〔明〕陈建.皇明资治通纪.明刻本//四库禁毁书丛刊:史部第12册.

〔明〕陈洪谟.治世余闻　继世纪闻.北京:中华书局,1985.

〔明〕陈仁锡.皇明世法录∥四库禁毁书丛刊:史部第13－16册.中国史学丛书影印明崇祯刻本.

〔明〕陈循,等.寰宇通志∥玄览堂丛书续集.明初刻本.

〔明〕陈子龙.明经世文编.北京:中华书局,1962年影印本.

〔明〕程百二,等.方舆胜略.明万历三十八年(1610)刻本.

〔明〕都穆.都公谭纂.上海:商务印书馆,民国26年(1937).

〔明〕冯梦龙.古今谭概.北京:中华书局,2007.

〔明〕冯梦祯.快雪堂漫录.石家庄:河北教育出版社,1995.

〔清〕傅维鳞.明书.上海:商务印书馆,1936.

〔明〕高濂.遵生八笺:文渊阁四库全书本.上海:上海古籍出版社,1988.

古兰经.马坚,译.北京:中国社会科学出版社,1996.

〔明〕谷泰.博物要览∥续修四库全书(1186):子部杂家类.上海:上海古籍书店,2002.

〔明〕顾起元.客座赘语.北京:中华书局,1987.

〔清〕顾炎武.日知录∥日知录集释本.长沙:岳麓书社,1994.

〔明〕过庭训.本朝分省人物考∥续修四库全书:史部第533－566册.明天启二年(1622)刊本.

〔明〕何乔远.名山藏.张德信,商传,王熹,点校.福州:福建人民出版社,2010.

胡振华,黄润华.明代文献《高昌馆课》(拉丁文字母译注).乌鲁木齐:新疆人民出版社,1981.

胡振华,黄润华.高昌馆杂字.北京:民族出版社,1984.

〔明〕黄景昉.国史唯疑.上海:上海古籍出版社,2002.

〔清〕江繁.四译馆考.华东师范大学图书馆藏清康熙刻本.

〔明〕焦竑.国朝献征录.明万历四十四年刻本.

〔明〕金幼孜.金文靖集∥四库明人文集丛刊.上海:上海古籍出版社,1991.

〔明〕郎瑛.七修类稿.上海:上海书店出版社,2001.

〔明〕李东阳.怀麓堂集.文渊阁四库全书本.

李国祥,等.明实录类纂:经济史料卷.武汉:武汉出版社,1993.

李国祥,等.明实录类纂:涉外史料卷.武汉:武汉出版社,1991.

〔明〕李时勉.古廉文集∥四库明人文集丛刊.上海:上海古籍出版社,1991.

〔明〕李时珍.本草纲目∥文渊阁四库全书本.

〔明〕李贤,等.大明一统志.前金陵大学馆藏善本.

〔明〕李应魁.肃镇华夷志.兰州:甘肃人民出版社,2006.

〔意〕利玛窦,金尼阁.利玛窦中国札记.何高济,等,译.北京:中华书局,1983.

〔明〕梁储.鬱洲遗稿∥四库明人文集丛刊∥归田稿　震泽集　鬱洲遗稿.上海:上海古籍出版社,1991.

〔明〕林之盛.皇明应谥名臣备考录.明万历刻本.台北:文海出版社,1984.

〔明〕刘侗,于奕正.帝京景物略.上海:上海远东出版社,1996.

〔明〕陆容.菽园杂记.北京:中华书局,1985.

〔明〕罗曰褧.咸宾录.余思黎,点校.北京:中华书局,1993.

〔明〕吕维祺.四译馆则.日本京都帝国大学文学部东洋史研究室重刊.昭和二年(1927).

马大正,等.吴丰培边事题跋集.乌鲁木齐:新疆人民出版社,1998.

〔明〕马欢.瀛涯胜览∥丛书集成初编.上海:商务印书馆,1937.

〔明〕马文升.兴复哈密国王记∥〔明〕沈节甫.纪录汇编.明刻本.

〔清〕毛奇龄.武宗外纪(清康熙刻西河合集本)∥四库全书存目丛书.史部第56册.

〔明〕茅瑞徵.皇明象胥录∥《四库禁毁书丛刊》史部第10册.明崇祯刻本.

米儿咱·马黑麻·海答儿.中亚蒙兀儿史——拉失德史:第一编,第二编.新疆社会科学院民族研究所,译.王治来,校注.乌鲁木齐:新疆人民出版社,1983.

　　明实录.台湾中央研究院历史语言研究所.1962年影印本.

　　明武职选簿.中国第一历史档案馆.

　　〔明〕倪岳.青谿漫稿//四库明人文集丛刊.上海古籍出版社,1991.

　　彭际盛,胡宗元,等.光绪《吉水县志》.清光绪元年(1875)刻本.

　　钱伯城,等.全明文:第一册.上海:上海古籍出版社,1992.

　　〔明〕丘濬.大学衍义补//景印文渊阁四库全书.

　　海屯行纪　鄂多立克东游录　沙哈鲁遣使中国论.何高济,译.北京:中华书局.1981.

　　〔明〕申时行,等.明会典(万历朝重修本).北京:中华书局,1989.

　　〔明〕申时行,等.大明会典//续修四库全书:史部政书类.上海:上海古籍出版社,2002.

　　〔明〕沈德符.万历野获编.北京:中华书局,1959.

　　〔明〕慎懋官.华夷花木鸟兽珍玩考//续修四库全书:(1185)子部杂家类.上海:上海古籍书店,2002.

　　〔明〕慎懋赏.四夷广记//《玄览堂丛书续集》本.

　　〔明〕宋濂.元史.北京:中华书局,1976年标点本.

　　〔明〕宋应星.天工开物.南京:江苏广陵古籍刻印社,1997.

　　〔明〕谈迁.国榷.张宗祥,校点.北京:中华书局,1958.

　　〔明〕谈迁.枣林杂俎.罗仲辉,等,点校.北京:中华书局,2006.

　　〔元〕陶宗仪.南村辍耕录.北京:中华书局,1959年版.

　　田卫疆.《明实录》新疆资料辑录.乌鲁木齐:新疆人民出版社,2002.

　　〔明〕田艺蘅.留青日札.上海:上海古籍出版社,1985年影印本.

　　万历起居注.北京:北京大学出版社影印本,1988.

　　〔清〕万斯同.明史(北京图书馆藏清抄本)//续修四库全书第三二七册:史部别史类.上海:上海古籍出版社,2002.

　　〔明〕王岱舆.正教真诠　清真大学　希真正答.银川:宁夏人民出

版社,1988.

〔明〕王琼.晋溪本兵敷奏(影印国家图书馆藏明嘉靖二十三年廖希颜刻本)//《续修四库全书》史部诏令奏议类,第476册.

〔明〕王士琦.三云筹俎考(明万历刻本)国立北平图书馆善本丛书第1集.

〔明〕王世贞.弇山堂别集.北京:中华书局,1985.

〔明〕王直.抑庵文集//四库明人文集丛刊.上海:上海古籍出版社,1991.

〔明〕王宗载.四夷馆考.1924年东方学会印本.

西藏研究编辑部编.《明实录》藏族史料.拉萨:西藏人民出版社,1982.

〔明〕夏言撰.夏桂洲先生文集[明崇祯十一年(1638)吴一璘刻本]//《四库全书存目丛书》集部74.

暹罗馆译语//北京图书馆古籍珍本丛刊(6).书目文献出版社据清抄本影印.

〔明〕谢肇淛.五杂组.上海:上海书店出版社,2001.

〔明〕徐阶.徐文贞公集//明经世文编.北京:中华书局,1962.

〔明〕徐溥,等.明会典.李东阳,等,重修.//景印文渊阁四库全书,第617-618册.

〔明〕许进.平番始末//纪录汇编.〔明〕沈节甫.明刻本.

〔明〕严从简.殊域周咨录.余思黎,点校.北京:中华书局,1993.

〔明〕严嵩.南宫奏议.明嘉靖钤山堂刻本.

〔明〕姚福.青溪暇笔.万历邢氏来禽馆抄本.

〔明〕杨荣.文敏集//四库明人文集丛刊.上海:上海古籍出版社,1991.

〔明〕杨士奇.东里集//四库明人文集丛刊.上海:上海古籍出版社,1991.

〔明〕杨廷和.杨文忠三录.文渊阁四库全书本.

杨新才,吴忠礼.《明实录》宁夏资料辑录.银川:宁夏人民出版社,

1988.

〔明〕杨一清.杨一清集(下册).北京:中华书局,2001.

〔明〕叶盛.水东日记.北京:中华书局,1980.

〔明〕叶向高.四夷考∥《宝颜堂秘笈》续集.文明书局,民国11年(1922).

〔明〕殷士儋.金舆山房稿.明万历二十七年(1599)邵陛刻本.

〔明〕余子俊.余肃敏集∥明经世文编.

〔明〕俞汝楫.礼部志稿∥景印文渊阁四库全书:史部.

〔清〕张廷玉,等.明史.北京:中华书局,1974.

〔明〕张燮.东西洋考.北京:中华书局,1981.

张星烺.中西交通史料汇编第一至六册.北京:中华书局,1978.

〔明〕张萱.西园闻见录.杭州古旧书店影印本,1984.

〔清〕张怡.玉光剑气集.北京:中华书局,2006.

郑鹤声,郑一钧.郑和下西洋资料汇编.济南:齐鲁书社,1983.

〔明〕郑晓.皇明四夷考∥吾学编.明隆庆元年(1567)海盐郑氏刊本。

〔明〕郑晓.今言.北京:中华书局,1984.

〔明〕郑晓.吾学编(明万历二十七年郑心材刻本)∥四库禁毁书丛刊:史部45-46.

中国明朝档案总汇.桂林:广西师范大学出版社,2001.

〔明〕周晖.金陵琐事 续金陵琐事 二续金陵琐事.南京:南京出版社,2007.

《准噶尔史略》编写组.《明实录》瓦剌资料摘编.乌鲁木齐:新疆人民出版社,1982.

二、论著

〔伊朗〕阿宝斯·艾克巴尔·奥希梯扬尼.伊朗通史.叶奕良,译.北京:经济日报出版社,1997.

〔法〕阿德尔、〔法〕哈比卜,等.中亚文明史(对照鲜明的发展:16世纪至19世纪中叶):第5卷.蓝琪,译.中国对外翻译出版公司,2006.

〔俄〕巴托尔德.中亚突厥史十二讲.北京:中国社会科学出版社,1984.

白翠琴.明代蒙古与西域关系述略.新疆社会科学,1983(3).

白翠琴.瓦剌史.桂林:广西师范大学出版社,2006.

白寿彝主编.回族人物志(明代).银川:宁夏人民出版社,1988.

白寿彝,陈得芝.中国通史:第8卷(中古时代·元时期).上海:上海人民出版社,1997.

白寿彝,王毓铨.中国通史:第9卷(中古时代·明时期).上海:上海人民出版社,1997.

〔日〕本田实信.关于《回回馆译语》.胡军,译//胡振华,胡军.回回馆译语.中央民族大学东干学研究所2005年重印本.

〔日〕滨下武志.近代中国的国际契机:朝贡贸易体系与近代亚洲经济圈.北京:中国社会科学出版社,1999.

布哇.帖木儿帝国.冯承钧,译.上海:商务印书馆,1935.

曾问吾.中国经营西域史.上海:商务印书馆,1936.

晁中辰.明成祖传.北京:人民出版社,1993.

陈得芝.元代回回人史事杂识//中国回族研究:第1辑.银川:宁夏人民出版社,1991.

陈高华.关于明代土鲁番的几个问题.民族研究,1983(2).

陈庆隆.撒马儿罕语源考.大陆杂志,1969,39(4).

陈尚胜."怀夷"与"抑商":明代海洋力量兴衰研究.济南:山东人民出版社,1997.

陈生玺.明初帖木儿帝国和中国的关系.史学月刊,1957(7).

陈守实.明初与帖木儿关系试探//新中华复刊:第五卷.1947(17).

陈垣.元西域人华化考//陈智超导读.上海:上海古籍出版社,2000.

程利英.明代关西七卫内迁去向和内迁人数探.贵州民族研究,2005(4).

邓衍林.中国边疆图籍录.上海：商务印书馆，1958.

丁谦.明史各外国传地理考证∥浙江图书馆丛书第一集，1915.

杜荣坤，白翠琴.西蒙古史研究.桂林：广西师范大学出版社，2008.

〔葡〕多默·皮列士.东方志——从红海到中国.何高济，译.南京：江苏教育出版社，2005.

范秀传.中国边疆古籍图解.乌鲁木齐：新疆人民出版社，1995.

方祖猷.万斯同评传.南京：南京大学出版社，1996.

〔法〕费尔南·布罗代尔.15至18世纪的物质文明、经济和资本主义：第3卷.上海：三联书店，1993.

〔美〕费正清.美国与中国.第四版.张理京，译.北京：世界知识出版社，2006.

冯承钧.西域地名.陆峻岭，增订.北京：中华书局，1980.

冯今源.三元集——冯今源宗教学术论著文选：上册.北京：宗教文化出版社，2002.

〔美〕威廉·史金纳.古代的暹罗华侨.南洋问题资料译丛，1962(2).

高永久.帖木儿与中国.中央民族大学学报，1999(2).

高自厚.明代的关西七卫及其东迁.兰州大学学报：社会科学版，1986(1).

耿世民.维吾尔族古代文化和文献概论.乌鲁木齐：新疆人民出版社，1983.

〔德〕贡德·弗兰克.白银资本——重视经济全球化中的东方.北京：中央编译出版社，2000.

韩儒林.蒙古答剌罕考∥韩儒林文集.南京大学元史室.南京：江苏古籍出版社，1985.

韩儒林.中国大百科全书·中国历史·元史.北京：中国大百科全书出版社，1985.

〔日〕和田清.明代蒙古史论集：上、下册.北京：商务印书馆，1984.

〔美〕何伟亚.怀柔远人：马嘎尔尼使华的中英礼仪冲突.北京：社

会科学文献出版社,2002.

侯丕勋.哈密国"三立三绝"与明朝对土鲁番的政策.中国边疆史地研究,2005(4).

胡云生.论明代回回的朝贡贸易.回族研究,1997(2).

黄云眉.明史考证:第一至八册.北京:中华书局,1986.

〔英〕霍尔.东南亚史:上册.北京:商务印书馆,1982.

姜胜利.清人明史学探研.天津:南开大学出版社,1997.

〔哈〕克拉拉·哈菲佐娃.十四—十九世纪中国在中央亚细亚的外交.杨恕,王尚达,译.兰州:兰州大学出版社,2002.

〔美〕拉铁摩尔.中国的亚洲内陆边疆.唐晓峰,译.2版.南京:江苏人民出版社,2010年.

〔美〕劳费尔.中国伊朗编.北京:商务印书馆,1964.

雷梦辰.清代各省禁书汇考.北京:书目文献出版社,1989.

李德宽.景泰七年速来蛮事件究因.西北民族研究,1996(1).

李德宽.明代回回译使考述.西北第二民族学院学报:哲学社会科学版,1997(1).

李金明.明代海外朝贡贸易实质初探.中国社会经济史研究,1988(2).

李洵.明武宗与他的禁猪令.史学集刊,1993(2).

李洵.明史食货志校注.北京:中华书局,1982.

李云泉.朝贡制度史论——中国古代对外关系体制研究.北京:新华出版社,2004.

廖元琨.从写亦虎仙之死看明代哈密危机的内因.青海民族研究,2009(4).

林松,和龚.回回历史与伊斯兰文化.北京:今日中国出版社,1992.

刘戈.释塔姆嘎与答剌罕.陕西师范大学学报:哲学社会科学版,2003(3).

刘国防.明朝初期对西域的管辖及往来关系.西域研究,1992(1).

刘国防.明初的哈密及其王族——兼评《剑桥中国明代史》的相关

欧·亚·历·史·文·化·文·库·

部分.西域研究,1999(2).

刘景纯.明朝前期安置蒙古等部归附人的时空变化.陕西师范大学学报:哲学社会科学版,2012(2).

刘义棠.读明史撒马儿罕传.大陆杂志,1969,39(4).

刘迎胜.《回回馆杂字》与《回回馆译语》"天文门"至"时令门"校释与研究//中国回族研究.第2辑.银川:宁夏人民出版社,1992.

刘迎胜.13—18世纪回回世俗文化综考//中国回族研究.第1辑.银川:宁夏人民出版社,1991.

刘迎胜.白阿儿忻台及其出使//伊朗学在中国论文集:第二集.叶奕良.北京:北京大学出版社,1998.

刘迎胜.古代中原与内陆亚洲地区的语言交往//学术集林:卷7.王元化.上海:上海远东出版社,1996.

刘迎胜.《回回馆杂字》与《回回馆译语》研究.北京:中国人民大学出版社,2008.

刘迎胜.明初中国与亚洲中西部地区交往的外交语言问题//传承文明　走向世界和平发展——纪念郑和下西洋600周年国际学术论坛论文集.北京:社会科学文献出版社,2005.

刘迎胜.明代中国官办波斯语语言教学教材源流研究.南京大学学报,1991(3).

刘迎胜.丝路文化·草原卷.杭州:浙江人民出版社,1995.

刘迎胜.宋元至清初我国外语教学史研究.江海学刊,1998(3).

刘迎胜.永乐初明与帖木儿帝国的使节往来//庆祝王钟翰教授八十五暨韦庆远教授七十华诞学术论文合集.合肥:黄山书社,1999.

刘迎胜."小经"文字产生的背景——关于"回族汉语".西北民族研究,2003(3).

刘正寅,魏良弢.西域和卓家族研究.北京:中国社会科学出版社,1998.

刘志宵.维吾尔族历史:上编.北京:民族出版社,1985.

骆爱丽.关于几件带有阿拉伯文题款的明青花瓷牌、残件.回族研究,2006(2).

马大正,等. 吴丰培边事题跋集. 乌鲁木齐:新疆人民出版社,1998.

马大正,等. 西域考察与研究. 乌鲁木齐:新疆人民出版社,1994.

马骏骐. 帖木儿帝国与明朝的关系. 贵州师范大学学报:社会科学版,1985(4).

马曼丽. 明代瓦剌与西域. 西北史地,1984(1).

马明达,陈静. 中国回回历法辑丛. 兰州:甘肃民族出版社,1996.

马明达,张利荣. 明清的回回宰牛业. 回族研究,2007(2).

马明达. 明代福州米荣《重建清真寺记》研究. 回族研究,2012(1).

马明达,耿之矗. 明代江南蒋姓回回铜匠. 回族研究,2010(2).

马建春. 元代东迁西域人及其文化研究. 北京:民族出版社,2003.

马建春. 明代西域回回人马克顺事迹考. 回族研究,2008(2).

〔美〕牟复礼,崔瑞德. 剑桥中国明代史. 北京:中国社会科学出版社,1992.

南京大学元史室. 韩儒林文集. 南京:江苏古籍出版社,1985.

彭勇. 明代"达官"在内地卫所的分布及其社会生活. 内蒙古社会科学(汉文版),2003(1).

邱树森. 明律"化外人"条试析//暨南史学. 第一辑. 暨南大学出版社,2002.

邱树森. 明武宗与明代回回人. 回族研究,2004(1).

邵循正. 有明初叶与帖木儿帝国之关系//邵循正历史论文集. 北京大学出版社,1985.

神田喜一郎. 明陈诚使西域记. 东洋学报16(3),昭和二年九月(1927年9月).

沈福伟. 中西文化交流史. 上海:上海人民出版社,1985.

施新荣. 明代哈密与中原地区的经济交往——以贡赐贸易为中心. 西域研究,2007(1).

苏沛权. 青花瓷与中外文化交流. 暨南大学博士学位论文,2005.

汤开建,田渝. 万历四十五年田生金《报暹罗国进贡疏》研究——

明代中暹关系史上的一份重要的中文文献.暨南学报:哲学社会科学版,2007(4).

特木勒.明暹罗馆设置考//元史及民族史研究集刊.第14辑.南京大学民族研究所,暨南大学中国文化史研究所,香港教育学院社会科学系.南方出版社,2001.

田澍.明代甘肃镇与西域朝贡贸易.中国边疆史地研究,1999(1).

田澍.明代河西走廊境内的西域贡使.中国边疆史地研究,2001(3).

田卫疆.关于明代吐鲁番史若干问题的探讨.中国边疆史地研究,2005(3).

田卫疆.丝绸之路与东察合台汗国史研究.乌鲁木齐:新疆人民出版社,1997.

许建英."中国世界秩序"观之影响及其与中国古代边疆研究——费正清《中国世界秩序:中国传统的对外关系》读后.中国边疆史地研究,2006(1).

万明.中国融入世界的步履——明与清前期海外政策比较研究.北京:社会科学文献出版社,2000.

王春瑜.明史论丛.北京:中国社会科学出版社,1997.

王冬青.明朝朝贡体系与十六世纪西人入华策略.复旦大学博士论文,2005.

王继光.陈诚及其《西域行程记》与《西域番国志》研究//中亚学刊:第三辑,1990.

王继光.陈诚西使及洪永之际明与帖木儿帝国的关系.西域研究,2004(1).

王毓铨,曹贵林.中国历史大辞典·明史卷.上海:上海辞书出版社,1995.

王治来.中亚史纲.长沙:湖南教育出版社,1986.

魏德新.中国回族姓氏溯源.乌鲁木齐:新疆大学出版社,1999.

魏良弢.朵豁剌惕部异密家族的兴衰(上).南京大学《元史及北方

民族史研究集刊》,第 12 - 13 期,1989—1990.

魏良弢. 另一种角度的观察与诠释—评介哈菲佐娃《14 至 19 世纪中国在中亚的外交》. 中亚学刊. 第五辑,2000.

魏良弢. 明代及清初土鲁番统治者世系——兼述东察合台汗国之变迁. 历史研究,1986(6).

魏良弢. 叶尔羌汗国史纲. 哈尔滨:黑龙江教育出版社,1994.

乌云高娃. 明四夷馆"鞑靼馆"研究. 中央民族大学学报,2002(4).

乌云高娃. 明四夷馆鞑靼馆"来文"初探. 元史及民族史研究集刊. 第 17 辑,2004.

武沐,董知珍. 洪武永乐时期明朝与西域诸"地面"的关系. 烟台大学学报:哲学社会科学版,2012(2).

向达. 唐代长安与西域文明. 石家庄:河北教育出版社,2001.

薛宗正. 陈诚及其西域记行诗∥西域史论丛. 第 2 辑. 乌鲁木齐:新疆人民出版社,1985.

闫天灵. 明清时期河西走廊的寄住民族、寄住城堡与寄住政策. 中国边疆史地研究,2009(4).

杨富学. 关于陈诚及其西行的几个问题. 新疆历史研究,1986(1).

杨富学. 明代陆路丝绸之路及其贸易. 中国边疆史地研究,1997(2).

杨怀中. 不背乎教亦不泥乎教——明代回族读书人对回儒文化交流的心态. 回族研究,2002(4).

杨晓春. 明代清真寺汉文碑刻所见穆斯林士人对汉文化的态度. 回族研究,2005(1).

杨志玖. 元代的回回人∥中国回族研究. 第 1 辑. 银川:宁夏人民出版社,1991.

姚继荣. 明代西北马政机构置废考. 青海师范大学学报,1993(2).

殷晴. 唐宋之际西域南道的复兴——于阗玉石贸易的热潮. 西域研究,2006(1).

余思伟. 马六甲港在十五世纪的历史作用. 世界历史,1983(6).

余太山. 西域通史. 郑州:中州古籍出版社,1996.

余太山. 西域文化史. 北京:中国友谊出版公司,1996.

余振贵,雷晓静. 中国回族金石录. 银川:宁夏人民出版社,2001.

张鸿翔. 明代各民族人士入仕中原考. 北京:中央民族大学出版社,1999.

张文德. 王宗载及其《四夷馆考》. 中国边疆史地研究,2000(3).

张文德. 15世纪后期撒马儿罕使臣海路来华与明廷的反应. 西域研究,2003(4).

张文德. 明与帖木儿王朝关系史研究. 北京:中华书局,2006.

张文德. 明代西北丝绸之路上的"打剌罕". 历史教学,2007(8).

张文德.《中国回族金石录》明代人物研究二题∥元史及民族与边疆研究集刊. 第19辑. 上海:上海古籍出版社,2007.

张文德. 从《明实录》看中亚帖木儿王朝的政治制度. 历史档案,2009(3).

张文德. 论明代通事与西域贡使的关系. 西域研究,2009(3).

张文德. 从暹罗馆的设立看明朝后期与暹罗的文化交流. 东南亚纵横,2009(11).

张文德. 明代西域来华使臣的授职制度∥丝瓷之路——古代中外关系史研究. 余太山,李锦绣. 北京:商务印书馆,2011.

张文德. 明朝西域使臣陈诚"累官右通政"?. 西域研究,2010(2).

张文德. 明代西域朝贡贸易家族的兴衰——以写亦虎仙家族为例. 学海,2012(1).

张长利. 帖木儿朝及有关帖木儿的穆斯林史料. 中国边疆史地研究,1994(4).

赵俪生. 明朝的西域关系. 东岳论丛,1980(1).

赵云田. 中国边疆民族管理机构沿革史. 北京:中国社会科学出版社,1993.

钟焓. 民族史研究中的"他者"视角——跨语际交流、历史记忆与华夷秩序语境下的回回形象. 历史研究,2008(1).

钟焓."回回识宝"型故事试析——"他者"视角下回回形象的透视.西域研究,2009(2).

周松.明代南京的回回人武官——基于《南京锦衣卫选簿》的研究.中国社会经济史研究,2010(3).

朱新光.东察合台汗国与帖木儿帝国之战及影响.中国边疆史地研究,1997(3).

朱新光.试论帖木儿帝国与明朝之关系.西北民族研究,1996(1).

朱亚非.明朝对中亚地区的外交方略.辽宁大学学报:哲学社会科学版,2007(1).

三、外文论著

Barthold V V. Four Studies on the History of Central Asia, Ⅶ, Ulugh-beg, translated by T Minorsky. Leiden, 1958.

Beatrice Forbes Manz. The Rise and Rule of Tamerlane. Cambridge University Press,1989.

Bosworth C E. The Islamic Dynasties. Edinburgh at the University Press,1967.

Bretschneider E. Mediaeval Researches, V2. London ,1910.

Goodrich L C,Fang Chaoying. Dictionary of Ming biography. Columbia University Press,1976.

Hecker Felicia. A Fifteenth-Century Chinese Diplomat in Heart,Journal of the Royal Asiatic Society, Series3,V3,Part1,1993.

Irene M Franck, David M Brownstone. The Silk Road：A History. Facts on File Publications,1986.

Jackson Peter. The Cambridge History of Iran,V6. Cambridge ,1986.

Jo-Ann Gross, Asom Urunbaev. The Letters of Khwaja 'Ubayd Allah Ahrar and His Associates. Brill, 2002.

Joseph F Fletcher. Studies on Chinese and Islamic Inner Asia. Edited by Beatrice Forbes Manz. Variorum,1995.

Mansura Haidar. Central Asia in the Sixteenth Century. Manohar,

2002.

Michael Shterenshis. Tamerlane and the Jews. Routledge Curzon, 2002.

Morris Rossabi. Two Ming Envoy to Inner Asia, T'oung Pao , Vol. LXII, 1 – 3. Leiden, 1976.

Morris Rossabi. China and Inner Asia. Thames and Hudson Ltd. London, 1975.

后 记

明代来华西域人朝贡与入附是古代中外政治、经济和文化交流的重要组成部分,其内容主要是明代西域人来华状况、原因以及来华后身份、地位的变化,而明朝政府对来华西域人的安置以及士大夫对西域人的看法也从侧面反映了来华西域人的真实情形。本书是继《明与帖木儿王朝关系史研究》(中华书局,2006年)的后续之作,是教育部人文社会科学研究规划基金资助项目(项目批准号08JA770032)的最终成果。

对明代西域,学界研究成果较多。囿于资料的匮乏和研究方法的欠缺,要在前人研究基础上进一步拓展现有研究领域实际上比较难。我自1998年始研究明代西域,至今已有10多年。2007年我调到学校科研管理岗位,繁忙的管理工作使自己很少有整段时间静心研究。对我而言,研究明代西域是一种学术坚守,是博士论文出版之后后续研究的自我承诺。2008年本课题被列为教育部社科规划基金项目,此后,完成本课题成了工作之余的牵挂,每年撰写发表一两篇论文成了我科研的底线。在各位师长的督促之下,尤其是在中国社会科学院历史研究所余太山先生的催促下,书稿总算完成了。余先生是我的学术导师和襄助人,此前我出的两本书都承蒙先生推荐。这次又蒙先生推荐,使得本书被列入国家出版基金"欧亚历史文化文库"丛书,在此向先生表示衷心的感谢。

我的博士生导师刘迎胜先生在我毕业之后仍一如既往地关心、支持和鼓励我的科研工作,在此,向业师表示诚挚的感谢。

本书写作及修改过程中得到社会上许多学者的关心、支持和帮助,在此衷心感谢新疆社科院《西域研究》编辑部的刘国防、陈霞两位先生,江苏社科院《学海》编辑部的胡传胜教授和姜守明教授,中国社科

·欧·亚·历·史·文·化·文·库·

院历史所李锦绣教授,贵州师范大学的蓝琪教授、马骏骐教授,新疆师范大学的施新荣教授,江苏师范大学刘磐修教授等。我的研究生王胜、杨晓燕在资料搜集、整理等方面也帮我做了不少工作。

最后,衷心感谢我的家人对我的大力支持。我爱人龙剑为使我安心撰写论文、修改论著,操持了所有家务。儿子正值高三,安静学习,不需要我操心。我的岳父母不辞辛苦地帮我照顾孩子学习,免除了我的后顾之忧。

学无止境,书稿校对完毕,深感不足之处甚多,望先生、学长及读者不吝指正。

张文德

2013 年 3 月 1 日于江苏师范大学静远楼 1805 室

索 引

A

阿不都剌·阿即思·巴哈都儿
17,100,201

阿都赤　90,91

阿都儿火者　136,148,151

阿都剌　76,77,85,98,138,149

阿黑把失　135

阿黑麻汗　22,208

阿剌思罕儿　124

阿剌兀·倒剌　100

阿里·阿克巴尔
30,49,103,105,144,180,241

阿力
24,28,31,37,56,64,65,71,80,
81,83,86,98,136,139,149,
156,180,204,220

阿力乩　77,104,106

安插外夷官员田土　155

安定王卜烟帖木儿　13

安克帖木儿
20,23,62,73,116

安南　51,61,195,196

俺的干　137,196

俺都淮　17,196

B

八答黑商　17,31,95

巴鲁剌思部　14

把丹沙　30,33,34

把都帖木儿　147,153

把失忽里　75,77

把事　99

把台　76

把泰　20,31,64

把帖木儿　77

把咱石　34,36,39,40

拜牙即
24,27,29,40,88,119,121 –
123,125

拜亦撒哈　28,107

北斗奴　76,87

闭关绝贡
8,11,24,29,118,123,129 – 131

边上通事　61 – 64,66,67

别失八里
  13 – 15,18 – 22,25,27,30,33,
  34,64,73,79,81,82,95,132,
  134,137,183,189,196

孛罗帖木儿　80

伯克　96,206,207

《博物要览》　38

卜答失里　27,28,74,76,189

卜列革　27,76,78

卜撒因　40,137,201 – 203,208

卜烟川儿　79,134,149

卜颜札法儿　34

布哈拉　31,96,97,201

C

蔡经　68

长耳僧法奴　165

车儿绰　138,148

陈诚
  18,21,31,38,79,193 – 199,
  204,205,225,241,251 – 254

陈大策　170

陈浩　43,67

陈九畴　123 – 130

陈九川　44

陈峻　51,236

陈选　46,47,52,56

陈勋　181,182

陈友　104,173 – 178,181,182

赤丹不花　75

赤斤蒙古卫　28,142

敕赐礼拜寺记　173,178,180

敕赐清真寺兴造碑　174

D

达官
  149,150,152 – 156,176,251

答尔罕　96,101

答剌罕　93 – 97,248,249

打儿汉　93,94,100

打剌罕
  75,76,93 – 95,97 – 101,204,
  205,208,254

《大明律》　10,12,102,105

《大明一统志》　215,216

大通事
  53,59 – 61,66,67,71,105,110,
  120,229,238

大通事舍诚　64

大通事王永　67,119

党护族类　157 – 159,171

倒瓦答失里
  28,34,78,85,104,140,184,189

德尔维希　96

邓璋　63,122

甸子　5,38

迭力必失　14,140,204 – 206

东察合台汗国
14, 22, 31, 137, 144, 252, 253,
255
都督喜信　170
《都公谭纂》　160, 165
阇婆　49
朵撒哈　124

E

鄂本笃　31, 32, 148

F

法黑儿者罕　80, 82
俸粮　142, 154, 155
傅安　15, 20, 21, 183, 200

G

盖耶速丁　7
甘肃之变　11, 124
甘州
11, 35, 63, 66, 79, 88, 90, 99,
103, 104, 108, 117, 119 – 124,
128, 129, 136 – 138, 141, 142,
145, 147, 148, 150
高昌馆
65, 70, 213, 216, 218, 242
《高昌馆课》　86, 87, 242
《高昌馆来文》　36, 37
高通　150

高瑶　47
诰敕
10, 73, 75, 76, 80, 87 – 89, 91,
134
贡狮
9, 18, 45, 48, 53 – 56, 71, 117,
185, 187, 202
猴谦　63, 117, 118
古力哈屯　119, 128
关西七卫　8, 26, 141, 247, 248
光禄寺　61, 62, 193 – 195, 197
光禄寺署丞　65, 219
光禄寺署正　65, 229
鬼力赤　20, 80, 85
桂萼　63
郭勋　128
《国史唯疑》　163

H

哈的　64
哈即哈剌罕　21
哈剌忽思　66, 107
哈里
15 – 17, 77, 82, 189, 200, 203,
208
哈烈
13, 14, 16, 17, 21, 30, 31, 33, 34,
38, 83, 98 – 100, 106, 132, 135,
166, 196, 197, 199 – 201, 204,

207

哈马力丁　　13,14,18,81

哈马鲁丁　　14,35

哈梅里　　13,23

哈密

　　1,5,6,8,9,11,12,14,17,18,
　　20,22－31,33－37,40－42,44,
　　53,61－67,73－79,81,82,84－
　　92,97,98,100,103,104,106－
　　111,116－130,132,133,135,
　　137,139－145,148,149,174,
　　175,177,179,180,184,185,
　　187－190,196,216,218,225,
　　241,243,249,251

哈密卫

　　24,26－29,40,62,67,74,78,
　　81,84－86,88,89,98,116,117,
　　119,120,127,130,135,139,
　　141－143,148,185

哈只阿黑蛮　　82,83

哈只乩　　106

罕东卫　　28,141

罕慎

　　24,26,28,29,63,78,85,116－
　　118,122

罕扎呼逊　　47

汉回高彦名　　124

汉回通事　　10,69,72,160

汉人通事　　69,72,160

翰林院

　　64,81,193,194,213,226,232,
　　233

喝罟通事　　104

和阗　　32

黑的儿火者汗　　13,14

黑娄　　30,83,206,216

黑楼　　33－35

红黄玉　　40,41,44

鸿胪寺

　　59,61,62,64,66,67,69,119,
　　120,174,226,228

鸿胪寺通事　　43,62,71

鸿胪寺序班

　　42,64,65,162,193,213,233,
　　236

鸿胪寺主簿　　65,236

厚往薄来

　　8,10,23,29,34,43,66,72,114,
　　130,186,187,224

胡世宁　　89

胡仕绅　　43,71

胡濙　　78,109,176

虎歹达　　15

虎歹乩儿的　　83

虎都六写亦　　123,124

虎剌撒　　48,56,108

《华夷花木鸟兽珍玩考》

　　38,39

《皇明四夷考》
　　209,215 - 218,221

黄乾亨　　47,51

回回阿力　　136,149,190

回回察乞儿　　136

回回戴孝　　171

回回馆
　　41,65,69,70,144,160,216,
　　218,219,226 - 229,247

《回回馆来文》　　37,86

回回哈肥子　　136

回回哈只　　136,143,149

回回哈只乌赤　　166

回回教
　　165,169,170,172,218,226

回回马黑麻　　136,141,149

回回青　　5,36,41

回回僧
　　79,138,164,165,171,204 - 206

回回沙即班　　136

回回识宝
　　166,167,169,172,255

回回帖儿不失　　136

回回铜匠　　6,251

回回亦剌马丹　　136

回回亦林的阿卜答里　　140

回回译使　　3,249

会同馆
　　42,43,61,62,66,67,90,102,

　　105,111,113,127,228

火辛哈即　　119,121,124,185

火信　　122,123

火者
　　18,19,67,68,71,75 - 77,81,
　　82,95,96,98,100,119,122,
　　123,127,128,132,137,138,
　　142,148,149,183,185,189,
　　203,206,207

火者阿力　　139,156

火者黑麻　　156

火者忽思老　　77

火者马哈麻　　81

火者他只丁
　　121 - 123,125,126

霍韬　　81

J

寄居回回　　150

夹玉石　　34,36,39,40

嘉峪关
　　1,3,14,18,28,29,31,81,108,
　　117,123,124,132,139,141

江彬　　127,128

姜奭　　67

浆水玉　　36,41

蒋存礼　　124,127

蒋琬　　66,107

金刚钻　　36,38,41

263

"金路"　　12

金陵回回　　167

《金陵琐事》　　166,167

禁宰牛　　162

禁猪令　　161,162,249

K

喀什噶尔　　31,32,148,208

苦峪
　　26,28,62,78,90,117,119,122,
　　141,148

宽彻　　18－20,132,189

《快雪堂漫录》　　164

困即来　　28

L

剌剌　　18,82

来降夷人　　59,87,152,155

礼拜寺
　　130,165,174,178,180,181

礼部主客司　　61

《礼部志稿》
　　36,42,60,63,85,153,235

李彬　　20,82

李达　　21,31,64,196

李昆　　99,123－128

李文　　65

凉州卫　　145,147

林荣　　47,51

刘广　　103,147

刘吉　　54

刘帖木儿　　64

刘文　　65,193,194

柳陈城　　20,30,33,34

隆福寺　　3,157－159

鲁迷　　33,34,43,71,106,111

陆容
　　45,158,159,169－171,243

吕贵　　149

吕震　　84,89

螺子石　　36

M

马哈麻
　　20,21,24,37,45,74,77,80,
　　82－84,86,95,137,139,149,
　　207

马哈麻火者　　24,74

马哈茂德　　50

马哈木　　21,27,98,133

马哈木沙　　50－52,97

马黑麻
　　6,20,29,41,63,66,68,76,77,
　　80,82,83,88,98,119,124,
　　126－128,134,138,141,149,
　　178,202－207,243

马黑麻迭力迷失　　80,82

马黑麻虎力奶翁　　67,109

马黑麻满剌秃力　107

马黑麻舍班　83

马黑麻捨力班　35

马俊　65,160

马六甲　49,50,52,253

马文升　23,24,116,181,243

马驯　121－123

马云
17,178,179,184,185,201

蛮夷来朝赏例　89

满剌哈非思　13,14,204

满剌哈三　86,88,121

满剌哈只　66,105

满剌加
45,47－53,56,57,61,108,216,
218,226

满剌亦蛮　76,82

满速儿汗　22

满速沙儿　51

猫睛　38

冒滥王号　11,18,113,114,187

贸易使臣
9,11,12,34,42－44,47,101,
105,106,114,120,135,144,
183,185,208

猛哥卜花　28,78

猛哥帖木儿　79,80,134,149

弥西里　165,166

迷儿即剌　16

米列　80

米列乞　78

兔力帖木儿　74－76,97

乜克力　62,117

明成祖
16,17,20,21,31,72－74,79,
102,116,133,143,144,146,
151,157,185,200,207,222,247

《明会典》
1,11,34－36,41,42,45,46,52,
59,73,84,85,87－90,102,106,
109－114,116,132,151－156,
168,187,194,208

明仁宗　64,84,97

明世宗
40,41,43,61,67－69,89,109,
111,128,129,143,159,187,
190,220,229,230

明太宗
16,20,21,23,24,30,31,64,
72－75,79,82,89,95,97,102,
116,133,136,143,144,146－
148,151－153,189,200,204－
207

明太祖
13－15,18－20,23,56,81,82,
132,146,147,149,183,186,
189,204,205,222,231

明武宗

11,55,67,88,119 - 121,126,
127,129,161,162,170,203,
219,228,229,249,251

明宪宗

46,47,50 - 53,55,56,62 - 66,
78,81,84,85,107,108,110,
112,114,174,179,180,187,
190,200,202,204,207

明孝宗

8,26,39,42,44,47,48,52 - 57,
61,66,67,81,90,105,108,110,
117,118,139,163,202,227 -
229

明宣宗

17,34,72,74 - 76,80,82,83,
87,97 - 99,103,114,133 - 136,
138,141 - 143,147,149,154,
155,160,161,184,200,204,206

《明选簿》　1,2,6,152,156

母撒亦　17,184,201

木撒法儿　77,80

木写非儿　30

N

纳哈出　149

纳合西班底教团　205,208

纳黑失只罕　21,82

《南村辍耕录》　37,38,93,94

南京锦衣卫

6,57,79,135,136,138,139,
141,142,149,150,152,156

《南京锦衣卫选簿》

6,139,156,255

喃哥　28,142,150,155

倪岳　9,47,48,244

捏伯沙　85,145

捏列沙　78

牛街礼拜寺　173,178,180,181

弩温答失里　27,28

P

怕六湾

45 - 48,52,53,56,84,103,185,
187,202

怕鲁湾　48,108

彭韶　55

彭泽　29,122 - 130

皮剌纳　78

濮英　13

Q

乞儿麻　82

钱宁　38,127,128

且旺失加　28

怯林儿的　125

青金石　34,36

《青溪暇笔》　164,165

清来　79

丘濬　57,244

《却贡狮诗》　48

R

任礼
　9,47,69,99,137,145,155

任启　35

戎地面　83,99,139

肉迷　82,83

芮宁　123,124,128

S

撒力　76,85

撒马儿罕
　4,5,9,13－22,25,28,30－35,
　37,39－41,45－48,52－58,68,
　81－84,95－98,100,103,106,
　108,109,111,122,135－137,
　140,144,148,149,151,159,
　173,179,180,183－185,187,
　195,196,200－207,216,218,
　226,247,250,254

撒蛮赤　78

撒他儿　118

撒文秀　41

撒亦剌夫丁　83

赛打黑麻　98,123,125

赛蓝　17,31,196

赛亦撒隆　117,185

赛因帖木儿　20,30

《三云筹俎考》　94,220

色目人
　43,68,72,105,127,157,159,
　160

僧佛先　80

僧纲司　79,89

沙哈鲁
　7,16,17,100,135,189,200,
　201,203,207,208,244

沙力兔力　80,83

沙迷查干　20,30

沙州卫
　28,139,141,142,148－151,155

山后人　134,156

陕巴　24,27,29,63,117－120

陕西丁
　77,80,82,142,145,190

陕西行都司
　35,42,53,62,98,109,134,136,
　138,143

商辂　42

捨黑　204

捨黑马黑麻　34,76,205

捨黑马黑麻·秃买秃　205

失拜烟答　88,124,126

失剌思
　17,83,98,133,196,200

石茂华　36

史镛　124,127

使臣赏例　90

市舶提举司　47,55

事大之诚　15,19,132,183,185

事大主义　183,184

授职敕书　81,88,89

《殊域周咨录》

　42－44,47,56,63,71,89,116,
　118,121,124,126－128,130,
　160,169－171,214－217,221,
　223,225,229,230

《菽园杂记》　158,169

《水东日记》　170

丝绸之路

　7－9,11,12,25,26,30,31,40,
　44,45,49,92－94,100,101,
　105,118,120,130,131,180,
　185,187,190,205,241,252－
　254

私茶　109－111

四夷馆

　53,60,61,63－65,68－70,
　210－215,217,218,220,223－
　226,228－237,245,253

《四夷馆考》

　209－218,221－225,229,231,
　237,254

四夷馆通事　61,63

《四夷广记》　32

《四译馆则》　65,210,229,236

松都鲁石　35,40

宋晟　23,102,148,151－153

苏丹茫速沙　51

肃州

　11,29,31,33,40,45,63,88,
　108,117,122－124,126,127,
　129,130,142,143,148

肃州参将　63

肃州东关厢　141,143

素丹芒速沙　49

速哥　21,74,79,82,134,149

速来蛮

　3,34,82,138,149,157－159,
　249

速来蛮石　5,34,36

速檀阿力　107,116,180

速檀满速儿　29

狻猊　45,48

锁恪　79,80,134

T

他力麻敏何秃　79,135,149

塔剌赤　140

唐泽　111

讨来思　31,98,204

讨烈思　17,98

天方
　30,33,34,37,41 - 44,56,67,
　68,106,109,111,159,165,166,
　187,190,216,218,226,229

《天工开物》　39

帖木儿
　1,4,13 - 20,25,27,30,45,74 -
　77,79,82,83,95,97,134,137,
　138,141,142,148,149,154,
　199 - 204,206 - 208,247,248,
　250 - 252,254,255

帖木儿朝世系表　203

帖木儿驸马　16,18,199,200

帖木儿王朝
　7,13,16,17,21,25,30,32,40,
　45,47 - 49,56,83,94 - 97,103,
　108,133,135,137,144,166,
　173,179,197,199,200,203 -
　208,254,257

通事法虎儿　123

通事马骥　67

通事皮俊　67,119,190

通事撒文奇　69

通事王景　67,119

通政使司　59

土鲁番
　5,6,9,11,12,14,18,20,22,24,
　25,27 - 31,33,34,36,37,40,
　41,43,44,52 - 54,61,63,64,

　66 - 69,73,78 - 81,84,86 - 89,
　91,92,99,100,106 - 111,116 -
　126,128 - 131,133 - 136,138,
　139,141,142,144,148,149,
　159,180,185,187,188,196,
　216,218,225,226,247,249,253

脱欢
　27,28,74,139,140,144,177,
　178

脱脱
　20,23,24,26,27,29,74 - 77,
　108,117,138,149

脱脱卜花　34

脱脱不花　75,85,109,139

W

瓦剌
　6,17,18,20,27 - 29,35,63,66,
　81,82,90,91,105,107,118,
　122,124,135,139 - 141,144,
　145,149,155,159,174 - 179,
　188,225,246,247,251

歪思
　21,22,27,82,134,137,144,184

《万历野获编》　161,163,239

王岱舆　162,164,170,244

王琼
　29,63,64,88,100,122,124 -
　126,128 - 130,245

王锐　57

王振　158,159

王宗载

209－225,229－232,237,245,254

韦眷　45,47,55,56

韦洛　45,47,56

委兀儿　117

《五杂组》　167

兀鲁伯

16,17,100,137,140,200－203,208

兀马剌　76

兀也思王　81

X

西域回回

2,3,6,139,149,157,159,160,166,172,173,190,251

昔班尼汗　97,101,203

《希真正答》　164

下程　111

暹罗

49,50,54,61,143,210,211,216,217,219,221－233,235－240,248,251,254

暹罗馆

210,211,213,216,217,219,226,228,229,231－240,245,252,254

小通事　60,61,70,71

写亦

71,88,117,124,139,166,190,202,206,207

写亦虎仙

11,67,116－131,161,185,190,249

写亦虎仙家族

11,116,119,127,129－131,185,254

徐阶　60,70,71,245

徐琼　61,67,118

许进　26,29,54,62,118,245

序班

63,64,68,69,72,160,213,219,229,234－236

巡抚甘肃都御史　63,111

Y

鸦鹘　38

牙安帖木儿　77

牙木兰

63,67,119,123,124,185

严嵩　68,69,113,114,160,245

颜义　107

奄克孛剌

117－119,121,122,124,131,143

270

杨四知　163

杨廷和　127－129,162,245

杨一清
29,63,92,129,143,246

杨忠　21

姚夔　107

也苦著儿　80,134,149

也密力虎者　137

也先
17,28,49,86,87,99,140,141,
144,145,149,154,175,177－
179

也先不花　133,137

也先帖古里　133

叶尔羌　22,31,208,253

夷人敕书　88

迤西回回　138－140,149

亦不刺金　30,133,200,201

亦剌思　135,136

亦力把里
21,22,27,30,33－35,73,81－
84,87,98,135,137,138,140,
144,145,149,175,177,179,184

亦思弗罕　17,133,196

译字官
60,63,64,218,226,228,236

译字生
60,63,64,69,70,212,225,
233－236,238

尹吉儿察　133,134,149

优给优养　155,156

于阗
18,30－34,38,41,44,81,196,
253

于永　127

余子俊　60,61,70,246

羽奴思　137

《玉光剑气集》　165,168

玉璞　20,30,39

玉石之路　31,32

Z

在京通事　63

早丁　66,76,103,104

《枣林杂俎》　163,238,239

剀丹　40

詹昇　64,65,173,178－182

斩巴思　123,124

占城
51,54,61,216,218,219,226,
228

张海　63,117,118

张晟　51

掌吉帖木儿　75

赵载　67－69,71

真帖木儿　77,118－122,125

郑和　50,52,227,246,250

《正教真诠》　164

《职方外纪》 40

《止夷贡疏》 9,47

《治世余闻》 167

《中国回族金石录》
173,174,178,181,182,254

《中国纪行》
30,49,103,105,144,180,189

《中亚蒙兀儿史——拉失德史》
40,95,96,137

忠顺王
20,23,24,26 - 29,34,40,62,
66,73 - 78,85 - 88,103,104,
106,110,116,117,119,121 -
123,125,128,130,131,135,
140,149,184,189

周洪谟 45

朱瑄 119

爪哇 49,50,61,216,218,226

祖母绿 38,166,167

左辅 51,52

《遵生八笺》 39

欧亚历史文化文库

已经出版

林悟殊著:《中古夷教华化丛考》	定价:66.00 元

赵俪生著:《弇兹集》　　　　　　　　　　　　　定价:69.00 元

华喆著:《阴山鸣镝——匈奴在北方草原上的兴衰》　定价:48.00 元

杨军编著:《走向陌生的地方——内陆欧亚移民史话》　定价:38.00 元

贺菊莲著:《天山家宴——西域饮食文化纵横谈》　　定价:64.00 元

陈鹏著:《路途漫漫丝貂情——明清东北亚丝绸之路研究》

　　　　　　　　　　　　　　　　　　　　　定价:62.00 元

王颋著:《内陆亚洲史地求索》　　　　　　　　　定价:83.00 元

〔日〕堀敏一著,韩昇、刘建英编译:《隋唐帝国与东亚》　定价:38.00 元

〔印度〕艾哈默得·辛哈著,周翔翼译,徐百永校:《入藏四年》

　　　　　　　　　　　　　　　　　　　　　定价:35.00 元

〔意〕伯戴克著,张云译:《中部西藏与蒙古人

　　——元代西藏历史》(增订本)　　　　　　定价:38.00 元

陈高华著:《元朝史事新证》　　　　　　　　　　定价:74.00 元

王永兴著:《唐代经营西北研究》　　　　　　　　定价:94.00 元

王炳华著:《西域考古文存》　　　　　　　　　　定价:108.00 元

李健才著:《东北亚史地论集》　　　　　　　　　定价:73.00 元

孟凡人著:《新疆考古论集》　　　　　　　　　　定价:98.00 元

周伟洲著:《藏史论考》　　　　　　　　　　　　定价:55.00 元

刘文锁著:《丝绸之路——内陆欧亚考古与历史》　定价:88.00 元

张博泉著:《甫白文存》　　　　　　　　　　　　定价:62.00 元

孙玉良著:《史林遗痕》　　　　　　　　　　　　定价:85.00 元

马健著:《匈奴葬仪的考古学探索》　　　　　　　定价:76.00 元

〔俄〕柯兹洛夫著,王希隆、丁淑琴译:

　　《蒙古、安多和死城哈喇浩特》(完整版)　　定价:82.00 元

乌云高娃著:《元朝与高丽关系研究》　　　　　　　定价:67.00 元

杨军著:《夫余史研究》　　　　　　　　　　　　　定价:40.00 元

梁俊艳著:《英国与中国西藏(1774—1904)》　　　　定价:88.00 元

〔乌兹别克斯坦〕艾哈迈多夫著,陈远光译:

《16—18 世纪中亚历史地理文献》(修订版)　　　　定价:85.00 元

成一农著:《空间与形态——三至七世纪中国历史城市地理研究》

　　　　　　　　　　　　　　　　　　　　　　　定价:76.00 元

杨铭著:《唐代吐蕃与西北民族关系史研究》　　　　定价:86.00 元

殷小平著:《元代也里可温考述》　　　　　　　　　定价:50.00 元

耿世民著:《西域文史论稿》　　　　　　　　　　　定价:100.00 元

殷晴著:《丝绸之路经济史研究》　　　　定价:135.00 元(上、下册)

余大钧译:《北方民族史与蒙古史译文集》　定价:160.00 元(上、下册)

韩儒林著:《蒙元史与内陆亚洲史研究》　　　　　　定价:58.00 元

〔美〕查尔斯·林霍尔姆著,张士东、杨军译:

《伊斯兰中东——传统与变迁》　　　　　　　　　定价:88.00 元

〔美〕J.G.马勒著,王欣译:《唐代塑像中的西域人》　定价:58.00 元

顾世宝著:《蒙元时代的蒙古族文学家》　　　　　　定价:42.00 元

杨铭编:《国外敦煌学、藏学研究——翻译与评述》　　定价:78.00 元

牛汝极等著:《新疆文化的现代化转向》　　　　　　定价:76.00 元

周伟洲著:《西域史地论集》　　　　　　　　　　　定价:82.00 元

周晶著:《纷扰的雪山——20 世纪前半叶西藏社会生活研究》

　　　　　　　　　　　　　　　　　　　　　　　定价:75.00 元

蓝琪著:《16—19 世纪中亚各国与俄国关系论述》　　定价:58.00 元

许序雅著:《唐朝与中亚九姓胡关系史研究》　　　　定价:65.00 元

汪受宽著:《骊靬梦断——古罗马军团东归伪史辨识》　定价:96.00 元

刘雪飞著:《上古欧洲斯基泰文化巡礼》　　　　　　定价:32.00 元

〔俄〕Т.Б.巴尔采娃著,张良仁、李明华译:

《斯基泰时期的有色金属加工业——第聂伯河左岸森林草原带》

　　　　　　　　　　　　　　　　　　　　　　　定价:44.00 元

叶德荣著:《汉晋胡汉佛教论稿》　　　　　　　　　定价:60.00 元

王颋著:《内陆亚洲史地求索(续)》 定价:86.00 元

尚永琪著:

《胡僧东来——汉唐时期的佛经翻译家和传播人》 定价:52.00 元

桂宝丽著:《可萨突厥》 定价:30.00 元

篠原典生著:《西天伽蓝记》 定价:48.00 元

〔德〕施林洛甫著,刘震、孟瑜译:

《叙事和图画——欧洲和印度艺术中的情节展现》 定价:35.00 元

马小鹤著:《光明的使者——摩尼和摩尼教》 定价:120.00 元

李鸣飞著:《蒙元时期的宗教变迁》 定价:54.00 元

〔苏联〕伊·亚·兹拉特金著,马曼丽译:

《准噶尔汗国史》(修订版) 定价:86.00 元

〔苏联〕巴托尔德著,张丽译:《中亚历史——巴托尔德文集

第 2 卷第 1 册第 1 部分》 定价:200.00 元(上、下册)

〔俄〕格·尼·波塔宁著,〔苏联〕B.B.奥布鲁切夫编,吴吉康、吴立珺译:

《蒙古纪行》 定价:96.00 元

张文德著:《朝贡与入附——明代西域人来华研究》 定价:52.00 元

敬请期待

许全胜著:《黑鞑事略汇校集注》

张小贵著:《祆教史考论与述评》

贾丛江著:《汉代西域汉人和汉文化》

王永兴著:《敦煌吐鲁番出土唐代军事文书考释》

薛宗正著:《汉唐西域史汇考》

李映洲著:《敦煌艺术论》

徐文堪编:《梅维恒内陆欧亚研究文选》

〔苏联〕К.А.阿奇舍夫、Г.А.库沙耶夫著,孙危译:

《伊犁河流域塞人和乌孙的古代文明》

徐文堪著:《古代内陆欧亚的语言和有关研究》

刘迎胜著:《小儿锦文字释读与研究》

李锦绣编:《20 世纪内陆欧亚历史文化研究论文选粹》

李锦绣、余太山编:《古代内陆欧亚史纲》

郑炳林著:《敦煌占卜文献叙录》

陈明著:《出土文献与早期佛经词汇研究》

李锦绣著:《裴矩〈西域图记〉辑考》

李艳玲著:《公元前 2 世纪至公元 7 世纪前期西域绿洲农业研究》

许全胜、刘震编:《内陆欧亚历史语言论集——徐文堪先生古稀纪念》

张小贵编:《三夷教论集——林悟殊先生古稀纪念》

李鸣飞著:《横跨欧亚——马可波罗的足迹》

杨林坤著:《西风万里交河道——明代西域丝路上的使者与商旅》

杜斗城著:《杜撰集》

林悟殊著:《华化摩尼教补说》

王媛媛著:《摩尼教艺术及其华化考述》

李花子著:《长白山踏查记》

芮传明著:《摩尼教东方文书校注与译释》

马小鹤著:《摩尼教东方文书研究》

段海蓉著:《萨都剌传》

〔德〕梅塔著,刘震译:《从弃绝到解脱》

郭物著:《欧亚游牧社会的重器——鍑》

王邦维著:《玄奘》

冯天亮著:《词从外来——唐代外来语研究》

芮传明著:《内陆欧亚中古风云录》

李锦绣著:《北阿富汗的巴克特里亚文献》

〔日〕荒川正晴著,冯培红译:《欧亚的交通贸易与唐帝国》

孙昊著:《辽代女真社会研究》

赵现海著:《明长城的兴起
　　——"长城社会史"视野下明中期榆林长城修筑研究》

华喆著:《帝国的背影——公元 14 世纪以后的蒙古》

杨建新著:《民族边疆论集》

〔美〕白卖克著,马娟译:《大蒙古国的畏吾儿人》

余太山著:《内陆欧亚史研究自选论集》

_____

淘宝网邮购地址:http://lzup.taobao.com